Fabienne Bonnet

Réflexions sur Cambridge

Traduit et Inspiré de l'oeuvre de
Alan Macfarlane
Reflections on Cambridge

RÉFLEXIONS SUR CAMBRIDGE

by Fabienne Bonnet, based on A. Macfarlane, *Reflections on Cambridge*.

2024

Table Des Matières

Préface	**5**
L'Historique	**17**
Une Étrange survivance	21
Plus ça change...	39
La Culture	**57**
Charmes et fantômes	61
La Culture	87
La Culture de la politique	109
Les Rythmes	119
La Société	**141**
Les Coutumes	145
Les Collèges	165
La Communauté	193
Les Associations	217
Les Idées	**245**
L'Éducation	249
La Créativité	269
Les Découvertes	**285**
Épilogue	**305**

Préface

Quand j'ai commencé d'écrire ce livre, j'ai d'abord pensé que je pourrais m'en tenir à un bref essai pratique sur l'Université de Cambridge. Or il s'est trouvé qu'en même temps, je filmais des entretiens avec des universitaires de pointe, dont beaucoup datent déjà de ces vingt dernières années. Dans le contexte où ils avaient évolué (notamment lorsqu'ils étaient étudiants en Master) les choses étaient très différentes de ce que j'avais moi-même connu lorsque j'avais vingt ans.

Aujourd'hui beaucoup d'entre eux viennent d'outre-Manche, hors de l'Union Européenne. Donc dans cette toute dernière génération on a non seulement besoin d'acquérir de nouvelles méthodes de travail théorique et académique, mais aussi d'évoluer dans une culture britannique spécifique à Cambridge, avec ses traditions particulièrement compliquées, et étrangères à la leur. Et alors que je me mettais à écrire pour eux, je me suis aperçu que je serais lu, mais pas uniquement par des étudiants venus d'Asie : le cercle allait s'élargir à beaucoup d'amis et collègues.

Aux USA ou dans certaines parties d'Europe, ou même des Îles britanniques, on trouve que Cambridge laisse perplexe. Je me souviens d'ailleurs que même en tant que Fellow de King's College à partir de 1971, puis maître de conférences en 1975, et professeur en 1991, j'ai compris seulement petit à petit ce qui se passait autour de moi. Et il m'a semblé que si je couchais mon expérience sur papier, cela pourrait aider les autres à prendre quelques raccourcis.

Or j'ai découvert à partir de là que j'étais en train d'écrire un livre sur autre chose. Qu'est ce qui m'aide, personnellement, à explorer le monde, et plus généralement, quelles sont les sources et conditions de la créativité et de l'innovation ? C'est ce thème qui me tient à cœur depuis si longtemps. En effet, j'ai compris qu'à côté des facteurs isolés, c'est au contexte institutionnel qu'il faut attribuer ce qui va faire l'énorme différence dans ce que nous faisons de nos vies.

Tandis que j'écris ceci, simultanément je fais passer des entretiens à des universitaires de Cambridge, pour voir comment ils concilient vie et travail, comment se rejoignent leur créativité personnelle et institutionnelle.[1] Petit à petit, ce livre est donc devenu une réflexion sur la façon dont Cambridge a encouragé ou freiné la créativité intellectuelle au cours des siècles.

Cambridge comme « Centre mondial d'idées intéressantes pendant un demi-millénaire. » Un bon point de départ pour qui veut connaître les alternatives offertes, susceptibles de créer un univers social, culturel et politique stimulant l'innovation, l'invention et l'éducation, au sens le plus large de ces termes.

Un autre thème saillant se rapporte à un intérêt tout particulier, et de longue date, que j'ai pour ce que l'historien E.P. Thompson a appelé « La singularité des Anglais », et que j'ai décrite dans *Des Origines de l'individualisme anglais*.

Jusqu'à la dernière génération du moins, l'université de Cambridge était dans sa plus pure essence, destinée à la (très) haute société anglaise. Une étude nous permet donc d'enquêter sur les traits distinctifs de sa culture, ses coutumes, sa politique et sur la nature de l'évolution et du changement qui se sont produits. Le présent ouvrage s'adresse donc aussi à ceux qui veulent connaître le caractère national et les tendances plus profondes

---

[1] Les entretiens décrits se trouvent sur www.alanmacfarlane.com ; ainsi que sur le chaîne Ayabaya de YouTube.

d'une civilisation qui, à travers son Empire, avec les États-Unis d'Amérique, a profondément influencé le monde dans lequel nous vivons aujourd'hui.

« La singularité des Anglais » a clairement fait partie de mon expérience. Oxford et Cambridge sont le fruit d'institutions mères qui ont formé ceux qui y sont. Je prends conscience maintenant qu'à partir de l'âge de huit ans, alors que j'étais à l'internat préparatoire du « Dragon » (La Dragon School), situé au nord d'Oxford, , j'avais été préparé à ces deux universités : intellectuellement, par les interminables leçons de latin, et physiquement, par l'autodiscipline et le sport ; mes espoirs, mes peurs, tout était invisiblement et minutieusement préparé à cette seule fin : accéder un jour, peut-être, à « Oxbridge », (combinaison des deux noms dans le langage courant). J'avais eu pour instituteurs, presque exclusivement, des anciens élèves de ces deux universités ; j'avais deux oncles qui étaient des anciens d'Oxford. Ce livre tente donc de rechercher les forces auxquelles elles sont associées et que j'ai connues presque toute ma vie.

Le fait de mentionner « Oxford et Cambridge » attire l'attention sur le fait que beaucoup de ce que je dis pourrait également renvoyer à Oxford. Car malgré de grandes différences, il y a aussi de nombreuses ressemblances de famille ; ces deux universités sont comme frère et sœur plutôt que comme des cousins. Beaucoup de mes remarques pourraient s'appliquer à l'une comme à l'autre. Mais j'ai évité la chose — bien qu'il soit bon de s'en souvenir — car ce livre porte sur Cambridge uniquement.

Un dernier objectif concerne ma formation d'historien, ainsi que l'intérêt que je porte de tous temps à la nature de l'anthropologie qui est de « sauvegarder ». Cambridge change vite. Sous les apparences, rituels et traditions orales, les modes de vie liés à ces anciens bâtiments ont complètement disparu. D'où l'importance d'avoir une série d'entretiens avec des professeurs, une sorte d'histoire orale, située non pas dans un village lointain où l'illettrisme existe encore, mais avec des gens qui vivent au cœur d'une société industrielle avancée. Car il s'agit du même genre de récit que ceux qui ont vu le jour à différents moments de l'histoire, comme par exemple *From a College Window* de A.F. Benson, [*De la Fenêtre d'un College*] *As We Were* [*Comme nous étions*] de E.C Benson, *Period Piece* de Gwen Raverat, [*Récit d'époque*] *Lion and Shadows* [*Le Lion et les ombres*] de Christopher Isherwood et *May Week was in June* [*La Semaine de mai était en juin*] de Clive James.

Il s'agit ici d'une expérience particulière du monde, qui est aussi le point de vue d'un *don* (prononcer « donne ») spécialisé dans un domaine et membre d'un Collège, qui se souvient surtout de l'expérience qu'il a faite entre 1971 et 2009.[1]

Pour les générations futures cela pourra passer pour un monde à peine familier et tout juste reconnaissable. Il y sera préservé un peu de l'histoire orale et des traditions d'un autre groupe extrêmement complexe au sein duquel j'ai vécu.

*

Poètes, romanciers et anthropologues tendent à faire l'expérience de la vie avant d'écrire leurs souvenirs — inspirés par « l'émotion retrouvée dans la tranquillité » — comme l'écrit Wordsworth. Il y a la participation, le travail sur le terrain, on est pris dans le temps et l'action. Puis il faut se retirer, revivre les événements, les classer, et transformer toutes ces idées pêle-mêle en une création structurée.

Dans ces actes créateurs, il doit y avoir une tension : en fait plusieurs. Comme le disent les anthropologues, nous devons être à la fois participant et observateur, à la fois dans l'action et en dehors d'elle, pour ressentir le poids de l'objet sur lequel nous écrivons, le tenir à distance en le méditant, y songer, y réfléchir. Nous avons besoin d'être près de lui, mais également de nous en distancer, de le laisser, de le voir s'éloigner, mais pas trop, comme

---

[1] Un *don* est un enseignant en titre dans un Collège de Cambridge.

lorsqu'on est dans un train ou un avion à la fin d'un merveilleux séjour, et qu'on se souvient des incidents et des sensations.

Cambridge a été l'une des expériences les plus marquantes de mon existence. Sur mes soixante-sept années en Université, j'en ai passé trente-huit à Cambridge. C'est là où j'ai élevé mes enfants, et partagé mon temps avec mes petits-enfants. Ma maison et mon jardin ont été aménagés de telle façon que famille et amis y soient toujours présents, grâce aux buissons et arbustes que j'ai plantés à leur mémoire. Plusieurs générations d'étudiants ont suivi mes cours, beaucoup sont devenus des amis. Il y avait des cours magistraux, mais aussi de l'administration, des examens, et de bons moments passés au cinéma ou au concert. Cambridge a été mon port d'attache avant de m'engager dans des projets de recherche, pour aller explorer le Népal, le Japon, la Chine et d'autres pays, et y revenir écrire mes articles et mes livres.

Maintenant que je suis à la retraite, que j'ai quitté mon poste de professeur et mes cours au sein de la Faculté d'Anthropologie, je reste attaché à King's College et à des projets universitaires. Mais cette partie qui a eu tant d'influence sur ma vie et mon travail sur le terrain, a pris fin.

Dans cette brève période où je ressens et me souviens encore des courants qui passent par Cambridge, et alors même que j'abandonne mon activité, écrire quelques-unes de mes impressions me paraît une bonne idée. Il y a encore deux ans, j'aurais été trop pris dans ce cadre de vie. Et dans deux ans je serai occupé ailleurs, j'aurai déménagé de mon bureau actuel, et les souvenirs les plus profonds seront enfouis. C'est donc maintenant ou jamais.

Ce livre est donc une réflexion personnelle sur ce que j'ai compris d'une grande Université pendant une période importante de son histoire. Je ne me suis pas basé non plus sur beaucoup de recherches supplémentaires bien que j'aie lu de nombreuses sources secondaires sur Cambridge. Pas plus que je ne suis allé fouiller dans les volumineuses sources primaires que possèdent les Collèges et l'Université. Je les ai laissées de côté pour plus tard. Il en va de même pour des centaines de papiers que j'ai moi-même accumulés dans des dossiers pendant des années. Ils ne sont ni indexés, ni utilisés ici, alors même qu'ils fourniraient un récit plus complet de certains aspects de l'histoire que j'ai à raconter. J'ai travaillé au contraire à la va-vite, sans beaucoup réfléchir, en essayant de tracer les contours de Cambridge pour dire comment se déroule le fonctionnement de l'Université.

Évidemment il y a des inconvénients. En dépit de la contribution de nombreux collègues et amis, et des quelques soixante-dix entretiens que j'ai filmés, il est bien question ici du point de vue d'une seule personne. Car enfin, comme je l'explique plus loin, l'expérience de Cambridge est unique pour chacun. Si j'étais plus jeune, ou une femme, ou originaire des USA, ou spécialiste d'une autre discipline, j'aurais vu les choses autrement.

Néanmoins j'espère qu'en mettant mon expérience en parallèle avec mes recherches sur d'autres cultures d'Asie, et d'autres périodes de l'histoire en Angleterre, j'aurai réussi à donner à ce récit une pertinence plus grande.

J'insiste sur le fait qu'à l'instar de mon exploration du Japon, celle de Cambridge a eu lieu comme à travers un miroir, il s'agit d'une exploration personnelle, d'un voyage à travers un paysage à la fois étrange et familier. Quand je suis à Cambridge il me semble parfaitement naturel et normal. Mais quand je me retourne sur mon expérience ou que je l'observe à partir d'un autre continent, alors Cambridge me paraît extraordinaire, elle devient quelque chose hors du monde, une anomalie, une capsule pour voyager dans le temps. Du coup, une explication s'impose. Cambridge est toute aussi mystérieuse que d'autres endroits que j'ai visités et où j'ai travaillé. Comment s'étonner alors que quelqu'un qui viendrait de Chine, de l'Inde, du Japon ou même des États-Unis, ou même seulement de l'autre côté de la Manche, puisse trouver l'endroit bizarre et en soit rendu perplexe.

En tant que résident de la localité, et de ce monde interconnecté, je voudrais expliquer les choses à d'autres, tandis qu'en tant qu'anthropologue je voudrais cerner cette culture unique avant qu'elle ne se transforme en quelque chose d'autre, comme je la vois faire sous mes yeux.

Sans aucun doute, comme c'est souvent le cas en anthropologie, le souvenir et la reconstitution d'expériences intenses ont un effet cathartique. J'ai été presque amoureux de Cambridge, je l'ai admirée, parfois adorée, j'en ai été fier , mais également, comme dans toute histoire d'amour, j'ai été dépité, anxieux, épuisé et même parfois en colère. Cambridge a éveillé en moi des émotions fortes et contradictoires. Je voudrais qu'elles s'apaisent, et moi-même en finir avec les fantômes de mon passé et leurs expériences chargées d'émotions. Les écrire enfin, puisque c'est ce qu'on m'a enseigné : chercher à donner un sens aux choses, et à me rasséréner.

Cet ouvrage aidera-t-il les autres à comprendre Cambridge comme phénomène abstrait, ou comme un espace de vie s'ils y viennent en visite ou pour étudier, je ne saurais le dire. Tout ce que je sais c'est qu'écrire ce livre m'a aidé à éclaircir mes idées et à comprendre ce qui autrefois, semblait si embrouillé et largement basé sur des idées reçues et des non-dits.

*

Un autre trait propre à cet ouvrage porte sur l'exploration du contexte et l'arrière-plan de mon travail. Il est dans l'air du temps d'essayer d'expliquer les conditions de nos productions intellectuelles, afin de mieux nous rendre compte des œillères qui nous empêchent nous faire notre propre idée du monde, et de le faire plus explicitement que jamais. Dans cette perspective, il était important que j'écrive sur Cambridge.

Cambridge a été ma demeure intellectuelle pendant presque toutes mes années productives, et donc la pression cachée qui s'y exerce, tout comme ses structures, ont façonné beaucoup de ce que j'ai vu ou n'ai pas vu, de ce que j'ai essayé de faire, mes succès et mes échecs. Il y a eu de nombreuses autres influences—mon épouse, ma famille, mes amis, les voyages, les livres. Pourtant Cambridge en tant que lieu et institution occupe une place centrale. Si j'étais resté à Oxford, ou à la LSE (London School of Economics) ou aux États-Unis, j'aurais fait quelque chose de différent. Pour me comprendre moi-même et mon travail, j'ai besoin de m'expliquer Cambridge.

Cambridge m'a donné le privilège pendant quelques années d'être financé pour faire de la recherche grâce à une « Research Fellowship », poste rémunéré d'abord par King's College ; c'est ce qui m'a permis de faire partie de sa communauté intellectuelle et sociale pendant des années, ainsi que la Faculté d'Anthropologie Sociale, qui m'avait nommé membre d'une discipline et donné la liberté de l'explorer là où bon me semblait. Mon bureau, situé dans l'ancien Laboratoire Cavendish, me mettait à la portée d'une grande tradition de la pensée intellectuelle de l'Université. Et cette cité médiévale de toute beauté m'a donné des moments d'extase.

Comme je tente de l'expliquer ici, l'histoire, la politique, les coutumes et la culture de Cambridge sont inhabituelles et énormes. En somme elles ouvrent et ferment certaines portes. Tout au long de mes années d'enseignement, j'étais seulement en partie conscient de la pression qui s'exerce. J'ai saisi les opportunités comme accepté les limitations. Mais maintenant que je suis proche d'une nouvelle sorte de liberté, quoique conscient du danger de perdre contact avec la vie intellectuelle, je peux à la fois mieux évaluer les traits positifs et négatifs qui m'ont rendu, pour un vingtième, présent dans la longue épopée de cette institution aujourd'hui vieille de plus de 800 ans.

Parfois je me demande si je me serais mieux débrouillé si quelqu'un m'avait mis un livre comme celui-ci entre les mains, au début de mes années à Cambridge. Pas sûr. Jusqu'à un certain point l'expérience future des jeunes gens qui viendront ici sera différente. Et si mes prédécesseurs, par exemple, Meyer Fortes, professeur d'anthropologie, avait écrit un livre sur ce qu'il pensait de la façon dont Cambridge opère, je l'aurais trouvé fascinant, mais je ne suis pas sûr qu'il m'aurait été utile comme guide pratique. Son cours inaugural sur l'histoire de l'anthropologie de Cambridge est intéressant, mais il n'y a vraiment rien là-dedans qui m'ait aidé dans ma vie de tous les jours au sein de la Faculté et de l'Université. Par contre, le petit livre, *Microcosmographia* de Cornford que lui a présenté son ami, Evans-Pritchard, à l'occasion de sa nomination à la Chaire d'Anthropologie, m'a été très utile ainsi que bien d'autres, au cours des années, même si, comme je l'explique ci-dessous, Cornford s'est parfois trompé.

C'est en partie parce qu'en dépit de sa profonde continuité, Cambridge est en train de changer rapidement, et en partie aussi parce que c'est seulement quand on a fait l'expérience de la vie, face à des problèmes et des contradictions, qu'on peut comprendre pleinement comment tirer profit des expériences et des solutions d'autrui.

Néanmoins il faut qu'on croie pouvoir décrire les parcours que d'autres n'ont pas fait, que cela plaise et même peut-être qu'on apprenne des choses à ceux qui n'ont pas pris part à nos explorations. Ce livre n'est pas *un Voyage dans les Gorges du Yangse et au-delà* ou même *une Courte promenade dans un Kush hindou*. Pourtant il est comme eux, un récit de voyage à travers l'espace et le temps dans un paysage plutôt spécial, raconté par quelqu'un qui a fait ce voyage puis qui est revenu.

*

Mon voyage à travers Cambridge s'est énormément enrichi de nombreux témoignages, dont seulement quelques-uns peuvent être cités ici. Celui de mes étudiants, pendant toutes mes années d'enseignement, et à tous les niveaux, ensuite mes collègues de la

Faculté d'Anthropologie, amis et Fellows de King's. J'aimerais en l'occurrence remercier beaucoup de gens associés à Cambridge qui m'ont permis de réaliser des entretiens avec eux, grâce auxquels j'ai beaucoup appris.

Au cours de l'écriture de ce livre une somptueuse anthologie des écrits et photographies est parue à l'occasion des huit cents ans de l'Université en 2009.[1] Ce livre contient de l'information précieuse et les nombreux témoignages de ceux, de tous âges, qui ont passé du temps ici. Rien de ce que j'ai pu y lire, n'a beaucoup modifié mes propres impressions, sinon cependant qu'ils m'ont aidé à approfondir mon appréciation de l'Université dans sa diversité.

À tous ceux qui ont lu tout ou une partie de mon ouvrage au cours de ses étapes et donné beaucoup de bons conseils, je citerai dans le désordre Maja Petrovic-Steger, John Davey, Peter Burke, Charles Chadwyck-Healey, Sara Shneiderman, Libby Peachey, Peter Jones, Sabine Deringer, Richard Irvine, Sian Lazar, Tina Kosir, Jialing Luo, Xiaoxiao Yan, Kenong Guan, Andrew Morgan, Cara Stang, Tristam Rieley-Smith, Zilan Wang, Srijan Das, Jan-Jonathan Bock, Hannah Brook, Paolo Heywood, James Bennett, and Michael Lotus. J'aimerais aussi remercier mon éditrice Esha Béteille pour ses encouragements et son soutien constants.

En pensée, je poursuis ma conversation avec Gerry Martin aujourd'hui décédé, avec qui j'ai marché et bavardé pendant des années.

Je suis particulièrement reconnaissant également à l'ancienne vice-chancelière de l'Université, Madame Alison Richard, non seulement pour avoir accepté d'être interviewée, mais aussi pour avoir lu attentivement mon ouvrage à un moment où elle était particulièrement occupée à préparer ce 800e anniversaire. Je tiens aussi à remercier ma famille pour ses encouragements et

---

[1] Peter Pagnamenta (ed.), *The University of Cambridge : An 800th Anniversary Portrait*, Cambridge, 2008.

son soutien. Sa présence a été l'une des grandes joies de ma vie, en particulier Iris, ma mère ; Donald, mon père ; Inge, Matt, Astrid, Kate, Lily et Rosa.

Mais comme toujours c'est à mon épouse, Sarah Harrison, à qui s'adressent mes plus grands remerciements pour ses relectures attentives du texte et les entretiens filmés qu'elle a résumés ; en tant qu'exploratrice et compagne de ma vie, son importance pour moi se situe au-delà de ce livre, au-delà des mots.

J'aimerais remercier Sean T. McHugh pour m'avoir permis d'insérer certaines photographies tirées de son site www.cambridgeincolour.com, comme il est indiqué dans le texte. Je tiens également à remercier Borut Peterlin et Zhiguang Yin pour leurs contributions à la photographie (www.borutpeterlin.com ; www.semitic.spaces.live.com) Les références à Willis et Clark sont dues à Robert Willis et John Willis Clark, *The Architectural History of the University of Cambridge*, CUP, 1886.

*

F.B. Les réflexions présentées ici sous forme d'anecdotes en complément de celles d'Alan Macfarlane, sont le fruit de ma propre expérience à Cambridge. Je suis née en France où j'ai vécu jusqu'à l'âge de dix-sept ans, et, en partie aussi, où j'ai fait mes études, puis aux USA et en Grande-Bretagne. C'est donc un autre point de vue sur les cours, la vie à l'Université et ses loisirs, qui sont proposés ici. J'ai également fait partie, en tant que Lectrice de King's College, des examinateurs internes au département de français de Cambridge, puis travaillé pour la Faculté d'anglais comme professeur affiliée aux cours magistraux en littérature française, aux supervisions, et séminaires. J'étais rémunérée essentiellement en fonction du nombre d'étudiants et d'heures travaillées dans dix-sept Collèges, avec des privilèges en supplément, notamment à King's : repas, concerts, événements et accès libre à la Chapelle. En 2011, j'ai été nommée Fellow et Tuteur-aumônier de Homerton College.

Ce n'était pas une vie facile. Pourtant, au lieu d'être découragée par cette forme d'enseignement en petits groupes, avec ses cours magistraux en parallèle et son système de tutorat, j'ai profondément aimé vivre à Cambridge.

Pour le présent ouvrage, Alain Tourreau a été mon relecteur exigeant et indulgent à la fois, ainsi qu'Irène Galstian, pour son attention aux détails. Qu'ils trouvent ici toute ma reconnaissance, ainsi que ma mère, Madame Jeanine Bonnet. Mon immense gratitude s'adresse à Alan Macfarlane. Il m'a aidée à naître à l'écriture.

[Page de couverture]

J.M.W. Turner, *King's College, Cambridge*, c.1794.
Avec la permission du Prévôt et des Fellows de King's College, Cambridge.

L'Historique

Un ancien plan de Cambridge

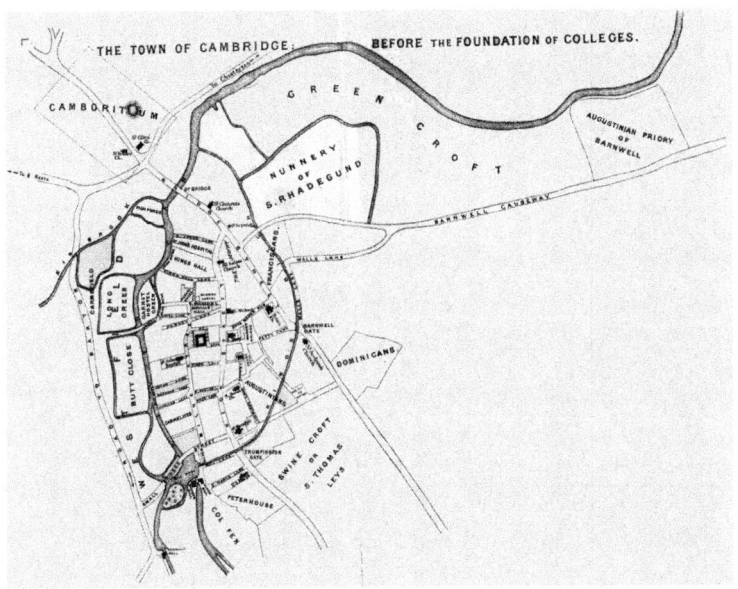

Un plan de la ville de Cambridge aux environs de 1200. La forme des rues est restée la même, à l'exception de Mill Street où des bâtiments appartenant à King's et Trinity ont été construits. Ces grandes propriétés appartenaient à différents ordres religieux et elles furent petit à petit assimilées à l'Université et aux Collèges, contribuant à créer une atmosphère monastique au centre de la ville. [Willis and Clark, IV, fig.1]

UNE ÉTRANGE SURVIVANCE

Je me souviens que lorsque je suis arrivé à Oxford pour y préparer ma licence d'histoire dans les années 60, j'avais été très impressionné par l'architecture, les traditions, et le sens, en somme, d'une continuité et d'une stabilité de longue date. Tout semblait exprimer la confiance en soi, comme un fait inévitable de nature et de culture. C'est aussi ce que j'ai ressenti quand je suis devenu Fellow de King's College. Pourtant ni dans l'une, ni dans l'autre, n'ai-je compris ce que j'allais découvrir plus tard, c'est-à-dire que ces deux universités, plutôt que de représenter la norme, étaient uniques en leur genre, et que malgré leurs communes racines européennes, leur survivance tenait du miracle. De surcroît il m'a fallu plusieurs années pour comprendre que beaucoup de ce que je voyais autour de moi, et ce dont je faisais l'expérience, était, en fait, une récente invention du XXe siècle, posée sur un paysage médiéval !

Au reste l'idée d'une institution en partie indépendante avec pour but d'encourager l'enseignement et le savoir, existait déjà dans la plupart des civilisations. Il y avait des académies en Grèce, à Rome, dans les civilisations antiques islamiques, dans la Chine ancienne et ailleurs. Des monastères bouddhistes ou les madrasas ont joué ce rôle aussi, comme l'ont fait les ordres religieux des débuts du christianisme. De là s'est développée, petit à petit, l'idée de l'université sous sa forme occidentale, certains disant même, que ce fut à partir de l'École de Médecine de Salerne au IXe siècle.

Pourtant, même dans sa forme initiale, il y eut quelque chose de neuf à propos de l'Université de Cambridge qui n'appartenait à aucune autre organisation au monde. Comme Damien Leader l'a montré : « L'Université est un développement unique dans le monde médiéval, séparément des Écoles oratoires de l'Antiquité et des *Scholae* des premiers monastères médiévaux. ».Il est d'ailleurs facile de les confondre avec ceux-ci, mais aussi de sous-estimer leur nature singulière si l'on se base sur le modèle des universités actuelles qui sont, elles aussi, quelque chose de tout à fait différent. Leader poursuit :

> Les Oxford et Cambridge médiévaux, du point de vue de leur constitution ont plus de points communs avec la Guilde des Honorables Poissonniers (Worshipful Guild of Fishmongers) qu'avec l'Université de Sussex actuelle. Il n'empêche que ces universités doivent toujours être vues à la lumière de ces guildes médiévales ou confréries. La relation étudiant-maître, étant comme celle de l'apprenti avec son patron, ou de l'écuyer avec son chevalier…Le maître était un frère d'inspiration mystique ; il faisait serment, avait des privilèges, et participait aux rites sur pied d'égalité avec les autres maîtres. Et ils priaient pour l'âme l'un de l'autre.[1]

Cela se voit au nom lui-même par lequel on les appelle « Université ». Le mot latin *universitas* s'utilisait d'abord pour désigner toute communauté ou corporation et a dû être précisé pendant des siècles avec un qualificatif tel que *universitas magistrorum et scholarium* quand il se référait spécifiquement aux Universités. À partir du XIVe siècle le nom commença à être utilisé tout seul pour désigner ce que nous connaissons aujourd'hui. Ce sont ces

---

[1] Damian Leader, *A History of the University of Cambridge*, vol.1, CUP, 1988.

organisations-là qui servirent de modèles à ce que nous appelons aujourd'hui les Universités, et dont un bon nombre existe dans le monde, bien qu'elles se soient grandement émancipées depuis leur origine.

L'une des grandes fondations du monde médiéval occidental fut l'Université de Paris : La Sorbonne, fondée au XIIe siècle, qui, à bien des égards, servit de modèle à Cambridge. Robert de Sorbonne implanta un Collège qui porte encore son nom. Néanmoins, c'est le Collège espagnol (une petite partie de la Sorbonne d'origine), fondé en 1364 pour vingt-quatre étudiants espagnols et deux aumôniers, qui est le seul à dater de l'époque médiévale, et qui d'après Denifle, existe encore sur le continent.[1] Oxford et Cambridge, qui datent à peu près des années 1180 et 1210, suivirent Paris avec la construction de petits bâtiments résidentiels, parfois dirigés par un maître plus âgé, où les étudiants pouvaient loger.

Les Universités européennes avaient tendance à s'installer dans des endroits importants, à proximité des centres de la spiritualité et du pouvoir séculaire. Paris en est l'exemple par excellence. La plupart des Universités sur le continent étaient situées dans les grandes villes où l'Église toute-puissante et l'État pouvaient observer leurs avancées avec intérêt. Que ces deux universités médiévales anglaises se soient développées dans des villes agricoles, loin des grandes cathédrales ou des plus grandes villes, est surprenant. Pourtant ça a été un facteur déterminant. Innis écrit « qu'en Angleterre, le Droit et la Religion n'ont pas eu plus de poids grâce aux universités puisque celles-ci n'étaient pas situées dans la capitale ou dans des villes épiscopales ».[2] Or en étant située au cœur d'une ville de province, dans l'arrière-pays, dans les Fens, ces terres arables, qui autrefois étaient des marais, loin de Londres, ainsi qu'à une assez grande distance de

---

[1] *Encyclopedia Britannica*, 11ème édition, s.v. « Universities », 751.
[2] Harold A. Innis, *The Bias of Communication*, Toronto University Press, 21.

Ely et Lincoln, Cambridge a pu préserver son indépendance. Et en conséquence de son isolement, pouvoir et savoir purent en quelque sorte exister séparément.

Des deux, Cambridge a toujours été la plus petite des deux villes. En dépit du fait qu'elle est plus proche de Londres de quelques kilomètres, on la croit souvent plus éloignée par sa position au bord des Fens. On peut d'ailleurs se demander pourquoi avoir fondé une Université au beau milieu d'une terre inhospitalière, et qu'est-ce qui a pu pousser des érudits, quittant Oxford en 1209, à venir s'y installer.

Cambridge est située au carrefour de deux grands axes routiers, l'un amenant les gens et la circulation de Londres, l'autre, de Colchester. Ces routes, comportant les rues Trumpington et Trinity à l'ouest, et Regent et Sussex à l'est, furent construites sur d'anciens lits de graviers qui formaient le lit d'un ancien cours d'eau, et étaient les meilleures routes pour accéder à un croisement de rivières situé sous Castle Hill.[1] Les tous premiers documents de Cambridge suggèrent que c'était déjà une cité prospère, à l'époque tardive de la période anglo-saxonne. Et le pont qui enjambe les rivières Cam et Granta, donna son nom à la ville. Il existe donc depuis au moins les années 875 de notre ère.[2]

Au moment du recensement dans le Livre du Jugement Dernier en 1086, il y avait un château sur la colline au nord du pont et des propriétés commerciales et résidentielles, le long de la rivière, ainsi que plusieurs églises formant un noyau principal. Grâce aux rivières par lesquelles s'acheminait tout l'Est des Midlands, les marchands avaient accès aux ports dans les terres, et vers la mer. Cambridge devint plus prospère, et possède encore aujourd'hui onze églises médiévales paroissiales. Avant 1066 il y avait des marchés, et au cours du XIIe siècle, des foires sur Garlic

---

[1] Je dois cette information à Peter Searby.
[2] Le récit qui suit sur l'historique de Cambridge est en partie basé sur celui du site de l'Université (http://www.cam.ac.uk/univ/history/), avec son aimable permission.

Lane, Midsummer Common et Stourbridge.

Près de la ville et même à l'intérieur se trouvaient des institutions religieuses, y compris des chanoines qui déménagèrent sur un site à Barnwell, ainsi que le couvent de Sainte-Radegonde qui existait déjà depuis 1135 et qui fut plus tard incorporé à Jesus College. Il y avait également deux hôpitaux, et à une vingtaine de kilomètres au nord, la grande Maison bénédictine de Ely qui, après 1109, devint le siège de l'évêché.

*

L'Université de Cambridge a commencé toute petite. Elle ne possédait aucun bâtiment en propre, mais comptait sur la possibilité d'utiliser des églises paroissiales, en particulier Great-Saint-Mary et Saint-Benoît (connue sous le nom de Saint-Bene't's encore aujourd'hui) pour ses cérémonies officielles, ainsi que sur des édifices appartenant à des ordres religieux. Cours magistraux, débats, se passaient donc chez les particuliers où l'on était également logés temporairement. Il apparaît que bientôt des groupes qu'on appelait « les Maîtres Régents », composés d'avocats et de théologiens commencèrent à construire ou à louer des constructions plus importantes pour loger les étudiants et y enseigner. Quelques-unes de ces auberges tenues par des propriétaires indépendants, mais ayant peu de moyens, survécurent jusqu'au XVIe siècle, où elles furent ensuite intégrées aux Collèges.

En 1226 l'Université avait un chancelier et l'on y donnait des cours régulièrement. Aux environs de 1250 les statuts de l'Université, dont la publication a été récemment découverte, furent promulgués, et datent d'environ cinquante ans avant ceux d'Oxford et bien avant ceux de Paris ou de Bologne.[1] La forme de gouvernement qui y était stipulée, est encore reconnaissable aujourd'hui, bien qu'elle ait constamment changé et évolué.

---

[1] M.B Hackett, *The Original Statutes of Cambridge University*, CUP, 2008.

À partir du XIVe siècle, l'université commença d'acheter des propriétés sur le site connu aujourd'hui sous le nom de Senate-House Hill, là où se construisirent les « Écoles » ou les « Anciennes Écoles ». Le premier bâtiment fut destiné à l'École de théologie. C'est là que se tenaient les cours et les débats. Il y avait une chapelle, une bibliothèque, une trésorerie et des archives. Néanmoins presque tout Cambridge était encore aux mains de propriétaires privés ou relevait des ordres religieux. À partir du XIIIe siècle tout commença à être mis entre les mains de nouvelles institutions appelées « Collèges » qui, à l'origine, étaient destinés à un petit nombre d'étudiants en théologie ou en droit, qui étaient censés prier pour l'âme de leurs bienfaiteurs. Plus tard, les Collèges commencèrent à loger de très jeunes étudiants qui avaient jusqu'ici habité dans les auberges ou avaient été logés chez l'habitant.

*

À la fin du XVe siècle il y avait soixante-dix-neuf Universités en Europe, y compris deux en Écosse. Déjà, cependant, la forme et l'éthique attachées aux deux universités anglaises étaient différentes. Les preuves en étaient la richesse et la puissance.

En 1520 sur les trente-et-un Collèges existants aujourd'hui, treize d'entre eux étaient déjà établis et existent toujours : Peterhouse (1317), Clare (1338), Pembroke (1347), Gonville (1348), Trinity Hall (1350), Corpus Christi (1352), Buckingham College (aujourd'hui Magdalene) 1428, King's (1441), Queen's (1446), St Catharine's (1473), Jesus (1497), Christ's (1505), et St John's (1511).

Petite Université marginale, comptant seulement 700 membres en 1370, puis 1300 dans les années 1450, les Collèges avaient cependant fait du chemin depuis le temps où ils n'avaient été que des lieux de résidence. Un coup d'œil sur King's College, au cours de la dernière partie du XVe siècle, montre qu'il s'agissait déjà d'un mélange d'institutions sociales, intellectuelles et religieuses, presque familiales étant donné la diversité de leurs fonctions, mais d'une portée plus grande qu'une famille, puisque c'était sur des liens autres que ceux du sang ou du mariage qu'elles s'étaient formées.

    C.F. Fay décrit comment « se rendre aux offices tous les jours dans les chapelles, aux cours magistraux, à partir de six heures du matin, ce qui soulignait une routine stricte, testée par un examen hebdomadaire ». C'était le lot de tout « Scholar » ou étudiant. Le terme désignant à la fois le bénéficiaire d'un soutien financier parental ou autre et son apprentissage dans un milieu érudit ; et même ceux qui étaient d'un milieu plus élevé étaient tenus aux mêmes devoirs. On prenait ses repas en commun dans la grande salle en écoutant la lecture à haute voix des Écritures. Si conversation il y avait, elle se faisait en latin. Non seulement ses membres étaient logés, nourris et blanchis par le Collège, mais c'était également le Collège qui les habillait, leur coupait les cheveux et les rasait. Il était interdit aux « étudiants » comme aux Fellows de vendre ou d'aller mettre leurs habits au Mont-de-piété avant de les avoir portés deux ans… C'était les concierges des Collèges qui vous coupaient les cheveux et vous taillaient la barbe … Ni « étudiant » ni Fellow, ni aumônier, ni clerc, ni aucun autre administrateur n'avait le droit d'avoir un chien, une hermine, un faucon, ou de jouer, ou chasser sur les terres du Collège et en dehors. Qui plus est, quand les « étudiants » sortaient de l'enceinte du Collège, il leur était interdit de s'en aller seul, ou de quitter leurs vêtements académiques. Ils devaient obtenir au préalable la permission du Prévôt (Principal) ou du Dean (Doyen) avant de partir se promener dans les environs.[1]

    Tandis que les Collèges prospéraient, l'Université se développait plus lentement. En l'occurrence, dans le cas de King's College qui était la plus vaste fondation existante à l'époque médiévale, les étudiants pouvaient empocher leur diplôme

---

[1] C.R. Fay, *King's College, Cambridge*, J.M. Dent & Company, 1907, 54–5.

sans passer, au préalable, d'examens universitaires, et ce trait perdurera jusqu'en 1851. Au fond, l'Université était largement une fédération de Collèges. Il nous est dit que « les Collèges commencèrent à jouer un rôle décisif dans la vie de l'Université, avant le milieu du XVIe siècle ». Ils élisaient leur « Proctor » (responsable de la surveillance) parmi leurs membres pour une année, et leur « Provost » (Principal, ou Directeur) qui officiait souvent au côté du vice-chancelier. Quant aux Docteurs en titre, d'âge mûr, ils officiaient en tant que membres du Conseil ou du *Caput Senatus*, comme on l'appela un peu plus tard. À partir du XVIe siècle et presque jusque vers la fin du XXe, celui qui était à la tête du Collège faisait également office de vice-chancelier.[1] Dans un certain sens, l'Université ne connut pas de centralisation ni d'unification au moins jusqu'à la fin du XIXe siècle.

C'était très différent de ce qui se passait sur le continent ou en Écosse. Dans ces cas-là ce furent les Universités qui devinrent puissantes alors que les Collèges échouaient à développer leur richesse indépendante par le biais de dons ou de legs ou grâce à leur aptitude à enseigner. Le système collégial médiéval naissant s'appauvrit si bien qu'à la fin du XVIIIe siècle, seuls Oxford et Cambridge avaient encore de fortes institutions indépendantes au sein d'une structure fédérale.

On a pu voir la difficulté de transférer le système d'Oxford et Cambridge ailleurs, notamment avec l'expérience faite aux États-Unis. Comme l'a montré Norman Scarfe,

> Sur les cent-trente hommes de l'Université qui émigrèrent dans l'Atlantique nord avant 1946, dont cent étaient issus de Cambridge (et pas moins de trente-cinq d'entre eux d'Emmanuel College). Ce fut de loin le plus grand contingent à travailler l'esprit de la Nouvelle-Angleterre. Avec John Cotton, spécialiste de la spiritualité dans le Massachusetts, et John Harvard...[2]

---

[1] L'Historique de l'Université sur le site universitaire.
[2] Norman Scarfe, *Cambridgeshire*, Faber & Faber, 1983, 93–5.

Nous nous serions attendus à ce que Harvard ait joui, de ce fait, d'une structure Collégiale, plus tard imitée par d'autres Collèges de la Ligue Ivy, ce groupe de huit universités privées aux États-Unis. Or, bien qu'appelés Collèges pendant des siècles, les Universités américaines, chacune de dénomination différente, n'ont pas continué sur les modèles d'Oxford et Cambridge. Harvard et les autres ont fondé des associations et des clubs, des fraternités et des sororités, ainsi que divers autres arrangements sociaux, notamment pour ce qui est des résidences universitaires. Mais l'Université étant elle-même puissante, aucun autre véritable centre d'enseignement alternatif et fort de ses richesses ne fut proposé.

Même en Grande-Bretagne, l'expérimentation n'a pas pu se reproduire. Les premières Universités écossaises ont perdu leur structure collégiale aux XVIe et XVIIe siècles. Aujourd'hui cette structure est uniquement attachée à leur nom ou à leurs résidences universitaires. Trinity College à Dublin, en particulier fut modelé sur Cambridge ; et ses présidents, pendant quelques temps, furent même des Anciens, mais elle ne s'est jamais vraiment développée sur un système collégial.

D'une certaine façon, le cas le plus intéressant est celui de l'Université de Durham. Oliver Cromwell souhaita fonder une Université à Durham, mais ce fut sans succès. Par la suite ce fut la première Université nouvelle à être créée par un Acte du Parlement en 1832, et à obtenir sa Charte Royale en 1837. Elle possède des « Collèges » mais ceux-ci ne sont pas autonomes ni indépendants à l'instar de ceux d'Oxford et Cambridge, ils ne possèdent pas de biens immobiliers et n'y pratiquent pas l'enseignement. En général, leur rôle est plutôt pastoral et social pour les étudiants. Les Universités plus récentes, celles qu'on appelle les Universités en « briques rouges » de l'Angleterre victorienne, à l'exemple de Manchester, Liverpool et Londres, et celles « en verre » des années 60, telles que l'Université de Kent, Sussex ou Lancaster, n'offrent guère plus que des résidences universitaires.

*

Ce n'était pas uniquement le système collégial qui différait. Il y avait une multitude d'Universités médiévales à travers l'Europe, et un certain nombre, comme celles de Bologne et Paris, étaient plus anciennes et plus prestigieuses que Cambridge. Néanmoins presque toutes les grandes Universités médiévales se sont sérieusement appauvries ou ont été largement détruites entre le XVe et XVIe siècles. En Italie, au Portugal, en Espagne, en France et en Allemagne à la fin du XVIIIe siècle elles perdirent beaucoup de leur indépendance. Le pouvoir royal en accord avec l'autorité religieuse, était jaloux de l'autonomie intellectuelle et de la richesse des vieilles Universités. La force centralisatrice des absolutismes les mina petit à petit, absorbant leur richesse et écrasant leur indépendance.

Par exemple, en Allemagne, au temps de la Réforme au XVIe siècle, les Universités devinrent « des instruments d'État... Leur autonomie traditionnelle et leur liberté disparurent ; les professeurs devinrent des employés d'État ; la censure et une stricte discipline s'imposèrent. L'Université était considérée comme une institution qui formait des fonctionnaires au bénéfice de l'État et de l'église nationale qui lui était associée.[1]

L'Université de Paris, jadis indépendante se laissa entraîner dans les guerres de religion pendant la dernière partie du XVIe siècle, et ceci ajouté au pouvoir grandissant de la monarchie française aux XVIIe et XVIIIe siècles, fit qu'elle tomba peu à peu directement sous l'autorité de la Couronne. Mais la dernière estocade portée à une Université déjà bien diminuée, se produisit en 1793 lorsque les autorités révolutionnaires abolirent l'ensemble des Universités. Quand elles furent rétablies sous Napoléon en 1808, ce fut explicitement en tant qu'institutions d'État, et

---

[1] *Encyclopedia of the Social Sciences*, 1935, s.v. « Universities », 182.

officiellement dirigées. Encore aujourd'hui les professeurs sont des fonctionnaires. Ni l'Université ni les Collèges constitués ne peuvent envisager d'avoir beaucoup d'indépendance au sein de ce système centralisé. Les Universités françaises ne furent d'ailleurs pas les seules à disparaître. Un grand nombre d'Universités en Allemagne, y compris Mayence, Cologne, Bamberg, Salzbourg et Erfurt furent fermées entre 1798 et 1815.

Ce fut en majorité la tendance et pas seulement en Europe. Si nous regardons l'histoire des institutions intellectuelles indépendantes à travers le monde, que ce soit dans les civilisations islamiques du Proche-Orient ou en Inde, ou dans les mondes confucianistes et néo-confucianistes de la Chine et du Japon, on trouve partout que les premières racines de l'indépendance et de la liberté de pensée ont été détruites. Au XVIIIe siècle il n'existait plus une seule Université libre ailleurs qu'en Europe et en Amérique du Nord.

Cambridge est l'exception. En quelque sorte elle affiche sa vision alternative comme centre indépendant du pouvoir et de la science depuis 800 ans, sans discontinuer. C'est son plus grand succès. Mais remporté de peu. Elle a connu presqu'en totalité la destruction, et plusieurs fois ensuite, faillit se perdre dans la médiocrité. Mais néanmoins chaque fois, avec un peu de chance, quelques connaissances en haut lieu, ainsi qu'un contexte plus large de systèmes inhabituellement dispersés de pouvoirs compensatoires, elle fut sauvée de la destruction.

Il s'ensuivit qu'avec les réformes des Universités vers la fin du XIXe siècle et celles d'aujourd'hui, qui se font sous la pression du gouvernement, des finances, ainsi qu'en matière d'organisation, les Universités ont eu leurs aspirations émoussées. Pourtant en 1660 après que Charles II eut entériné les chartes attribuées par ses prédécesseurs, l'Université de Cambridge ne vécut plus sous la menace d'être abolie. Pendant la totalité des XVIIIe et XIXe siècles nombre de figures politiques importantes vinrent faire leurs études à Cambridge, dont plusieurs membres de la famille royale, ainsi que certains Premiers Ministres influents tels que Walpole et Pitt le Jeune. Si bien que la menace d'une perte totale de pouvoir, d'autonomie et de privilèges a disparu, bien que, comme nous allons le voir, l'Université est encore vulnérable.

*

On peut réduire la question de savoir ce qui explique la survivance et la prospérité à quelques arguments. L'un traite de la gouvernance interne de l'Université et sa capacité à changer et à s'adapter en tout temps, dont je parlerai dans le prochain chapitre. Pour l'instant je m'attacherai plutôt à regarder le contexte plus large dans lequel l'Université opérait.

Une société ou une civilisation, dans une certaine mesure possède l'Université qu'elle mérite. Ouverte, équilibrée, libérale, elle sera le reflet d'une société telle. Au contraire, fermée, inquisitoriale, repliée sur elle-même, et ce sera le reflet d'une autre société. Le fait que les Universités sont le miroir de notre histoire et de notre civilisation est donc une autre bonne raison d'écrire sur Cambridge. Pour comprendre vraiment Cambridge, on a besoin de connaître l'histoire de l'Angleterre depuis le XIIIe siècle et au-delà, en particulier pendant sa période de formation jusqu'au XVIIe siècle.

Cambridge a pris forme dans les contextes spécifiques du droit, de la politique, de l'économie, et de la religion, comme nous le verrons ultérieurement. Du point de vue juridique, la nature unique des trusts et corporations dans le droit anglais semble avoir été déterminante. À cela s'ajoute le fait que la répartition du pouvoir, dans lequel la Couronne ne pouvait ni absorber ni ébranler l'indépendance des puissantes et riches institutions dédiées à l'éducation, s'est effectuée en partie grâce à l'indépendance financière qu'elles avaient acquises par des dotations. Tout ceci fut plus tard maintenu en place par l'anglicanisme et le pouvoir <u>limité</u> de l'Église, contrairement à ce qui se passait dans l'Église Catholique résurgente sur le continent, ou le calvinisme en Écosse.

À l'intérieur de ce jeu délicat des forces, l'époque cruciale qui aurait pu voir la fin de l'expérimentation, vit au contraire son épanouissement entre 1500 et 1800. C'est dans cette période que la richesse et l'indépendance de l'Université de Cambridge et de ses Collèges furent fermement établies. En dépit du fait que c'est à ce moment-là aussi que son indépendance fut peut-être la plus menacée.

*

Les facteurs individuels et la précarité à travers toute l'histoire de Cambridge, (rien que l'absence d'une seule personne aurait pu aboutir à un autre résultat), peut se voir à quelques moments caractéristiques dans lesquels le pouvoir et l'argent des Collèges furent sur le point de se désintégrer. Si cela s'était produit, Cambridge serait aujourd'hui une institution bien différente.

La première et la plus importante menace s'est produite dans les dernières années du règne d'Henry VIII. C'est Elisabeth Leedham-Green qui en raconte l'histoire dont voici quelques bribes.[1] Dans les années 1530 et 1540 la Couronne s'occupa de supprimer les monastères et de s'approprier leurs richesses. Le député de Cromwell, Thomas Leigh, « un ancien de King's » qui excellait dans la fermeture des monastères, rendit visite à l'Université de Cambridge et à ses Collèges. Ils furent sommés de montrer « leurs titres papistes » ainsi que les détails de toutes leurs richesses. On s'exécuta. Mais ce ne n'était qu'un préambule, car les Collèges de l'Université étant aussi considérés comme des propriétés religieuses, les prédateurs tournaient autour avec intérêt ». La situation s'aggrava jusqu'à la crise des années1540. « En 1545 un Acte promulgua la dissolution de

---

[1] Voir Elisabeth Leedham-Green, *A Concise History of the University of Cambridge*, Cambridge University Press, 1996, 47–50.

toutes les chapelles et de tous les Collèges, mettant ainsi tous les bâtiments à la disposition du roi. Ce fut la menace qui mit fin à toutes les autres menaces. À cette époque en effet les Collèges *étaient* l'Université… »

Elisabeth Leedham-Green explique qu'on ne sait pas exactement comment les Universités évitèrent la ruine. Elle suggère qu'on persuada le roi de se servir des experts juridiques qui étaient sur place plutôt que d'en faire venir de Londres. Par ailleurs ceux-ci firent appel avec succès à la Reine Katharine Parr dont le soutien fut probablement obtenu par l'intermédiaire de Thomas Smith et John Redman de Cambridge.

Les intendants des Collèges firent sans doute eux-mêmes l'inventaire des terres des Collèges et de leurs revenus. Le roi fit lui-même remarquer, en voyant leurs retours « qu'il pensait n'avoir trouvé en son royaume de personnes aussi honnêtement bien dotées avec aussi peu de terres et de loyers. » Quelques questions furent soulevées pour savoir comment il était possible que les Collèges vivent dans cet état de déficit permanent, auxquelles on fit « une réponse de la plus grande honnêteté, quoiqu'un peu pressée: c'est grâce à l'imposition d'amendes, lors du renouvellement des baux, les années où ils sont dus, et à la vente de bois. »

La troisième ligne de défense « est obscure pour ce qui est de son mécanisme mais de toute évidence, efficace quant aux résultats ». Il s'agissait, semble-t-il de tirer avantage de la vanité d'Henry, ou d'avoir peur pour le bien de son âme, si bien qu'au lieu d'abolir les Collèges, il ajouta à leur prestige. Henry fut convaincu qu'il fallait rétablir la fondation chancelante de Wolsey, en l'appelant Henry VIII College (plus tard Christ Church, Oxford). Et John Redman démontra que le même effet pouvait s'obtenir en rassemblant trois autres fondations en une seule, qui devinrent Trinity College, à Cambridge. Henry trouva même des fonds pour terminer l'élégante Chapelle de King's.

Comme l'a fait remarquer Leedham-Green, « la situation

était sauve, et l'Université en tant qu'institution ne dut jamais plus faire face à un si grand danger. » L'accession d'Edward VI au trône en 1548 fut acclamée par le parti Protestant qui était très puissant à Cambridge, et les Universités furent expressément exclues de l'Acte sur la dissolution des Chapelles, celles-ci étant dotées de fonds qui leur servaient à célébrer des messes chantées à la mémoire des donateurs.

Que la tradition de l'indépendance intellectuelle ait pu être sauvegardée par les machinations d'une poignée d'individus haut-placés, sert d'exemple pour montrer à quel point les petites causes produisent les grands effets. La même chose s'est passée en 1997-8 quand deux ou trois individus-clés, dont Roy Jenkins, l'ancien maître d'école de Tony Blair à Fettes, qui était devenu depuis lors Recteur du Lincoln College à Oxford, sauva brillamment les Collèges d'une immense perte d'argent dus aux frais d'inscription beaucoup trop élevés, qui auraient pu détruire l'axe principal d'une Université Collégiale.[1]

La deuxième menace n'était pas, certes, de cet ordre bien qu'elle aurait pu sérieusement affaiblir l'indépendance de l'Université, si elle n'avait pas été évitée. Elle se produisit lorsque l'Archevêque Laud qui était en poste dans les années 1630 insista pour visiter, puisqu'il était l'Archevêque de Cantorbéry, les universités. Elles s'y opposèrent. « Cambridge fut sommée de rechercher ses titres apportant la preuve d'un privilège d'exemption de la juridiction métro-politique. » Bien que l'Université essayât d'affirmer son privilège, le roi le rejeta et il sembla donc que la visite était imminente. Or « par miracle, elle ne se matérialisa pas », car ainsi que Laud s'en souvient, « mes Difficultés commencèrent à devenir pour moi prévisibles, et je ne leur rendis pas visite. »[2]

La troisième occasion eut lieu pendant la Guerre Civile et l'Interrègne au milieu du XVIIe siècle. Au minimum il

---

[1] Pour un récit de certains événements, voir Noel Annan, *The Dons*, HarperCollins, 2000, 299–301.
[2] Leedham-Green, *University of Cambridge*, 70–1.

aurait pu s'agir de certains des plus beaux vitraux de l'époque médiévale au monde. En 1644 William Dowsing, agent du Parlement pour les comtés-est, fut envoyé à Cambridge pour « entreprendre la démolition totale, et la confiscation absolue de tous les monuments propres à encourager la superstition et l'idôlaterie ». Tableaux et statues furent détruits, les chœurs mis au même niveau que les nefs, et les autres ornements cassés. Mais pour des raisons inconnues, les vitraux de la Chapelle de King's College furent épargnés. Plus tard, le chef des Parlementaires, le comte de Manchester, fit une descente à l'Université, et plusieurs directeurs de Collège furent expulsés pour avoir refusé de prêter serment (« The Solemn League and Covenant ») et pour d'autres raisons.[1] Mais au fond l'Université était déjà bien en place pour ne pas subir, de la part de telles actions, plus que des dommages superficiels.

Bien moins connue, cependant, fut la menace qui pesait de l'intérieur. Madame Leedham-Green attire l'attention sur l'appel lancé par le Principal de Gonville et Caïus College, William Dell, qui s'opposait au système des études traditionnelles, ainsi qu'à la notion même de diplômes. Mais ni lui ni les autres, d'après elle, « ne semblèrent déduire de ces prémisses qu'il aurait fallu pour autant diminuer le statut des Universités ».[2] Elle ne fait pas non plus référence à la description suivante :

> Il a même été proposé par William Dell, lui-même, Principal de Gonville et Caïus College, d'abolir totalement les deux Universités, désespérément tenues par serment à des méthodes désuètes. Et d'établir à leur place des écoles pour l'instruction supérieure partout dans le pays. Elles furent néanmoins sauvées, grâce à la fermeté de Cromwell, qui était à ce moment-là chancelier d'Oxford...[3]

---

[1] Leedham-Green, *University of Cambridge*, 81-3.
[2] Ibid., 91.
[3] *Encyclopedia Britannica*, 11ème édition, s.v. « Universities », 771.

*

Étant donnés ces accidents et divergences on peut voir que rien n'était inévitable. Sauvegardée par un nombre de curieux hasards, l'Université de Cambridge et ses Collèges évoluèrent à travers les siècles.

Dans la première partie du XVIIe, la Chapelle de King's College fut complétée et le nouveau grand Collège de Trinity ajouté en 1546, quatre ans après que Magdalene College eut intégré l'ancienne Maison des Bénédictins, connue sous le nom de Buckingham College ; Dr Caius, lui-même, élargit Gonville Hall pour en faire une nouvelle fondation ou presque, appelée Gonville et Caïus College (1557). Emmanuel (1548) s'assimila un site dominicain ; Sidney Sussex (1594) celui des Franciscains. Ces nouvelles fondations préparaient principalement les jeunes hommes à la prêtrise pour l'Église nationale, mais pour la première fois aussi attirèrent également, c'est spécifiquement le cas de Trinity College, un grand nombre d'étudiants laïcs.

L'Université vit une nouvelle phase d'expansion collégiale dans la dernière moitié du XIXe siècle. Entre 1850 et 1910, le nombre d'étudiants doubla et les Collèges commencèrent à recruter des Fellows pour remplacer les tuteurs privés. Le système de « supervisions » tel que nous le connaissons aujourd'hui fut alors inauguré. Les *dons* (ou professeurs de Cambridge attachés à un Collège) eurent la permission de se marier *et* conserver leur Fellowship à partir de 1882. La Faculté des Sciences commença à émerger là où se situait le Jardin des Plantes près de Downing Street. Il y eut aussi la mise en place de deux Collèges pour étudiantes, Girton en 1869 et Newnham en 1872. Dès le début, ceux-ci visaient à préparer leurs étudiantes aux « Tripos » (un examen oral), et les premières étudiantes passèrent leurs examens en 1882, bien que les tentatives répétées d'en faire des membres à part entière de l'Université de Cambridge échouèrent jusqu'en 1947.

En 1900, sur les quelques vingt-mille étudiants de l'Université en Grande-Bretagne environ un tiers étaient à Oxford ou Cambridge qui étaient encore les Universités dominantes, bien qu'elles aient représenté moins de cinq pour cent de la population estudiantine des Universités en Grande-Bretagne.

S'étant quelque peu étiolées, elles n'étaient néanmoins pas en voie de disparition. C'est d'ailleurs au XXe siècle qu'elles contribueront le plus au développement artistique et scientifique du pays. À partir de 1900 et jusqu'à nos jours, l'histoire de Cambridge est la mieux représentée au travers des différents traits archaïques qui ont fait l'objet de ce chapitre.

Plus ça change...

L'un des traits les plus intéressants de cette Université porte sur la façon dont elle a changé tout en restant la même. Pour survivre et s'épanouir sur une période de 800 ans, elle a dû éviter deux écueils. Si elle avait changé trop vite, cédant à chaque mode ou à chaque vouloir, elle serait sûrement méconnaissable aujourd'hui. Toute trace du passé aurait disparu et elle n'aurait plus sa personnalité propre.

Par exemple, si tous les anciens édifices avaient été démolis dès qu'un nouveau style avait vu le jour, l'exquise harmonie existant aujourd'hui ne serait plus là pour notre plaisir. Plus de King's Chapel ou de bibliothèque de l'architecte Christopher Wren à Trinity, plus de Senate House (où se déroule la cérémonie de la remise des diplômes), ou même de Laboratoire Cavendish. De façon plus intangible, nombre de ses pratiques typiques de l'enseignement dispensé spécifiquement au sein des Collèges n'existeraient plus, comme le système collégial des « supervisions » avec ses débats enjoués. Cela aurait pu se produire facilement à plusieurs reprises dans son histoire. Car beaucoup d'eau a coulé sous les ponts en huit cents ans. Pourtant beaucoup de choses ont été préservées par pur désir de préserver les choses anciennes qui apparemment fonctionnent relativement bien. « Si ce n'est pas cassé...pourquoi le remplacer ? »

En revanche, s'il n'y avait pas eu cette capacité de changer, de plier et s'adapter avec le temps, en imitant le bambou qui préserve sa forme mais sait plier par mauvais temps, il y aurait eu également danger. Cambridge aurait tôt fait de perdre ses contacts sur le plan national qui, de son côté, subissait des changements. Par le fait de son évolution, l'Angleterre devenant la Grande-Bretagne, du Moyen-âge agraire à la modernité urbaine, industrielle et capitaliste, Cambridge aurait pu être laissée de côté tel un bâtiment en ruine, une anomalie, une institution sans pertinence, sorte de machine à remonter le temps, sans autre raison d'être que celle de servir de musée pour gens et coutumes bizarres.

Et donc tout l'art consistait à développer un système qui permette aux changements de se produire, mais seulement après qu'on ait bien réfléchi aux conséquences, et où les modifications sans fondements n'auraient pas duré. Une institution comme Cambridge a besoin de trouver un moyen de sélectionner les progrès qui font sens et sont porteurs, mais aussi de faire écran aux idées susceptibles de porter préjudice aux racines profondes qui alimentent son système.

Cambridge ressemble à un pommier qui prendrait de l'âge mais continuerait à porter des fruits. Si un arbre comme lui est scié à la base une fois tous les cent ans, ou que ses branches principales sont coupées de façon sauvage, il finira par se déformer et à ressembler à quelque chose de complètement différent. En revanche, s'il n'est pas constamment taillé avec soin en prenant garde d'enlever les branches mortes afin d'encourager de nouvelles pousses, il sera tout échevelé et donnera peu de fruits. La question est de savoir quels mécanismes sont susceptibles de produire relèves et élagage.

*

On peut commencer par Francis Cornford. Cornford, brillant classiciste, qui, alors qu'il était encore jeune *don* âgé d'une trentaine d'années, était d'avis d'élaguer radicalement l'arbre de l'Université et d'essayer, comme d'autres, de mettre son projet à profit. Il s'est fréquemment trouvé frustré par des opposants conservateurs. Nul doute en partie pour soulager leur frustration, et en partie pour instituer les règles du jeu, il passa quinze jours à écrire une courte satire sur la politique de l'Université intitulée *Microcosmographia Academica : Un Guide destiné à un jeune étudiant en Sciences politiques*. Elle a été publiée il y a plus de cent ans en 1908.

En moins de vingt pages, Cornford avertissait les jeunes *dons* ambitieux que changer l'Université était une tâche vaine, et qu'en vieillissant, eux-mêmes deviendraient des obstacles au changement. Il y décrit la nature des partis et les différences entre un « conservateur libéral », un « libéral conservateur » et un « *non-placet* » (quelqu'un qui vote contre tout changement), et enfin les Adullamites qui « habitaient dans des grottes près de Downing street », c'est-à-dire des scientifiques (que Cornford considérait comme des rapaces).

Cornford a décrit le système collégial qui consiste à diviser les étudiants en petits groupes comme des Caucus. « Un Caucus est semblable à un attrape-souris : quand elles sont à l'extérieur, elles veulent y entrer, une fois à l'intérieur, la seule vue des autres souris les fait vouloir sortir. Le piège est truffé de *muffins* et de cigares… » L'influence politique d'un tel système « peut s'attraper exactement comme la goutte ; en effet les deux objectifs peuvent se poursuivre en même temps. Car l'idée consiste à garder fermement sa place et à boire du porto ». Un bon moyen de perdre son influence étant de publier un livre lisible.[1]

Ce qui importe dans son analyse, c'est de voir pourquoi le changement est impossible. C'est simplement du fait qu'il « n'existe qu'un seul argument pour faire quelque chose ; tout le reste est littérature pour ne rien faire ». Et contre celui-ci se présentent deux autres arguments contraires qui triomphent

---

[1] Gordon Johnson, *University Politics* (avec le texte de Cornford en intégralité), CUP, 1994, 97, 99, 102.

toujours.

En premier, il s'agit du « Principe de coincer » dont voici la définition : « Il ne faut pas agir avec justice de peur qu'on s'attende à ce que vous soyez encore plus juste à l'avenir---alors qu'on s'attend à ce que vous n'en ayez pas le courage. »

Le second est « le Principe du précédent hasardeux » selon lequel agir ouvertement ne doit pas se faire, de peur que vous ou vos successeurs tout aussi timorés, manquiez de courage pour faire le bien dans les cas futurs... » En somme « toute action publique qui n'est pas habituelle est mauvaise, et si elle est bonne, elle constitue un précédent dangereux. Il s'ensuit que rien ne devrait se faire pour la première fois. »[1]

Ces arguments en sous-tendent d'autres. Par exemple « il faut Donner sa Chance au système présent », bien que, comme le souligne Cornford, cet argument ne s'applique pas aux alternatives. Un autre étant que « le moment n'est pas encore venu, alors même qu'on admet sarcastiquement que « le Temps, incidemment, interfère : le projet a eu la bonne idée de pourrir sur place avant d'arriver à maturité. »[2]

Cornford montre ensuite quelle tactique employer dans « la conduite des affaires ». Cela inclut des arguments telle que « la présente mesure bloquerait le moyen de procéder à une large réforme. » Ou alors « les moyens destinés à faire naître l'objet proposé existent déjà. » Et d'ailleurs, « il est bien mieux que toute réforme se produise de l'intérieur » autrement dit « veuillez laver votre linge sale en famille » (comme on dit).

Il dresse la liste des techniques qui démolissent les arguments en faveur du changement — par exemple les méthodes de malversation — qui consisteraient à construire des arguments faibles, puis à les détruire, par exemple en suggérant que la proposition avait été faite depuis longtemps et rejetée à ce moment-là, ou bien en frustrant les auditeurs à force de les barber.

---

[1] Gordon Johnson, *University Politics*, 105.
[2] Ibid., 105.

Cette dernière méthode relève de l'art de parler « lentement, indistinctement, et hors sujet » si bien que tout le monde votera pour vous plutôt que de vous écouter une minute de plus.

Quelques soixante années après Cornford, Jasper Rose et John Ziman dans le même esprit, ont suggéré que

> Oxbridge n'a pas pour vocation de former des esprits de missionnaires zélés. L'atmosphère y est conservatrice, les traditions, les cérémonies, l'héritage du passé sont loyalement préservés et transmis intacts à la postérité — voilà des arguments qui font sombrer toute capacité d'action sociale ou imaginative. Ceux qui les formulent sont des rebelles, mais on les surveille et on les frustre. Ce sont les libéraux. Seulement leur libéralisme est souvent tellement ringard et machinal, tellement peu d'avant-garde, qu'ils servent seulement de repoussoir aux conservateurs.[1]

La situation réactionnaire décrite par Rose et Ziman est dotée d'aussi peu de pouvoir au Centre que d'autorité institutionnalisée pouvant exiger des sanctions. Chaque *don* regarde dans une direction différente et est, en fait, divisé contre lui-même (ou elle-même). De nombreuses fois je me suis trouvé ballotté dans un sens comme dans l'autre au cours des réunions, à moitié en faveur, à moitié contre chaque proposition. Je vois ce qu'ils veulent dire quand ils écrivaient « que ceux qui vivent et travaillent à Oxbridge sont tiraillés dans des directions opposées, englués dans un jeu de loyautés conflictuelles, et déçus par l'inconstance de leurs institutions. Toute tentative de changement soit vers l'avant, soit vers l'arrière ou de côté est découragée et frustrée par la rigidité que ces conflits provoquent. Les troncs d'arbres pointent dans toutes les directions, et sont coincés dans une masse amorphe. »[2]

Cambridge est une vieille institution complexe à cause de

---

[1] Jasper Rose et John Ziman, *Camford Observed*, Gollantz, 1964, 127.
[2] Ibid., 211.

la façon dont les règles et coutumes se sont accumulées et le pouvoir été attribué. Il est inévitable donc qu'il y ait des conflits d'intérêts quand on maintient en vie des pratiques qui ont fait leur preuve et sont toujours valables. Cambridge est basé sur un système de pouvoir dévolu si bien que beaucoup de gens ont le droit de donner leur avis dans les décisions, même si pour changer quoi que ce soit, il faut d'abord un large consensus. Il faut que la plupart des gens soient d'accord. Et souvent il faut qu'ils abandonnent leurs petits privilèges partisans pour le bien commun et acceptent de se délester de quelques bénéfices actuels pour quelque autre bénéfice incertain, et plus grand à l'avenir.

*

Pourtant l'un des traits frappants de Cambridge, c'est la façon dont le système, dans son ensemble, est parvenu à absorber de nouveaux changements sur une courte période — tout en conservant son noyau relativement inchangé. Le Cambridge que j'ai rencontré en 1971 semble bien loin de celui que j'ai connu en 2009. À cela s'ajoute la façon dont Cambridge couvre ses traces. Ce qui m'a étonné, c'est ce que j'ai trouvé de nouveau — et que je croyais être ancien. Mes étudiants et même mes collègues plus jeunes sont stupéfiés d'apprendre que beaucoup de ce qui constitue Cambridge aujourd'hui, a été inventé il y a moins d'un siècle.

C'est dans cette perspective, étrangement, que Cornford avait presque entièrement tort. D'énormes changements se sont produits depuis qu'a été publié son récit dévastateur. Comme l'a écrit Gordon Johnson « Sur de nombreux points, il faut faire un réel effort d'imagination historique pour s'imaginer le Cambridge du jeune Francis Cornford ».[1] Donc il vaut la peine de faire brièvement la liste des changements qui ont totalement transformé Cambridge ces cent dernières années.

---

[1] Johnson, *University Politics*, 83.

La partie centrale des Collèges lui serait encore familière, mais il resterait bouche bée en voyant à quel point la ville s'est agrandie, grâce à l'ouverture de grands centres commerciaux, d'un aéroport et d'une voie rapide permettant d'éviter la ville. De même l'Université s'est-elle transformée sur le plan géographique. Elle possède maintenant trois campus avec deux grands nouveaux bâtiments sur le site de Sidgwick. À l'ouest, se trouvent la Faculté des Sciences, ainsi qu'une nouvelle salle de concert, la bibliothèque de l'autre côté de la rivière, un hôpital gigantesque, et un anneau autour de la ville qui est le Parc des Sciences.

Cornford s'est démené pour réformer le gouvernement de l'Université. Depuis son époque, beaucoup de choses ont changé. La *Regent House* remplace la *Senate House*, siège de l'administration centrale. Et ce sont les professeurs de l'Université plutôt que ceux qui n'y sont plus, qui s'en chargent. Le vice-chancelier est devenu l'exécutif ainsi que le président de toute l'Université et il y a aussi de nombreux vice-chanceliers auxiliaires (pro-vice-chanceliers). Facultés et conseils d'administration qui n'existaient pas du temps de Cornford, en constituent la structure de base. Aujourd'hui Écoles et Conseils d'Écoles sont en train de gagner en puissance. La plupart des Facultés et des Centres ont été créés depuis son époque, dont beaucoup depuis la Seconde Guerre Mondiale. Un certain nombre de nouveaux Collèges ont vu le jour, y compris un Collège pour femmes et d'autres fondations entièrement séculaires. L'Université ayant été, au début, composée de Collèges d'origine royale donc nécessairement religieuse. L'organisation financière est immensément plus complexe, et après 1919, l'Université est devenue tributaire, pour la première fois de son existence, d'une aide gouvernementale.

L'organisation de l'enseignement et de la recherche a considérablement changé. Cornford écrivait au moment où les diplômes obtenus surpassaient ceux qu'on recevait « automatiquement ». De nos jours ce sont ceux-là qui prévalent presqu'à l'unanimité. Quand Cornford a écrit qu'on proposait treize matières ou sujets d'études, il y en a plus de cinquante aujourd'hui, et au moins cinq fois plus d'étudiants en Licence. À son époque aussi, il n'existait pas d'étudiants en Master, de même pour le doctorat qui n'a été introduit qu'en 1919, et a été communément adopté seulement après la Seconde Guerre Mondiale. Maintenant plusieurs milliers d'étudiants y sont candidats. Il n'y avait aucun cours de Master du temps de Cornford. Il y en a plus de quatre-vingt de nos jours.

La nature du corps étudiant s'est également totalement transformée. À l'époque de Cornford, il n'y avait que des hommes (Dans les deux Collèges féminins, les femmes étaient autorisées à suivre les cours avec les garçons, mais sans être pour autant reconnues). Maintenant la moitié du contingent est féminin dans tous les domaines, et à partir de 1972 plusieurs Collèges sont devenus mixtes. Cela a eu des effets considérables sur tous les aspects de la vie à Cambridge, y compris, entre autres, sur la vie artistique qui s'est épanouie dans les domaines du théâtre, de la musique et des sports.

Presque tous les étudiants à l'époque de Cornford étaient britanniques. À présent une très large proportion, en particulier au niveau Master, viennent de l'étranger, et même de très loin, notamment d'Asie. Les Britanniques eux aussi ont changé. À son époque tous, ou presque, étaient issus des classes sociales aisées et des écoles privées (*Public schools*). Maintenant plus de la moitié, et dans certains Collèges même les trois-quarts, sont pris dans les écoles d'État, toutes classes sociales confondues.

Au final, l'épanouissement intellectuel et artistique de Cambridge au XXe siècle l'aurait profondément étonné. Par exemple, dans le domaine du théâtre, *Les Planches* existaient déjà. On y joua des pièces à partir du XVIe siècle. Mais c'est au cours des années 60 — au moment de la popularité de la télévision — que son épanouissement a été le plus grand, grâce aux talents issus de Cambridge. On ne s'y attendait pas. Ou bien encore en musique, l'avènement du chant choral n'avait pas encore eu lieu. Même chose dans les domaines de la critique littéraire, des sciences politiques, de la chimie, de l'astronomie, de l'informatique et bien d'autres matières encore. Sept ans avant la publication du livre de Cornford, le Prix Nobel avait été décerné pour la première fois. Il aurait été dans l'étonnement le plus complet et se serait morfondu en apprenant que les quatre-vingt Prix Nobel des cent années suivantes, furent justement décernés aux chercheurs des fameuses « Adullamites » qu'il avait méprisés.

Donc comment cela s'est-il produit contrairement aux prophéties de Cornford ? De même pour la disparition du port des toges le soir quand on sortait, ou de la police de l'Université, ou des bulldogs. Même la pratique du bateau plat, dont le principe de navigation est le même que celui des gondoles, et qu'on appelle « punting », le long de la Cam derrière les Collèges, symbolise la quintessence des « traditions » de Cambridge. Or le « punting » n'existait pas encore au début du XX siècle. Ce qu'il nous faut comprendre, c'est l'autre versant de l'image qu'a pu donner Cornford, en d'autres termes les mécanismes et institutions qui permettent à Cambridge de changer très rapidement — et pourtant, comme le dit Johnson, « de préserver quelque chose, car en dépit des changements colossaux que le XXe siècle a connus, il est remarquable à quel point l'ancien Cambridge subsiste. »[1]

*

La réponse se trouvera dans un certain nombre de cas. Le premier : la force de l'argument raisonné. Cambridge a pour vocation d'enseigner que les bons arguments sauvent des mauvais. Les fameux « Adullamites » dont Cornford avait peur, encouragent à le faire. Nombre d'entre eux se sont distingués au sein de l'Université et ont appliqué leur idée de trier les bons

---

[1] Johnson, *University Politics*, 83.

arguments des mauvais, et d'employer leur talent à expérimenter, au service des Collèges et des comités qu'ils dirigeaient.

Le système des arguments opposés tels qu'il est pratiqué dans les supervisions peut avoir plusieurs retombées. Il faut de l'ingénuité pour dépasser les problèmes de sorte que — lorsque des contradictions et blocages, auxquels une organisation doit faire face continuellement à travers le temps, se manifestent — il existe de nombreux esprits qui s'appliquent à les résoudre de façon ingénieuse et créative. On a du respect pour les cas bien argumentés. De surcroît, un environnement propre à la recherche, à l'enseignement, et qui encourage une atmosphère de défis à surmonter, d'adversaires, et de remises en question constantes, implique que toute solution est temporaire et provisoire. Tout est matière à débat : il n'existe pas plus de vérités sacrées que de réponses définitives.

Pour Karl Popper, Cambridge est une « Société Ouverte » qui teste constamment, et tend toujours vers une « vérité » ou vers « la beauté » mais n'atteint jamais son but. Il y a toujours de meilleures solutions qui se situent dans l'avenir. Tout en respectant et en voulant préserver ce qui est bon du passé, Cambridge regarde aussi vers l'avant. Le futur recèle, par le biais d'arguments raisonnés, une meilleure solution.

*

Il s'ensuit qu'une certaine éthique de l'égalité s'est formée à l'intérieur des cercles formés par ses membres. La raison, en partie du pessimisme de Cornford, venait du fait qu'il pensait que toute idée radicale venait de ceux de son âge ou plus jeunes. Ces gens n'auraient eu aucun « poids ». Pourtant j'ai constaté que les jeunes Fellows étaient attentivement écoutés, que leurs idées étaient souvent adoptées, et que même les étudiants représentant leur Faculté pouvaient persuader les Fellows (dont la moyenne d'âge est dans la cinquantaine) de faire changer quelque chose.

Dans ce contexte, tous sont largement jugés sur leurs arguments, plutôt que sur leur maturité. De même que j'écoute et suis forcé d'être d'accord avec mes étudiants qui présentent des arguments convaincants dans les supervisions. C'est ma formation intellectuelle qui me fait répondre à ce qui est dit, plutôt qu'à celui ou celle qui le dit.

Une autre technique importante a été utilisée pour dépasser l'idée de Cornford selon laquelle rien ne devrait être fait pour la première fois. Car si elle avait été mise à profit, il n'y aurait eu ni Parc des Sciences, ni Collèges pour femmes, ni diplômes au-delà du troisième degré. Ce qu'on trouve, cependant, ce sont presque toujours des précédents, réels ou inventés, à la source de nouveaux départs. Il se peut qu'on les fasse ressembler à ce qu'on avait auparavant, alors qu'ils sont tout nouveaux. C'est ce que les anthropologues appellent « l'invention de la tradition ».[1]

Les Chants de Noël à la Chapelle de King's College en sont un exemple. Cette cérémonie a été créée de toutes pièces, d'après celle de la cathédrale de Truro, par Eric Milner-White, alors recteur de la Chapelle du Collège en 1934. Mais elle nous paraît très ancienne parce qu'il a choisi de très vieux chants qu'on accompagne de lectures tirées de la Bible et qui sont lues dans l'anglais du XVIIe siècle. L'événement se produit chaque année, il est même devenu une institution nationale. Afin de ne pas laisser cette tradition tomber en poussière, chaque année des changements subtils y sont apportés, notamment par de nouvelles musiques, et en particulier par la composition d'un nouveau chant de Noël, créé sur commande par un compositeur contemporain. La forme de la cérémonie reste ; seul le contenu change.

*

---

[1] Eric Hobsbawm and Terence Ranger, *The Invention of Tradition* (1983). Ce n'est peut-être pas une coïncidence : Hobsbawm était à Cambridge et Ranger à Oxford.

Il n'est pas difficile de penser à une série d'arguments concordant avec ceux de Cornford. Par exemple, quand « l'heure n'a pas sonné » on peut estimer que « le créneau n'est pas favorable ». J'étais contre la mise à disposition de fonds pour la construction d'un bâtiment « car ce n'était pas le moment » (une récession économique se profilait à l'horizon), bien que la raison fût différente de ce qu'elle avait été pour Cornford. Mais l'argument opposé (et qui l'a emporté sur le mien) proposé par ceux qui y étaient favorables, a été que justement à cause de la situation économique, il s'agissait « d'un bon créneau ». Les constructeurs seraient contents d'obtenir ce contrat et seraient peut-être même prêts à baisser leur prix.

L'argument de « la pente savonneuse » trouve sa contrepartie dans « un point de couture à temps en vaut cent ». On peut arguer qu'une simple réforme sur le champ va rapiécer le système et arranger les choses et éviter de plus grands changements à l'avenir. Cela je l'ai souvent observé lorsque je m'occupais des demandes faites par les étudiants. S'ils demandaient des changements sans grande importance, il était bien normal de les leur accorder, plutôt que de faire grandir en eux du ressentiment et un désir plus pressant encore d'exiger des changements plus fondamentaux.

Il s'agit de la micropolitique de Cambridge qui est généralement de nature consensuelle. Pour être efficaces et unis, les gens sont souvent accommodants et déférents envers la Chaire, ne souhaitant pas se faire remarquer ou qu'on pense d'eux qu'ils sont gênants.

Si les gens se méfient des innovations, on peut procéder comme les Japonais qui pratiquent l'art de « nouer les racines », c'est-à-dire qu'on prépare les gens aux changements en leur expliquant patiemment les implications et les avantages des réformes, on les amène à vous soutenir, on apaise leur anxiété, on fait ceci pendant un certain temps pour que, lorsque le changement a lieu, il ait déjà été assimilé et les gens sont contents.

Un autre élément consiste dans l'équilibre d'un système doté de nombreuses entités, toutes ayant plus ou moins pouvoir égal. Si un conseil d'administration d'une Faculté ou d'un Collège bloque quelque chose, les autres peuvent essayer. De sorte qu'il devient possible d'encourager la diversité et la créativité, face aux problèmes existants. C'est un geste à la fois conscient et au hasard. Et puis, comme Charles Darwin l'a démontré, il existe un mécanisme de sélection naturelle qui retient les meilleures solutions. Les derniers arrivants se trouvent bientôt obligés d'accepter le changement auquel ils s'étaient opposés jadis.

Voici un exemple lié à ma propre expérience. Quand l'université a annoncé qu'elle se préparait à introduire des cours pour de nouveaux Masters, peu de départements et Facultés se sont montrés intéressés. L'enseignement de ces cours n'était pas rémunéré. C'était simplement du travail supplémentaire pour un personnel déjà bien occupé. Mais notre professeur « vas-y fonce » y vit l'opportunité d'augmenter indirectement notre pouvoir, nos revenus, et de disséminer l'enseignement de notre discipline. Ainsi avons-nous été parmi les premiers à mettre en place un certificat, puis un Diplôme d'Études Approfondies (D.E.A) contenant plusieurs options. En l'espace de quinze années, on nous conseilla de limiter nos effectifs, car tout le monde voulait offrir des cours similaires.

Un autre trait consiste à voir que dans un système de politique consensuelle, presque tous les sujets abordés dans les réunions auxquelles beaucoup d'enseignants assistent, se passent sans arguments et sans vote. Il est facile alors d'insérer en douce constamment des petits changements, sans que personne ne s'en aperçoive, ou s'ils s'en aperçoivent, qu'ils pensent que quelqu'un, quelque part, doit avoir sérieusement examiné la chose. En effet, le sujet en question a été noté dans le rapport d'un sous-comité composé de deux ou trois personnes. Il avait été proposé un an auparavant, et les recommandations, peut-être votées à deux

« pour », contre un seul, pouvaient être acceptées par le corps professoral dans sa totalité, sans être soumises à beaucoup de discussions.

Dans un tel monde, une personnalité puissante et pleine d'énergie, bien versée dans la politique locale, pourvue de solides contacts et d'une connaissance approfondie du système et ses antécédents peut procéder à une foule de changements mineurs. J'ai pu observer cette personnalité sur une période de cinq années qui ont changé radicalement la marche de notre petit Département (qui avait été mis en place une année ou deux auparavant) sans trop d'obstacles ou de difficultés. Plusieurs récits de ces changements ont été faits dans les entretiens que j'ai enregistrés, par exemple, en zoologie et en biologie dans la seconde moitié du XXe siècle. Une poignée d'individus peuvent ériger de tous nouveaux centres, facultés et autres organisations et changer le contenu de l'enseignement et de la recherche. Leur succès est dû à leur dynamisme alors qu'ils semblaient au départ réactionnaires et protecteurs.

*

Cambridge est dotée d'un environnement stable dans lequel on peut prendre des risques. Étant donné le prestige qu'elle a accumulé au cours des siècles et la solidité de ses institutions, il est toujours possible d'essayer de nouvelles choses. J'ai pu le remarquer dans le cas de King's College qui a innové au sein de l'Université en acceptant des femmes étudiantes, et a, par là même, augmenté son effectif, modifié ses rituels et sa vie sociale. Ça a pu se réaliser parce que sa réputation était tellement grande qu'une erreur ou deux n'auraient pas beaucoup compté.

Douglas Adams (pensait-il à Cambridge où il avait été étudiant ?) a écrit dans *Le Guide du voyageur galactique* que la terre est une gigantesque expérimentation ou un ordinateur programmé par des souris blanches. À Cambridge l'expérimentation dure depuis

800 ans. Par l'intermédiaire de mécanismes sélectifs, l'Université a visiblement progressé, bien qu'à certains moments elle s'est aussi fourvoyée dans des voies improductives. Cependant elle a la capacité également de se renouveler. C'est ce qui est inhabituel car pensées et institutions ont fortement tendance à s'étioler avec le temps, elles perdent leurs objectifs de vue, et leurs membres, leur contact avec le monde extérieur.

Je crois que si Cornford était encore vivant aujourd'hui (il est mort en 1943) il aurait été très surpris, et probablement ravi, de voir combien il avait eu tort. En dépit de multiples arguments proposés pour ne rien accomplir, le principal, celui de faire quelque chose — est que c'était le bon — a prévalu, bien que de façon modérée. Cet équilibre lui a conservé cette place inhabituelle de se réjouir et de rendre heureux un grand nombre de ceux qui viennent en visite, ou suivre leurs études.

*

Si l'on me demandait le secret d'un bon équilibre entre innovation et continuité, j'indiquerais un exemple largement répandu à travers l'Angleterre. Il s'agit de l'importance des normes non écrites, orales et coutumières, et du respect des précédents. C'est un vieux trait du droit anglais, comme on peut le voir dans l'œuvre de Henry de Bracton qui date du XIIIe siècle, sur *Les Lois et les Coutumes en Angleterre*. La façon dont les coutumes sont accommodantes tout en offrant une stabilité, est remarquable dans le contexte immédiat de Cambridge.

Il est relativement facile aux coutumes de changer, puisqu'elles ne sont pas écrites. Tout un chacun peut dire qu'« on a toujours fait les choses comme ça ». Si cela convient, alors des changements de moindre importance peuvent se concevoir. C'est comme cela, en partie, que Cambridge change constamment de direction. Elle grandit, évolue, et pourtant ne semble rien faire d'autre que ce qu'elle a toujours fait. Les nouveaux pensent que la façon de faire dont ils sont témoins, doit avoir existé depuis toujours, jusqu'au moment où cette façon-là disparaît.

À l'inverse, les coutumes empêchent les grands changements de se produire, tels que les révolutions ou les transformations massives et rapides. La justification principale à ce que les choses soient comme elles sont, c'est qu'elles ont toujours été comme ça. De gros changements d'organisation vont à l'encontre des coutumes et ont des difficultés à être adoptées puisqu'elles sont clairement nouvelles et non pas coutumières. C'est comme un jeu gigantesque : changer tout d'un coup les règles entraînerait l'injustice, l'instabilité, et très probablement la ruine. Si la vie est comme une partie de cricket ou un match de rugby, on ne peut pas simplement intervenir et changer les règles du jeu en cours.

Dans les pays et les organisations où les règles sont écrites, une autorité peut modifier la constitution écrite, et tout change. Pour ce qui est des coutumes, il est nécessaire de modifier des milliers de petites pratiques implicites afin d'obtenir un changement important. Ainsi s'agit-il d'une tendance à une évolution lente et continue. Elle n'est certainement pas centralement planifiée. Cambridge change grâce à des modifications sur le temps plutôt que par soubresauts explicites qui viennent modifier l'équilibre de base. Les variations se font au hasard, par le biais de sélections.

Il est vrai, comme l'a argué Cornford, que les systèmes coutumiers préfèrent les habitants âgés qui sont sur place depuis longtemps. Le « jeune homme (ou la jeune femme) » pressé(e) de changer les choses, est un phénomène nouveau dans la jungle et la multitude des coutumes. Car beaucoup de celles-ci ne peuvent être assimilées qu'après plusieurs années. Quand bien même on peut se vanter de remporter quelques petites victoires, il est difficile de faire changer les choses à un niveau plus profond. Au bout de vingt ans, quand on a compris les coutumes, qu'on parle la « langue » de la localité, quand on s'est investi à fond dans le système, l'impression d'avoir déjà entendu tous les arguments en faveur du changement (et qu'on a essayé ce qui ne marche pas mieux), cette impression devient souvent accablante. Le conservatisme institutionnel fait partie intégrante du système.

En dépit de quoi, la coutume a quelque chose d'une libération, car elle masque les inconsistances et la pluralité des mondes possibles. Les coutumes peuvent se confronter et se contredire, ne pas être au pas, et pourtant elles font sens. Il est possible que seuls les Fellows de King's aient le droit de marcher sur les pelouses — jusqu'au moment où la journée des enfants ou le « May Ball » (le Bal de mai) ait lieu et que tout le monde les piétine. Il est possible que, communément, seuls ceux qui ont obtenu une bonne moyenne à leurs examens peuvent s'inscrire à un cours, jusqu'au jour où quelqu'un argue avec véhémence qu'un étudiant brillant qui a lamentablement échoué, devrait avoir la permission de continuer en vertu des circonstances particulières qui ont été les siennes.[1]

Les coutumes sont largement une extrapolation à l'envers de ce qui se fait habituellement. Mais les raisons n'ont jamais été clairement énoncées ou alors elles se sont perdues dans le temps. Elles appartiennent à une sorte de monde où l'on pratiquait le culte des ancêtres. Si de sages intelligences dans les siècles passés pensaient qu'une telle manière de faire les choses avait du sens, par exemple se tenir sur la partie glissante d'une gondole (ou « punt ») que c'était mieux que ce qu'on faisait à Oxford, en se mettant plus en sécurité dans la partie basse et protégée du punt, qui sommes-nous pour affirmer le contraire ?

Une approche coutumière convient aussi bien avec un système complexe. Il serait impossible de faire un plan du système de Cambridge à l'aide d'une série de diagrammes ou d'équations rationnelles. Comme l'a dit justement Alexis de Tocqueville à propos du droit anglais, ainsi en va-t-il de Cambridge.

---

[1] Peter Burke me racontait qu'à New College Oxford où il existe un règlement pour les animaux, on avait dit qu'un chien qui avait été interdit d'accès, pouvait passer pour un chat admissible, en vertu du fait qu'on aimait bien son propriétaire.

L'Université est comparable au tronc d'un vieil arbre auquel les juristes ont greffé les plus étranges boutures, dans l'espoir que bien que les fruits soient différents, les feuilles tout du moins, resteront les mêmes que celles de l'arbre vénérable qui les a fait pousser.[1] Il s'ensuit, toujours d'après Tocqueville, que tandis qu'en France simplicité, cohérence et organisation logique sont de rigueur, en Angleterre on a plutôt affaire à une machine désuète et monstrueuse », dont les objectifs sont « compliqués et incohérents ». Pourtant, comme Tocqueville l'a aussi admis, en Angleterre la liberté existe, alors qu'en France pèse la menace permanente d'un autoritarisme absolu.

Ainsi donc, la complexité même de cet ancien système labyrinthique qui rendrait si difficile des changements révolutionnaires et irréversibles, a fait de l'évolution quelque chose de plus confortable, puisqu'aucun groupe ni aucune clique n'a la main mise sur la totalité du système, comme nous allons le voir dans les Collèges ou les Facultés qui sont en lice pour dominer. Par le biais de mécanismes tels que les a décrits Darwin, c'est-à-dire de variations qui s'exercent au hasard et de sélections qui durent, les changements évolutifs et la survie des idées les plus aptes, sont assurés.

---

[1] Alan Macfarlane, *The Riddle of the Modern World*, Macmillan, 2000, 205.

LA CULTURE

L'Université de Cambridge et le centre-ville vus d'en haut. L'Église Great St-Mary's, église officielle de l'Université à gauche, la Chapelle de King's College sur la droite, le Sénat et le marronnier au centre. De nombreux développements importants de la pensée humaine ont eu lieu au cours du dernier millénaire, dans ce périmètre.

Charmes et fantômes

Quand vous visitez Cambridge par une belle journée d'été, ou lorsque la neige recouvre les vieux toits, il est possible que vous tombiez presque sous le charme de ces lieux. C'est ce qui m'arrive, même après avoir passé des années ici. L'endroit semble empreint à la magie. Il vous envoûte. D'où vient donc cet effet spécial ?

Nous sommes attirés par les endroits qui permettent à nos esprits et notre imagination de s'évader. Beaucoup de visiteurs savent que Cambridge est une ville ancienne — mais ancienne de combien d'années ? Certaines parties ont l'air ancien, mais à côté d'elles, s'en trouvent, à l'évidence, d'autres beaucoup plus récentes et même franchement modernes. Cambridge paraît sans âge et pourtant se trouve constamment modifiée. Il est impossible de s'en tenir à une période spécifique.

Ce dont nous faisons l'expérience, entraîne l'imagination hors du temps présent, elle lui fait traverser les ponts des XXe et XIXe siècles avec leurs révolutions industrielles, elle l'investit des formes classiques des Lumières. Cela ne s'arrête pas là, car nous passons par des cours et des tours datant de l'époque Tudor, par des ruelles sinueuses aux arches hautes et fenêtres étroites du monde médiéval. Marcher dans Cambridge c'est entrer dans une machine à remonter le temps.

Des formes architecturales datant d'époques très différentes peuvent se côtoyer sans gêne, grâce aux pelouses, aux arbres et aux cours qui séparent les différents bâtiments. Ainsi pouvez-vous vous promener sur un échiquier de l'histoire d'Angleterre, en apprécier tous les styles et périodes défilant de façon irrégulière, et pourtant attachés à la quiétude et la stabilité.

Et comme vous vous promenez, vous sentirez que les idées de chacune de ces périodes qui s'étendent sur les huit derniers siècles, ne se trouvent pas seulement fixées dans la pierre et le verre, mais aussi à l'intérieur des bâtiments ; dans le même style que la philosophie, la poésie, la musique, les mathématiques et la théologie qui sont toujours d'actualité. Quand bien même Francis Bacon et Newton, Darwin et Maxwell ont disparu, leurs descendants sont encore là, peut-être même en ligne directe — un petit-fils de Huxley, un arrière-petit-fils de Darwin, un neveu ou une nièce de Maynard Keynes, mais le plus souvent il s'agit d'autres gens se colletant avec des problèmes similaires.

Cambridge offre aussi le charme d'un endroit qui n'est pas tout à fait réel. Claire, spacieuse, elle vous invite, et pourtant vous échappe constamment, comme la jeune fille du poète Keats, que son courtisan cherche « sans répit », sans jamais pouvoir la retrouver. Les visiteurs d'un jour, ou même les étudiants en première année sentent qu'il y règne profondeur et richesse. On y devine une masse de connaissances et d'expériences enfouies, comme si une épaisse toile d'histoires et de légendes s'était tissée ici. Ce sont des ombres disparaissant au coin des rues, ou dans un rayon de soleil.

Il n'y a pourtant rien de menaçant bien qu'on puisse éprouver une sorte de crainte mêlée d'admiration. La plupart du temps l'architecture est accessible, et presque toujours informelle. Elle ressemble à une carte de Noël ou à un ensemble de petites maisons de campagne. Construites à l'échelle humaine, elles sont presque toujours à un ou deux étages seulement.

*

On peut penser à une simple coïncidence : les deux plus grandes Universités médiévales d'Angleterre sont traversées par des rivières (La Cam, et la Ox) et ont accroché à leur nom le mot « pont » : « bridge » pour la première, gué (« ford ») pour la seconde. Pourtant il me semble de plus en plus évident que leur association avec l'eau fait partie du secret intime de leur nature singulière.

Les saules pleureurs, les barques, le reflet des nuages et des bâtiments sur la rivière Cam, les ponts en voûtes sont quelques-uns des insignes les plus mémorables de Cambridge. Mais sa plus célèbre expression se trouve — je l'ai découvert récemment — dans un poème que tout élève apprend par cœur à l'école, en Chine, à Taiwan et Hong Kong.

Une pierre de deux tonnes en marbre blanc de Pékin (pierre utilisée pour la construction de la Cité interdite) porte l'inscription de quatre vers de ce poème. Elle a été placée juste au-delà du pont de King's College en juillet 2008 pour commémorer Xu Zhimo, ancien étudiant au Collège en 1920 pendant deux ans. Il est l'auteur du poème intitulé « Dire encore adieu à Cambridge ». En voici la deuxième version qui date de 1928 :

輕輕的我走了，正如我輕輕的來；
Qīngqīng de wǒ zǒu le, zhèngrú wǒ qīngqīng de lái;

我輕輕的招手，作別西天的雲彩。
wǒ qīngqīng de zhāoshǒu, zuòbié xī tiān de yúncai.

那河畔的金柳，是夕陽中的新娘；
Nà hépàn de jīn liǔ, shì xīyáng zhōng de xīnniáng;

波光裡的艷影，在我的心頭蕩漾。
bōguāng lǐ de yàn yǐng, zài wǒ de xīntóu dàngyàng.

[Très doucement je m'en vais
Aussi doucement que j'étais venu ;
En silence je fais signe
Aux nuages roses de l'occident.

Le saule doré au bord de l'eau
Est une mariée au ciel couchant ;
Son scintillement sur la rivière
Pénètre mon cœur au plus profond.]

 Mes étudiants chinois me disent que c'est ce paysage de Cambridge avec l'eau et les Fens, terres arables au nord de la ville, qui les attirent le plus, peut-être parce qu'il évoque pour eux ces célèbres paysages chinois : montagnes et rivières au loin, l'énorme Yangtze, les brumes de Guillin, ou les villes aux canaux situées à l'est de la Chine. C'est l'une des raisons pour lesquelles ce poème est si connu là-bas.

 La rivière Cam a fait beaucoup pour Cambridge, bien qu'elle ait cessé d'être une véritable artère pour la circulation des marchandises qui arrivaient de tous les coins de l'Angleterre sur la rivière Ouse, et passaient par Cambridge à destination de la foire de Stourbridge aux abords de la ville.

 La rivière est un fil qui permet de joindre les Collèges riverains : Peterhouse, Queen's, King's, Clare, Trinity Hall, Trinity College, St John's, et Magdalene avec leurs bâtiments d'un côté ; et de l'autre, leurs jardins et pelouses. Autant de perles toutes en grâce posées sur cette trajectoire verte, le long de cette rivière au cours lent et silencieux.

 De même les ponts, que ce soit le « Pont Mathématique » de Queen's qui n'est pas sans rapport avec Newton, ceux de King's, Clare, de la résidence universitaire Garret, de Trinity, ou celui de St John's autrement nommé le « Pont des Soupirs » car il a été calqué sur celui de Venise, celui de Magdalene College, (tous deux ayant pour objet de rejoindre la ville, autant que de la tenir à l'écart). Équilibre et contraste en font la Beauté. Avec un espace vert important d'un côté où paissent des vaches blanches et des oies sur de larges étendues d'herbe, la rivière où les cygnes se baignent ; et de l'autre, les magnifiques pelouses et bâtiments imposants. Le tout est une pure merveille.

La rivière Cam relie Cambridge à sa région. Il s'agit de la partie supérieure des voies navigables qui descendent la rivière Ouse et vont se jeter à la mer. Cela nous rappelle constamment que la ville de Cambridge même est beaucoup plus ancienne que l'université. Et que cette Université est seulement une petite partie d'un système gigantesque reliant la ville épiscopale de Ely à la Hollande, drainant les Fens, allant jusqu'à la baie du Wash dans le Norfolk. L'eau contribue à réduire le provincialisme de cette région retirée et à la mettre en rapport avec le reste du monde.

« Il suffit de se mettre sur la même longueur d'onde » comme le dit si bien le romancier et essayiste E.M. Forster, autre figure de Cambridge, et Cambridge de former un réseau de connexions dès que l'esprit se sent libéré. L'eau est le grand connecteur. Elle met en rapport les grand ciels mouillés avec la tourbe noire et la terre de roseaux des Fens. Elle connecte les sources qui se trouvent en amont de Cambridge dans les collines mystérieusement nommées Gog et Magog au moulin de Trumpington, tant prisé par Chaucer, à celui de Grantchester, l'objet du grand poème de Rupert Brooke, où les aiguilles de l'horloge de la petite église ne s'arrêtent plus sur le cadran, à trois heures moins dix de l'après-midi.

La rivière passe par les prairies, connecte le moulin de Grantchester à Cambridge, passe près de Laundress Lane, où des érudits examinent à la loupe les précieux manuscrits de l'Empire britannique d'antan, puis tout près de la merveilleuse bibliothèque de Samuel Pepys. La rivière ensuite traverse les prés où a encore lieu « La Fête de la Fraise », qui remonte à l'époque médiévale, et rassemble encore aujourd'hui les forains sur Midsummer

Common (le terrain communal de Midsummer), où s'installe le cirque et ont lieu les grands feux de joie du 5 novembre. Puis la rivière ira par les Fens jusqu'à la magnifique cathédrale de Ely qu'on appelle aussi le « Vaisseau dans les Fens ».

À Oxford, je me souviens que la rivière Cherwell et la Tamise faisaient quelque chose de similaire. Mêlés à mes souvenirs de la Cam s'en trouvent d'autres : les matins de mai passés près de la Tour de Magdalene à me promener nonchalamment dans les parcs en bordure de la Cherwell, à apprendre à nager dans ses eaux froides, à faire du patin à glace sur Port Meadow lorsque j'étais enfant, puis du bateau, et même pêcher mon premier poisson dans le canal d'Oxford. À Oxford les rivières, d'ailleurs, sont plus imposantes qu'à Cambridge, bien qu'elles ne passent pas aussi près des Collèges.

La présence de l'eau donne vie aux bâtiments, de par la masse en constant mouvement, qui provient à la fois de sa force interne, et de son rôle de miroir des ciels et du vent. Je trouve que la beauté des années changeantes et l'exaltation de mes découvertes intellectuelles sont étroitement liées à cette eau qui passe. Elle s'ajoute à l'impression que Cambridge est comme une ancienne demeure d'aristocrates, à l'instar du château de Blenheim ou Stowe, où les lacs et rivières ont donné aux architectes l'impression d'un état ordonné de la nature sauvage, que les Anglais affectionnent particulièrement.

*

Comme je me rappelle Cambridge de loin, les couleurs se sont estompées. Elles sont d'un brun doux comme celui des murs que le soleil a chauffés, de gris, de blanc et de rose pâle d'après toutes les variétés de pierre originaires du Pays de Galles, du Yorkshire, ou de la France. Il y a aussi le noir des toges. Il s'agit d'un paysage de couleur sépia, comme une photo ancienne.

Mais sur cet arrière-plan restreint sont peintes aussi des

couleurs vives : les ardoises rouges et jaunes de Hollande. Le vert vif des saules pleureurs au printemps, le rouge carmin des toges académiques à l'occasion des festivités, et ce bleu si spécial des jours d'été, au-dessus des pinacles de King's.

Donc Cambridge est un endroit sobre, plein de subtilités et toute d'ombres vêtue, aux variétés de gris et de vert, ou de bleu, mêlées à l'infini ; de rose vif aussi sur les murs gris, un drapeau aux couleurs vives mis en berne pour un deuil, ou qui bat follement sur le toit d'un Collège en signe de célébration. Il y a le jaune des aconits au bord du chemin qui mène à King's et les couleurs mauves des étendues de crocus derrière Trinity. Tout ceci existe en harmonie avec l'incomparable miracle des bulles de lumière incrustées dans les vitraux, et dont les imperfections absorbent et adoucissent la lumière splendide de King's College.

Comme pour beaucoup d'endroits à Cambridge, il existe tout à la fois unité et variété, ce qui donne à l'œil repos et plaisir dans un constant renouvellement des ciels changeants et des saisons bien marquées. Mais le plus merveilleux pour moi, ce sont les teintes occasionnelles, comme lorsqu'on marche le long des prés derrière King's et qu'on voit toutes les vieilles fenêtres illuminées d'or brun au soleil couchant.

John Betjeman en a magnifiquement évoqué l'effet :

The white of windy Cambridge courts, the cobbles brown and dry,
The gold of plaster Gothic with ivy overgrown,
The apple-red, the silver fronts, the wide-green flats and high,
The yellowing elm-trees circled out on islands of their own—
Oh, here behold all colours change that catch the flying sky
To waves of pearly light that heave along the shafted stone.

[Le blanc des cours de Cambridge où s'engouffre le vent, les pavés bruns et secs,
le plâtre des ombres gothiques au lierre surnuméraire,
Le rouge-pomme, les devants argentés, les grands appartements verts, et en haut

les ormes jaunissants qui croissent en cercle sur leurs propres îles.
Oh, et voyez ici comme les couleurs changent, comme elles captent le ciel fuyant
par vagues de perles de lumière, qui montent le long des cavités en pierre.]

Sur cette estrade, passent les couleurs du monde entier, des saris aux tartans, des costumes stricts aux shorts bien courts. Visages émanant de tous les continents et langues de la totalité du globe passent entre les vénérables bâtiments et par les rues. Ils semblent lancés comme des confettis puis disparaissent, laissant l'Université à son rythme monacal, en apparence inchangée.

Pourtant Cambridge change constamment. Des librairies ouvrent et ferment, des grues s'élèvent et construisent de nouveaux magasins et des arcades, mais le cœur reste inchangé. Ici un nouveau bâtiment, là une rénovation, ou une installation de nouvelles pistes cyclables. Or pour l'essentiel la note de base sur la forme et la couleur ne change jamais entièrement.

L'équilibre entre un site du « patrimoine » préservé artificiellement et joliment mais qui est mort, et un autre entièrement modifié, a été réalisé, et c'est là, je suppose, l'une des attractions de Cambridge. Les visiteurs savent qu'il ne s'agit pas seulement d'un Musée, d'un Mausolée, d'un Stonehenge ou d'une grande Muraille de Chine. Ici les druides sont toujours à l'œuvre.

*

Dans ses *Pierres de Venise*, John Ruskin a attiré l'attention sur l'irrégularité et la spontanéité de l'art anglais. Il a vu le contraste entre l'art baroque et continental avec ses jardins formels, sa place publique au centre, ses bâtiments de style classique et lourd, ses rues droites — autoritaires, planifiées, dominatrices — et l'art imbriqué, asymétrique, voire déséquilibré, à peine planifié du nord gothique.

Cambridge est un bon exemple de ce dont parle Ruskin. Et on en voit, du reste, une illustration dans la poésie de Rupert Brooke où sont comparés les parterres de fleurs anglais à ceux de l'Allemagne bien alignés, alors que « la douce rose anglaise » pousse tout en désordre, à la diable. De même la nature fouillis de beaucoup de Collèges, dont le style émane de périodes très différentes, ajoutées les unes aux autres.

Ce qui fait un mélange de styles et de fantaisie. Mais c'est bien néanmoins ce qui lui confère sa légèreté et son dynamisme surprenants, et donne l'explication de tensions dans l'art gothique. C'est aussi, ce me semble, la raison pour laquelle Cambridge ne ressemble pas à Oxford. Mon ancien Collège, Worcester College, relève d'une atmosphère semblable. Mais pour ce qui est de ChristChurch ou Magdalene et d'autres, ils ont un aspect plus lourd et plus imposant.

C'est ce qui a fait dire à Nikolaus Pevsner, grand historien d'art, que le contraste se trouve au cœur de l'esthétique architecturale de Cambridge.[1] Le caractère esthétique de Cambridge repose sur sa variété et ses subtilités. Il y a le grand et le petit, le monumental et l'intime, la pierre et la brique, le fait-main et le « naturel » côte à côte et souvent imbriqués l'un dans l'autre. Des petites cours suivies par des grandes, des pelouses par des pavés, des cours ouvertes par des cours fermées.

*

Les tensions du gothique qui président à cette asymétrie rayonnante trouvent leur ultime expression dans la Chapelle de King's College. Il semblerait que cette Chapelle n'ait pas été terminée, qu'elle soit encore en train de monter, de s'élever, tant paraît impossible la distribution des forces et l'absence de contreforts qui la caractérisent, le poids énorme des voûtes

---

[1] Nikolaus Pevsner, *Cambridgeshire*, 2ème édition, Penguin, 1970, 38.

apparemment soutenues par de minces piliers qui s'élargissent en éventails. Elle ressemble à une lanterne qui flotterait sur les Fens, tout particulièrement lorsque la lumière filtre à travers les vitraux aux couleurs vives et au verre très irrégulier. Elle ressemble à un rêve, dans lequel la ville s'élèverait dans les hauteurs du ciel gris. Elle dirige le regard bien loin vers les prés, et s'équilibre de façon étrange sur les lignes droites de Clare College et du bâtiment de Gibbs.

La dynamique du style gothique du nord dont l'évolution, à la suite de la chute de l'Empire romain, a mis plusieurs siècles à se réaliser (à partir du style roman), a été préservée à Cambridge. Il est constamment le rappel de l'existence de quelque chose d'autre que cette tendance à la rationalisation bureaucratique, à la centralisation et à la demande d'homogénéité, et de standardisation.

L'irrégularité, d'ailleurs, ne s'applique pas seulement aux bâtiments mais à tout ce dont j'ai fait l'expérience ici. La direction de l'Université, la façon dont se déroule le système de l'enseignement, la disposition des rues, le cours de la rivière, la cacophonie des différents arts, tout se distingue par la variété, l'asymétrie, par un mélange de ceci ou cela plaqué sur d'autres choses dissimilaires. La forme qui en résulte, est comme la synthèse réussie de forces opposées.

Les pavés sont utilisés pour les rues, les chemins, et les cours intérieures. Ce sont de petites pierres rondes, distinctes les unes des autres et incrustées dans le sol, mais de nos jours, scellées quelquefois par du ciment. À l'origine, comme à l'entrée de King's College, elles étaient accolées et toutes serrées entre elles, donnant un revêtement robuste qui date de bien avant le goudron et les surfaces lisses des rues d'aujourd'hui. Les galets et éclats de silex placés dans les murs le long des ruelles de Cambridge datent encore de cette époque.

La préservation artificielle de ces deux matériaux de construction dans beaucoup de quartiers de Cambridge, par exemple dans Free School Lane, où se trouve l'une des plus anciennes parties d'un bâtiment de Corpus Christi College, s'impose comme un anachronisme flagrant. Il date du XIIIe siècle. Ces pierres rendent palpable toute l'atmosphère du Moyen Âge, monde tranquille avec cependant quelques secousses, puisque les rues pavées étaient uniquement fréquentées par des calèches et des bicyclettes !

Là où il n'y pas de pierres de silex, se trouvent des pavés — comme dans les rues, les cours et ailleurs. Ceux-ci rompent la monotonie des trottoirs et des chaussées en ciment, et rendent plus amènes les larges espaces publics. Les chaussées en goudron se trouvent seulement dans un rayon assez restreint du centre-ville. La bataille constante entre la circulation des voitures et des piétons et vélos est gagnée plus souvent à Cambridge qu'à Oxford où les grandes artères traversent carrément le centre-ville.

*

Les vieilles villes anglaises sont bien différentes de celles du continent. Celles-ci étaient entourées d'une muraille, synonyme de « civilité », à l'intérieur de laquelle s'entassaient des maisons. La civilisation était la cité, cette oasis dans un monde paysan où l'ignorance prévalait, mais c'était là où s'accomplissaient les gros travaux physiques. Pensons simplement à Florence, Sienne, Paris ou Madrid.

Historiquement les cités anglaises étaient différentes. Elles semblent encore aujourd'hui habitées par la campagne, tout comme la campagne elle, revêt quelques éléments de la vie urbaine. Norwich dans le comté du Norfolk est considérée comme « une ville dans un parc ou un parc dans une ville », un endroit où nature et culture sont en harmonie : les avenues bordées d'arbres, les grands parcs, les coins sauvages où se pratiquent le jardinage et la culture potagère. Les classes sociales aisées d'Angleterre adoraient leur « cottage » (chaumière) à la campagne, tandis que le manoir était considéré comme le site du pouvoir dominé par la très grande bourgeoisie.

Je me souviens de la visite d'un journaliste et universitaire français qui s'était amusé (il avait même peut-être été un peu choqué) de voir que je vivais « comme un paysan » dans une maison au toit de chaume, au milieu d'un grand jardin avec des arbres et des légumes à 15 km de Cambridge. Aucun universitaire qui se respecte en France, m'a-t-il dit, n'aurait voulu s'y trouver, même mort. On préfère vivre dans des tours modernes au centre de Paris. À l'exception du mois d'août où pendant tout un mois on s'échappe à la campagne, comme les gens des classes aisées qui vont chasser le gibier dans les tourbières. Sinon leur domicile est en ville.

Cambridge est une cité dans un jardin, ou un jardin dans une cité. Dans le centre-ville les prés qui longent la rivière bordée d'arbres sont aussi nombreux que les édifices. À fortiori parce que jardins et parcs font partie des Collèges, ils se trouvent devant et derrière, mais sont en vérité situés dans le centre-ville. En outre, il existe également ce vaste terrain communal, Parker's Piece, où la Reine Victoria organisait ses banquets, ainsi que les Jardins Botaniques de l'Université et plusieurs parcs dont celui de Jesus Green.

Ainsi la ville ressemble-t-elle à un immense château, avec ses corps de logis et tout autour, ce paysage cultivé pour le simple plaisir des yeux. Un gigantesque marronnier se trouve symboliquement exactement au milieu de toute la topographie de Cambridge, entre la Chapelle de King's et l'élégant Sénat. Cet arbre, comme tant d'autres dans la ville dont le splendide cerisier du Japon près de l'entrée nord de King's Chapel, est une espèce protégée. Pas une seule branche ne peut être coupée sans de longues négociations préalables avec la ville, car les arbres sont, à l'instar des bâtiments et des manuscrits, des monuments classés.

Le Marronnier et le Sénat.
S'il existe un centre à Cambridge c'est bien celui que forme le magnifique marronnier, entre King's Chapel et Great-Saint-Mary's Church, tout près du centre politique et administratif de l'Université, le Sénat à droite sur la photo, et derrière, les « Anciennes Écoles ».

Il faut dire que de nombreux arbres ont une histoire. On a célébré en 2002 le deux-centième anniversaire d'un platane oriental qu'avait rapporté de Thermopylae celui qui devint le premier professeur de minéralogie à Cambridge, Edward Daniel Clark. Qui plus est, il l'avait planté de ses mains dans un jardin de Christ College en 1802.[1] Un peu jeunot, du reste, si l'on pense à l'antique mûrier planté, à ce qu'il paraît, par John Milton lui-même au début du XVIIe siècle, dans ce même jardin.

Le saule (frappé par la foudre dans les années 2000) et le vénérable hêtre près du pont de King's symbolisent l'intersection du passé avec le présent, de la nature avec la culture, de

---

[1] Comme le décrit Martin Garrett, *Cambridge*, Interlink, 2004, 179. Peter Burke me dit qu'il existe un arbre oriental d'une taille similaire et qui date de la même époque à Emmanuel College.

l'Angleterre avec le reste du monde. En dissimulant à demi les bâtiments à l'approche du pont, ils ajoutent au mystère de l'autre côté, tout comme si les courbes de leurs branches servaient de cadres aux lignes droites du Gibbs et de la Chapelle.

*

Cambridge n'est pas seulement saturée de couleurs et de formes mais de silence et de sons. La musique, les carillons (dont ceux de l'église de St Bene't's, lieu de naissance du carillon), les madrigaux en plein air sur la rivière, les orchestres de jazz et de musique pop des « May Balls » (ces bals de fin d'année universitaire qui ont lieu, pour la plupart, au mois de juin !) et en bref, bien évidemment les chorales des Collèges de Cambridge font également partie de ces enchantements.

Dès les tous débuts, lorsque la vie des Collèges se faisait autour des offices religieux, avec leur plain-chant et leur musique ancienne, l'Université baignait dans la musique. Le fait que les salles à manger sont très grandes, et surtout les chapelles, qui sont, elles aussi, des lieux de prédilection pour les concerts, suggère que la musique est associée à l'université depuis les huit cents ans de son histoire.

Il existe par ailleurs deux chorales d'enfants, l'une dans l'école primaire attachée à King's College, l'autre dans celle de St John's College, ainsi que de nombreuses bourses d'études réservées à la musique. Plus récemment, est venue s'ajouter la magnifique Salle des concerts de l'Université dotée de ses propres instruments à percussion, où l'on joue, deux fois par an, la musique de Haendel, ainsi que tant d'autres concerts, dont les chants de Mongolie, et de la musique de sitar indienne, qui viennent ajouter richesse et variété à la scène musicale.

N'oublions pas non plus le Folk Festival de Cambridge, l'un des plus connus au monde, avec ses nombreux événements musicaux, ses orchestres de rock traditionnels au moment du

Nouvel An Chinois, au théâtre du « Corn Exchange » ou à la « Junction ». Ensuite bien sûr, le festival de la Musique chaque année dont l'opéra de Gilbert et Sullivan, les concerts de jazz sur Jesus Green, sans parler des productions de multiples sociétés musicales.

Tout ceci est rendu symboliquement par — et atteint son apogée dans — les cérémonies des chants de l'Avent et de Noël à la Chapelle de King's, où les choristes (les garçons de l'école primaire de King's et les étudiants de King's) sont vêtus d'aubes rouges et de surplis blancs ; leurs voix montent derrière les bougies allumées, jusque dans les voûtes à peine éclairées, qui apportent leur écho. Assistant à la mystérieuse cérémonie du premier dimanche de l'Avent, et quelques jours plus tard à celle filmée et enregistrée par la BBC, que des millions de gens dans le monde regardent, je me réjouis à la pensée que ces événements sont la quintessence de la tradition, en Angleterre.

Par hasard, en 1969, alors que je me trouvais dans les montagnes de l'Himalaya, j'ai pu entendre cette cérémonie à la radio pour Noël. J'étais en train de déjeuner d'un sachet de soupe en poudre et d'une demi-tablette de chocolat Cadbury. Jamais alors je ne me serais douté qu'un jour je serais quotidiennement seulement à quelques pas de cette magnifique chapelle qui a la taille d'une cathédrale. Pas plus que je ne me doutais à quel point cette musique me rappellerait les chants de Noël de mon enfance. Aujourd'hui, comme pour beaucoup de gens dans notre monde déchiré, ces chants triomphants unissent le passé au présent ; comme si le temps qui passe, s'effaçait et nous emportait dans un lieu plus élevé.

Il est probable que la musique, soit-elle entraînante ou apaisante, aura pénétré au plus profond de la mémoire de beaucoup de ceux qui ont vécu et travaillé ici, et qu'elle semble encore aujourd'hui contribuer à la pensée et au ressenti. Que des chants de Noël de l'Époque médiévale, souvent écrits dans une langue archaïque, mais dotés de mélodies et d'harmonies qui vous vont droit au cœur, aient toujours lieu ici, même s'ils sont modifiés, voilà un autre exemple de cette fusion du passé et du présent qui fait toute l'âme de Cambridge.

La musique, le son des cloches et le vent contrastent avec les moments de silence. Car le silence est encore possible à Cambridge, parce qu'on a pratiquement réussi à tenir la circulation hors du centre-ville. Le silence des Quakers, le silence des matins brumeux, le silence des plates qui glissent le long de la Cam, le silence du soleil à travers les vitraux de la Chapelle vide.

*

Assis dans l'obscurité hier soir, avec seulement la lueur des bougies sur les aubes rouges et les surplis blancs, la cérémonie des chants de l'Avent allait avoir lieu, je me suis dit qu'il fallait absolument que je réserve une section de ce livre à ce magnifique bâtiment.

C'est en 1446 que sa construction a débutée. Cette Chapelle à laquelle on a beaucoup ajouté par la suite, est un symbole de Cambridge. Chacun de ses fins piliers représente une branche de la connaissance : histoire, mathématiques, philosophie et physique. Ces piliers élancés vont jusqu'au plafond où ils forment des voûtes en éventails. Ainsi tous les efforts dirigés vers la compréhension de l'esprit humain se rejoignent comme en synthèse tout là-haut. Ils constituent une résolution parfaite des forces disparates, sans aucun raccord. À l'instar de Cambridge, la Chapelle date de bien longtemps ; pourtant elle paraît jeune, fraîche, proprette et pleine de vigueur.

Entre ces fils de pierres se trouvent également des fenêtres extraordinaires, datant du grand art de la Renaissance, et dont les vitraux aux teintes soutenues, semblent s'être imprégnés radieusement d'éternité, comme dit le poète Shelley. Les imperfections dans le verre retiennent et renvoient la lumière, de sorte que la couleur se propage de façon étrange. Quand dans

William Wordsworth
Étudiant à Cambridge de 1787 à1791, il fut l'un des nombreux poètes anglais à étudier à l'Université ; on peut penser également à Spenser, Donne, Milton et Dryden, Coleridge, Byron et Tennyson et jusqu'à nos jours, Rupert Brooke, Ted Hughes, Sylvia Plath, Clive Wilmer. Comme eux, Wordsworth représente l'épanouissement des arts et des humanités à l'Université.

l'après-midi le soleil les traverse, la pierre se teinte de mille couleurs.

La grande époque de la Renaissance a vu aussi la construction du jubé en bois de chêne au-dessus duquel des anges déploient leurs ailes comme s'ils s'étaient posés sur le grand orgue dont la tuyauterie est en or. C'est le plus bel exemple de ce genre d'œuvre qu'on puisse situer au nord des Alpes et peut-être même dans le monde. Le bois sculpté des stalles est, lui aussi, remarquable.

Beaucoup d'œuvres en vers et en prose ont célébré les beautés de la Chapelle, bien qu'évidemment l'expérience de la beauté puisse se faire dans les autres chapelles de Cambridge. Donc je m'en tiendrai à ces quelques vers de Wordsworth sur celle de King's :

> Ces piliers élancés, qui vont s'évaser en branches,
> Semblent s'être posés là tous seuls
> Ils récoltent des milliers d'alvéoles
> Où la lumière et l'ombre reposent
> Et la musique a son trône
> Se promène inlassablement

> Car peu lui importe de mourir
> Comme ces pensées dont la douceur
> Était la preuve qu'elles étaient faites
> Pour l'immortalité.

Pour John Betjeman, la couleur et la pierre sont étroitement imbriquées :

> Les petits chanteurs de King's
> s'avancent en file dans leurs stalles
> éclairés par des chandelles
> Comme perdus dans l'obscurité et le silence
> des stalles surmontées de dais au-dessus d'elles,
> à travers le verre brillant
> Brûlent des cieux, des trônes et des ailes
> Bleus, rouges, verts et dorés entre les murs clairs,
> Avec quelle précision la pierre s'élève-t-elle
> Pour s'évaser en fontaines jaillissantes
> Qui ne retombent jamais.

Même pour un non-croyant la Chapelle tient du miracle, elle offre un lieu et un temps qui vous transportent dans d'autres mondes. Quand les couleurs et les formes s'ajoutent à ces voix éthérées, passant et repassant en écho ainsi que les poètes les ont décrites, on pourrait presque croire à l'existence des anges.

On dirait que la Chapelle symbolise et ramène à elle seule les huit cents ans d'efforts que l'Université a mise à surmonter toute la confusion et la corruption du monde, et qu'elle sert à contempler la hauteur et la profondeur, le cœur et l'âme des choses. Je me sens tout petit face au privilège de me trouver si près d'une telle construction, et depuis si longtemps. Au cours de la deuxième Guerre Mondiale, on démonta ses vitraux un à un, pour les mettre en sécurité chez l'habitant, et on les remonta à la fin de la guerre. Sa silhouette ciselée contre le bleu éthéré d'un ciel d'hiver, par exemple, ou la « tapisserie » de ses vitraux au moment où l'orgue se met à jouer en toute majesté, sont un pur ravissement.

*

Photo de King's la nuit
La Chapelle de King's College et le pont la nuit, avec le mystérieux saule pleureur qui figure probablement dans le poème de Xu Zhimo « Dire encore adieu à Cambridge ». C'était du reste la nuit quand M.R. James lisait ses histoires de fantômes aux Fellows rassemblés. Traverser la pelouse la nuit évoque pour moi de nombreux souvenirs de cette sorte. [Photographie : avec la permission de T. McHugh]

Cambridge a su préserver le passé, non seulement les bâtiments, la musique et les traditions, mais aussi les esprits. En effet, Cambridge est un lieu propice aux revenants. Parfois je me plais à penser que la chose doit être héréditaire. Car ma mère était une Rhodes James et notamment la parente éloignée d'un ancien Prévôt (vice-chancelier de l'Université, président de King's College et de Eton). Je veux parler de l'archéologue et bibliographe Montague Rhodes James, écrivain de langue anglaise, que ses histoires de fantômes ont rendu célèbre.

Ces histoires évoquent les nuits de brouillard, les échos dans le vide, les vents qui hurlent, les portes et les fenêtres qui grincent, — ce qui est encore le cas aujourd'hui —, en dépit de l'électricité et du chauffage central. Le bon temps où règnent convivialité et rationalité est encerclé par les ténèbres. La citadelle de la pensée scientifique constamment mise en danger par des menaces morales et physiques ; voilà quelques thèmes qui sous-tendent ces histoires toujours d'actualité.

James écrivait au tout début du XXe siècle où l'on s'intéressait à entrer en contact avec les esprits des morts, par l'intermédiaire de médiums. Il y avait une Société très active sur la Recherche Psychique à l'Université qui regroupait, parmi ses membres, des intellectuels de premier rang, tels que Henry Sidgwick, F.W.H. Myers, John Maynard Keynes et Rupert Brooke. Gwen Raverat, par ailleurs, relate un incident haut en couleur sur cette recherche de l'autre monde. Elle raconte comment son oncle Frank, un des fils de Charles Darwin, avec Myers, étaient tous deux en train de tenir la médium Eusapia Palladino par la cheville, quand soudain la spécialiste se mit à esquisser des mouvements exposant son corps aux deux participants. Fort malheureusement, son oncle en fut si ébranlé qu'il perdit la foi dans toutes les recherches que pouvaient entreprendre la Société de la Recherche Psychique.[1]

Il ressort de l'écriture de Malcolm Lowry, romancier, quelque chose de ce sentiment étrange lorsqu'il décrit, sous l'emprise de la boisson, les anciennes cours pendant la nuit : « Fontaines au clair de lune, cours fermées, cloîtres dont la beauté pérenne, faite de cette confiance en soi des temps anciens, érigée en vertu, semblaient moins prendre part à la mosaïque bizarre de la vie stupide qu'on menait là-bas …que les étranges rêves à propos de quelque moine, mort depuis huit cent ans, dont la bâtisse impressionnante, montée sur pilotis avec force piliers et piquets

---

[1] Gwen Raverat, *Period Piece* (1952) ; Édition de Poche, 1987, 189. Pour un récit contemporain de la Société, voir Arthur Christopher Benson, *From a College Window*, Smith, Elder & Co, 1913, 286–8.

plantés dans les marais, avait brillé jadis comme un beffroi dans le mystérieux silence et la solitude des Fens. Un rêve jalousement gardé, comme celui de « Ne pas marcher sur l'herbe ». Mais dont la beauté émanant d'un autre monde, nous faisait dire : « Pardonne-nous, mon Dieu ».[1]

*

La forme caractéristique des histoires de fantômes est celle qu'on trouve par ailleurs dans les mondes parallèles d'*Alice au Pays des Merveilles et Harry Potter*. Au départ il est question d'une existence tout à fait ordinaire avec son train-train habituel, une chambre d'étudiant, un soir paisible dans une auberge de village, et puis quelque chose d'étrange ou d'« exagéré » comme disait Edgar Allen Poe, se produit. Une maison de poupées s'anime, un tableau avec un arbre paraît infecté de choses malignes, la chambre 13 qui était là, a disparu au matin. Cette technique donne la chair de poule, car on passe par une armoire, un miroir, ou un trou de lapin, ou un tunnel, dans un monde magique envahi de forces indistinctes et menaçantes.

Tandis que tout ceci transparaît dans les récits de James pour créer une atmosphère effrayante, ma propre expérience de Cambridge m'a donné quelquefois le sentiment de tomber dans d'autres trous de lapin. Ici je me trouve dans des mondes parallèles où la menace est moindre, mais où il est encore possible de voir mon incrédulité momentanément suspendue. Ces mondes prennent forment lorsque l'imagination devient intensément active, mettant bout à bout une encyclopédie perdue comme celle que décrit Jorge Borges. Ce sont des mondes peuplés, non pas de fantômes, mais de gens d'autres pays et d'autres contrées que j'ai étudiés en tant qu'historien et anthropologue.

Bien entendu tous les artistes, écrivains et scientifiques créent de toute pièce des mondes à part, qui se trouvent du côté des

---

[1] Cité dans Garrett, *Cambridge*, 100.

contes de fées, et au retour, ils décrivent leur expérience. Ce que j'ai trouvé de spécial à propos de Cambridge, c'est qu'elle permet d'ouvrir beaucoup de portes sur des domaines parallèles enchantés. Donc comme beaucoup de gens ici, je vis tout le temps dans plusieurs mondes. Je m'évade par un tableau ou un livre, ou aujourd'hui par un courriel ou par l'internet et reviens à ce monde sécurisé qui est celui du *don*.

*

Ensuite il y a ces fantômes de soi-même, issus du passé. Quand je marche dans les rues, je me vois sans cesse vivre en d'autres temps et dans d'autres contextes. Je traverse le pont de King's et rencontre un Alan plus jeune soulevant ses enfants jusqu'au parapet, pour observer les plates. Je traverse les jardins de King's et me revois trente ans plus tôt, ramassant des champignons sur ce qui fut ensuite un court de tennis, aujourd'hui disparu. J'entre dans une nouvelle et élégante salle de séminaires, et me retrouve, nerveux, en train de faire cours lors de mes tous débuts à l'Université. Je traverse la pelouse face au Gibbs avec mes petits-enfants en costumes de fête agitant des ballons rouges. Et, bien sûr, les événements annuels comme la cérémonie des chants de Noël, ou les réceptions de fin d'année sur les pelouses avec les étudiants font revenir des fantômes d'il y a, à peu près, quarante ans.

Telle est l'expérience de tout un chacun lorsqu'il a vécu dans un seul endroit. Je soupçonne simplement qu'elle est particulièrement forte ici. Le décor est tellement magnifique, chaque élément ressort de façon si évidente que l'occasion de se souvenir se présente fréquemment. S'il s'y ajoute le fait que ces expériences elles-mêmes étaient particulièrement fortes, et très souvent aussi exquises, alors il n'est pas difficile de voir pourquoi elles subsistent. Dans moult pubs, allées, prés, chemins, salles, chapelles et bibliothèques erre le fantôme de ce moi passé.

Voilà qui est réconfortant d'ailleurs, car alors que l'extérieur vieillit et que le chef grisonne, que les cheveux tombent, et le visage se ride, le moi intérieur, lui, ne se sent pas vieux, il peut voir les reflets de sa jeunesse tout autour de Cambridge. Je présume que c'est aussi l'un des plaisirs de celles et ceux qui sont venus étudier ici. En revenant dix ou vingt ans plus tard, on retrouve les endroits familiers, parcourus par le fantôme de sa vivante jeunesse.

*

Une troisième catégorie de revenants se rapporte aux gens que j'ai connus à travers leur travail ou en personne. J'éprouve beaucoup de bonheur à penser que Spenser, Donne, Marvell, Milton ou Wordsworth, Coleridge, Tennyson ont marché aux mêmes endroits. Et comme je me promène là où sont passés aussi Francis Bacon, Newton, Darwin et Maxwell, je ressens physiquement leur présence comme faisant partie d'une seule et longue chaîne de pensées.

Il y a aussi ceux qui sont plus récents. Quand je passe par telle ou telle rue, ou près d'une maison ou d'un Collège, je pense aux gens que j'ai connus, qui m'ont profondément influencé dans mon travail, mais qui aujourd'hui ne sont plus ; des historiens, des anthropologues, ou même des Fellows avec qui une conversation a subitement changé le cours de ma carrière. De même que l'Université est une corporation ou un corps de métier qui ne s'éteint jamais, de même ses fantômes. Il y avait une anecdote qui disait que lorsqu'un bon Américain mourait, il allait à Paris. Peut-être pouvons-nous en dire autant des anciens de Cambridge : ils reviennent.

Ainsi l'espace tout entier, pas seulement celui de King's, mais aussi des autres Collèges et l'Université, est galvanisé par les arguments, les connexions, et, tout soudain, ces « Eurêkas ! » Aucune plaque commémorative sur ces murs-là. Les savants sont seulement sélectivement représentés dans les corridors par de vieux tableaux ou des portraits photographiés. Pourtant leur présence pénètre, et fait partie de l'atmosphère ambiante de revenants.

F.B. Ce qui donne à ces histoires un caractère particulièrement atypique à Cambridge, c'est qu'elles semblent provenir de gens chez qui on ne soupçonnerait pas le moindre intérêt pour ce genre de croyances.

Un exemple dans mon entourage suffira. Dans les années 90, j'étais allée temporairement vivre chez les Soeurs de Saint-Augustin à Lady Margaret House sur Grange Road (où séjournera en l'occurrence Mère Thérèse de Calcutta, pour l'obtention de son doctorat *honoris causa*) et qui est située dans l'un des quartiers les mieux fréquentés de la ville. Par exemple en face, à l'époque, habitait Sir David Willcocks, Directeur de musique à la Chapelle de King's, et un peu plus loin dans l'avenue, l'archéologue Charles McBurney, qui avait été Fellow à King's, en H6, la grande pièce que j'avais moi-même occupée.

Le reste des bâtiments du couvent était réservé à des étudiants de doctorat de l'Université. Spontanément je choisis la chambre zéro au premier étage qui donnait sur le toit de la petite chapelle et le parc. Une chambre plaisante et bien éclairée, dans un bâtiment de style Édouardien. Or quelques semaines plus tard, j'avouai que j'y trouvais une intensité inhabituelle. Mon voisin était un membre de la famille royale qui fréquentait le Pitt Club sur Jesus Lane. Ainsi était-il toujours excusé par la Sœur Portière de laisser ses bottes pleines de boue à la cuisine, dans l'évier, après être allé jouer au polo. Bien que je ne me remette pas en mémoire exactement pourquoi, il se peut qu'il se soit agi d'un rêve, une conversation enjouée eut lieu peu de temps après au sujet des revenants, avec les autres résidents, en présence de Sœur Philippa, l'abbesse et directrice de la communauté. À mon plus grand étonnement, elle confirma que la chambre zéro avait dû être quelques années auparavant, exorcisée.

En dépit de quoi, le portrait dominant de Lady Margaret de Beaufort, mère du futur roi Henry VII qui trônait dans le hall, avait quelque chose d'un sceau magique apposé sur les lieux. On tombait sous le charme de l'atmosphère « chargée » de l'endroit. La Sœur portière, Soeur

Eléonore, qui m'avait introduite là, se montrait cependant souvent autoritaire et péremptoire. Mécaniquement, elle remuait la mâchoire de droite à gauche, comme un insecte. Un jour, elle disparut de la communauté.

Ma lecture, notamment de Proust, intense et magnifique, me faisait passer des heures dans ma chambre, comme le faisaient les autres résidents. Pourtant personne ici ne semblait vivre dans le monde réel. L'un d'eux dormait sur un matelas par terre par dévotion ou sacrifice, une autre était si stressée qu'elle disparaissait de temps en temps pour une cure de sommeil à l'hôpital. Quelques années plus tard, j'appris qu'elle y était morte brutalement. Un autre avait regagné son Irlande natale et travaillait pour le ministère des Transports après avoir passé sa thèse en Histoire de l'Antiquité avec Keith Hopkins, Fellow de King's dont j'avais traduit une conférence. Un autre encore écrivait toujours sa thèse, cela faisait plus de 10 ans. La congrégation religieuse finalement s'étiola. Sœur Eléonore fut peut-être renvoyée. On s'était aperçu qu'elle consommait le vin de messe, en cachette, par bouteilles entières.

Par la suite la splendide demeure Édouardienne fut récupérée par la Fédération des Collèges de Théologie de Cambridge et transformée en un centre de formation et d'administration. Aujourd'hui la chambre Zéro est un bureau.

*

Il est évidemment impossible de mesurer l'effet que peuvent avoir sur les gens qui y vivent, l'environnement physique de l'Université, les bâtiments des collèges, et ceux qui les ont fréquentés. Mais il est probable qu'ils sont énormes ; et je sais, par ma propre expérience, le nombre de fois où bâtiments et jardins m'ont aidé dans mes émotions et intellectuellement, à aller bien au-delà des confins habituels.

John Stuart Mill, le philosophe, était convaincu de l'existence d'un lien entre l'élévation des sentiments et des idées d'une part, et les environnements spacieux et pleins de charme d'autre part.

> Rien ne contribue plus à élever les sentiments des gens que le caractère large et libre de leurs habitations. L'architecture moyen-âge, la grande salle seigneuriale, les chambres spacieuses et hautes de cette vieille et belle demeure, contrastaient singulièrement avec les dehors mesquins et étriqués de la classe moyenne anglaise. J'en conçus le sentiment d'une existence plus large et plus libre, en même temps que des sentiments poétiques. [1]

L'explication que donne Vladimir Nabokov sur l'impact qu'a eu Cambridge sur lui quand il était étudiant, va nous aider à traiter de nombreux thèmes dans ce livre, car pour lui l'impact peut se résumer à l'impression étrange que créaient le temps et la mémoire.

> Je sais, qu'en passant près des murs vénérables où avaient habité Milton, Marvell ou Marlowe, trois des plus grands poètes dramaturges anglais, je ressentais plus qu'une émotion de touriste. Rien de ce que l'on regardait ne s'interrompait en fonction du temps, mais au contraire, semblait nous offrir une ouverture naturelle vers ces époques-là. Aussi l'esprit s'habituait-il à se mouvoir dans un milieu ambiant singulièrement pur et vaste, et comme en fonction de l'espace, la rue étroite, la pelouse entourée d'un cloître, la sombre voûte d'entrée vous retenaient physiquement ; cet environnement ductile et diaphane était, par contraste, particulièrement bienvenu pour l'esprit, exactement comme une vue sur la mer par une fenêtre vous exalte, même si la navigation ne vous dit rien.[2]

---

[1] John Stuart Mill, *Mes mémoires : histoire de ma vie et de mes idées*, tr. E. Cazelles, F. Alcan, 1894, 53.
[2] Vladimir Nabokov, *Autres rivages*, Gallimard, 1989, 278-9.

La Culture

Cambridge est un espace cloîtré. Cela ne veut pas dire que chaque Collège possède « un déambulatoire autour d'une cour carrée, ou la longueur d'un côté de couvent ou d'un Collège, ou d'une cathédrale », même si pour beaucoup d'entre eux c'est le cas. Mais c'est plutôt dans le sens où il s'agit d'un enclos, un « entre les murs ».

Un mur entoure chaque Collège, qu'on disait donc traditionnellement impénétrable tant pour les étudiants que pour d'autres personnes souhaitant entrer à une heure indue. Les piques et éclats de verre et autres moyens qui, de façon impressionnante, étaient censés protéger la forteresse, sont aujourd'hui remplacés par des caméras de surveillance, installées plutôt à l'intention des cambrioleurs que des étudiants qui tenteraient de « faire le mur ».

Pour autant je dois insister sur le fait qu'il ne s'agit pas d'une clôture matérielle, mais d'un équilibre entre ce qui est clôture et ce qui est ouverture — et qui figure aussi dans le cas du cloître. Un cloître est toujours à demi ouvert, tout comme les clôtures intellectuelles et sociales qui sont partout à Cambridge.

Le grand avantage d'un cloître c'est qu'il est, comme disait Gerry Martin, à la fois « hermétique et il laisse passer l'eau ». Fermé et protégé pour les jours de grande chaleur ou de pluies torrentielles. Mais aussi entrouvert ; on peut d'ailleurs regarder au loin par les ouvertures qui se trouvent de part et d'autre du grand bâtiment de Gibbs.[1] Cela vous donne ce sentiment très particulier qu'on éprouve dans les cloîtres à l'arrière de Trinity College, ou dans l'ancienne cour de Queen's College. On y marche, parle, réfléchit, et l'on s'y sent en sécurité.

Cela peut servir également d'allégorie pour Cambridge : c'est un espace protégé par sa richesse, son prestige, son organisation méticuleuse, son atmosphère libérale et ses traditions ; de même qu'il y a de nombreuses « cellules » intellectuelles et spirituelles. Pourtant elles ne sont pas fermées. On peut toujours voir au loin, recevoir des impressions, respirer l'air frais et les senteurs, ressentir le mouvement, y faire des expériences. Il existe toujours une tension entre l'intérieur et l'extérieur, le privé et le public, le secret et le connu. Cet effet de clôture où les gens sentent qu'ils sont dans un espace à moitié privé, à moitié public, n'est qu'un microcosme de quelque chose de plus grand.

*

En effet, la nécessité d'avoir des allées à l'extérieur, mais protégées, vient du fait qu'on a compris que marcher et penser sont étroitement liés, et les Grecs le savaient bien, qui ont eu l'idée des « philosophes péripatéticiens ». J'aime penser à ce mot d'ordre : *Solvitur ambulando*, « La solution vient en marchant », ou à cette remarque d'Albert Einstein pour qui « les jambes sont les roues de la créativité ». Il existe un grand nombre d'exemples d' « eurêka » justement survenus au cours de promenades, seul ou en compagnie d'amis. La célèbre photo de Crick et Watson se

---

[1] **F.B.** Cette impression est aussi la mienne en général, mais plus spécifiquement, à propos des petites fenêtres de la bibliothèque de King's, ou celles de la bibliothèque de l'Université. Je me souviens d'avoir conseillé à mes étudiants de monter au dernier étage de celle-ci, pour apprécier le sens de cette « lucarne au second étage qui éclairait la chambre de Félicité, ayant vue sur les prairies » Félicité, servante de Madame Aubain dans *Un Cœur simple* de Flaubert que j'enseignais en première année à la Faculté d'anglais.

promenant sur le chemin pavé derrière King's, ou le long « des Backs », situés à l'arrière des Collèges avec leurs pelouses et leurs parterres de fleurs comme ce lac de crocus sous les vieux arbres derrière Trinity : St John's, Trinity, King's et Queen's, par un matin clair. Charles Darwin avait d'ailleurs tracé un « chemin à penser » dans son domaine de Down House : il y faisait les cent pas pendant des heures, pour tenter de résoudre la grande énigme de son temps, après avoir examiné et classé à Cambridge les collections qu'il avait rapportées sur « le Beagle ».

F.B. Cela a également été mon expérience dans les années 90. Je voyais les Fellows déambuler en silence, j'en faisais moi-même partie maintenant. D'ailleurs la disposition des édifices et des salles avec leurs enclaves, leurs arches, et recoins, s'y prêtait, ainsi que le Jardin des Fellows situé derrière des grilles en fer forgé fermées à clef.

Tout ceci me donnait le sentiment d'être privilégiée, d'avoir ici vie privée et autorité. Pourtant c'était aussi comme si j'avais toujours eu le regard de quelqu'un ou quelque chose sur ma personne. Fût-il celui de l'immense Chapelle ou des concierges et vigiles ou simplement parce qu'il fallait rester longtemps penchée sur l'ouvrage !

Il semblait y avoir ici une vie secrète que je trouvai intimidante pendant ma première année de Lectrice, par contraste avec la désinvolture touristique des gens de l'extérieur, ou peut-être à cause du langage codé qu'avaient entre eux les étudiants.

En somme un peu comme dans une tragédie racinienne, où les touristes, personnages mineurs dans le scénario du drame, peuvent entrer et sortir à volonté, appareil photo en bandoulière et sacs à main, alors que les personnages principaux sont appelés et même happés au centre de l'action, incapables d'échapper à leur destin.

Je me suis trouvée un jour dans un bus touristique à impériale sur le chemin du cimetière américain. Comme nous arrivions à portée des Collèges, le guide touristique mentionna les « Cambridge *dons* », espèce rare, empreinte à l'excentricité et au génie. Les mots de « savants » et de « prix Nobel » furent prononcés plusieurs fois, si bien que, gênée, je décidai de rentrer à pied.

Kyoto avec ses magnifiques sanctuaires et ses temples est une cité que j'ai visitée et trouvée semblable à Oxford et Cambridge pour son antique beauté. Elle possède sa propre « promenade des philosophes » le long d'un ruisseau qui serpente entre les temples et sanctuaires. D'une certaine façon on pourrait dire que Cambridge toute entière est typique d'une telle « promenade », ou qu'elle est une cité de Fellows et d'étudiants, qui venant des grandes artères saturées, entrent dans le centre-ville, et peuvent se rendre partout en moins de dix minutes. La ville existe encore à petite échelle, c'est-à-dire qu'on peut couper par les cours et les chemins et rejoindre 90% des Collèges et de l'Université à pied, (exception faite de la nouvelle cité des Sciences qui se trouve à l'ouest), sans passer plus d'une minute dans les rues encombrées.[1] Quand je suis arrivé pour la première fois, il m'arrivait de me rendre de mon appartement qui était dans le Collège, à mon lieu de travail en pantoufles, sans me faire remarquer.

Ainsi Cambridge est un parc aux multiples bâtiments, jardins, promenades qui se font par tous les temps, et en tout état d'esprit. Le centre y est si concentré que presque chaque promenade nous amène à faire des rencontres fortuites d'amis ou d'anciens étudiants. Bien qu'elle soit beaucoup plus grande que le village dans les Fens où je vis aujourd'hui, j'y rencontre bien plus de gens, et c'est comme si la ville était un village. Je salue d'un signe de tête, soulève mon chapeau, souris, échange quelques mots, souhaite revoir quelqu'un plus longtemps, ceci plusieurs fois par jour.

L'une de mes étudiantes qui était mal voyante m'a dit que son étude des trottoirs avait révélé qu'ils étaient étroitement répartis en différentes catégories, formant des poches de résistance à ses mouvements à l'entrée de certains magasins, sur les parcours fréquentés par les touristes, et ceux où passaient les étudiants

---

[1] **F.B.** Qu'on ne s'étonne pas non plus si l'Université interdit à ses étudiants d'avoir une voiture, et si la bicyclette est le moyen de transport le plus utilisé.

pressés, et les *dons*. Tout un réseau de routes invisibles se croisant sur la surface visible.

Cela ne pouvait que se produire dans un espace relativement restreint où les gens se déplacent pour différentes raisons, l'un, touriste chinois d'un jour, l'autre Fellow âgé, voûté, les mains croisées dans le dos. Ma première visite à Cambridge date de 1967 à l'occasion d'une conférence. J'avais trouvé la grandeur et le charme de ces lieux émouvants. Mes souvenirs tiennent aussi à de longues et fructueuses conversations avec certains de mes héros intellectuels de cette époque. Je me souviens de cette première impression sur ce visage-là de Cambridge, alors même que l'endroit et moi-même avons beaucoup vieilli.

Ainsi Cambridge, comme nous-mêmes, passe-t-elle par des cycles. Quelques traces de sa jeunesse médiévale, de son affirmation de soi à l'âge mûr, de sa grandeur automnale, tous âges représentés en un seul, et tous rendus visibles par de petits signes qui se discernent à force de marcher dans la ville jour après jour, en observant les Collèges, par l'arrière, le haut, et le dedans.

F.B. Les remarques ci-dessus me font penser qu'en enseignant jour après jour de 1990 à 2016, je quittai rarement Cambridge, sauf à l'occasion d'un séjour de 15 jours dans un monastère en Auvergne chaque année. Par conséquent, je restai proche de ce Cambridge du savoir et de l'application au travail, surtout pendant l'été, grâce à sa culture musicale notamment, au point que, lorsque mes collègues mentionnaient qu'ils avaient dîné ou étaient allés voir un spectacle à Londres pendant l'année universitaire, j'en étais toute étonnée. J'étais basée à Cambridge, et ainsi j'y restai 30 années, à peine consciente du fait que mes étudiants n'étaient pas d'ici non plus.

*

Cambridge est un grand musée. Elle possède des collections avec des trésors de toutes sortes datant de 800 ans, papiers, papyrus, parchemins, tissus, verres, pierres, céramiques, tableaux, sculptures en bois, arbres, et des « Cambridge *dons* » d'autrefois. Tandis que dans la plupart des sociétés on jette ce qui est ancien, parce que son statut diminue avec le temps, les Anglais eux rechignent à mettre au panier, car la valeur s'accroît avec le temps.

On peut se demander pourquoi les Anglais sont de très grands collectionneurs et conservateurs. Pourquoi ils vont par le monde collectionner des objets dont les gens ne veulent pas, et reviennent les exposer dans les grandes collections au Musée d'Archéologie et d'Anthropologie, ainsi qu'au Musée Fitzwilliam, au Whipple et ailleurs ? Pourquoi se plaisent-ils à dire aux gens que tel objet date de cinq cents ou cinq mille ans, comme si cette antiquité lui donnait un prestige supplémentaire ?

Collectionner consiste partiellement à créer des modèles. Être collectionneur professionnel de quoi que ce soit impose d'avoir en tête une carte (céramiques, timbres, livres ou tel autre objet suivant le thème) et puis de remplir les parties en détails. On se délecte à trouver quelque chose de neuf pour sa collection, à « compléter » une rangée, qu'il s'agisse des douze volumes du *Golden Bough*, ou de l'ensemble des entretiens obtenus de grands chimistes ou de biologistes moléculaires qui sont parvenus à mettre ensemble les éléments de l'ADN. Notons tout particulièrement ici l'importance des travaux de Rosalind Franklin. Les humains aiment les puzzles, les mots croisés, ils aiment remplir des blancs. Quel meilleur passe-temps peut-il y avoir que celui de se constituer une bibliothèque de qualité comme celle de Joseph Needham, ou une collection de tableaux comme celle de John Maynard Keynes, ou un service d'argenterie comme celui de Jack Plumb ? Et après l'avoir créée, d'être content de donner sa collection à son ancien Collège ou à quelqu'un qui saura l'apprécier.

Collectionner est également une activité sociable. Il existe de nombreux clubs et petits groupes qui échangent leurs notes sur ce qu'ils ont trouvé, préparent des expéditions pour collectionner des livres ou observer des oiseaux rares, des pierres et des minéraux, ou autre chose, ce qui est l'essence même de la collection. Comme Orwell l'a observé, « nous sommes une nation qui adore les fleurs, mais aussi les timbres, les pigeons, fabriquer des meubles, collectionner des coupons, jouer aux fléchettes, faire des mots croisés. »[1] Les seules conditions requises étant l'enthousiasme, une expertise toujours plus accrue, des fonds et des lieux. Les Collèges de Cambridge, les bibliothèques et les musées donnent plus d'espace où l'on conserve plus que dans la plupart du reste du monde, ce qui est ancien, et où l'on permet à cette manie de se perpétuer. L'ingénuité de la classification et de la conservation des matériaux n'est pas très différente de celle qu'il faut pour classer et archiver faits et théories dans d'autres domaines professionnels. Et comme de nouvelles technologies, destinées à l'inspection et l'analyse de ces collections, se développent, elles sont constamment réinterprétées et renouvelées.

De tels passe-temps permettent de désamorcer les tensions sociales. Les Anglais, et en particulier les *dons*, doivent souvent faire face au problème de savoir de quoi parler après avoir épuisé les inévitables sujets sur le temps qu'il fait, les sports, et l'incompétence du gouvernement actuel. Quand je me trouve en présence d'un collègue collectionneur, quelle que soit sa spécialité, nous avons immédiatement des affinités. La passion de collectionner et d'échanger des objets précieux, tels que des billes ou de vénérables marrons d'Inde, ou des souris blanches, débuta dans les écoles préparatoires, et ne prend jamais fin. On continue de comparer, d'échanger, d'admirer leurs équivalents dans la vie adulte avec autant de zèle.

F.B. L'amour des dictionnaires rend compte aussi de ce même état d'âme. Collectionner des mots, mots savants, expressions diverses, ceux des langues « étrangères » invite à créer ses propres abécédaires, et finalement, on tombe amoureux de l'écriture et de la traduction...

---

[1] George Orwell, *The Lion and the Unicorn*, Penguin edition, 1982, 39.

*

Cambridge invite à la fois à la sagesse, et à se nourrir d'enthousiasmes enfantins. La première raison de ce sentiment de jeunesse vient des tous premiers rôles qu'a joué l'Université britannique. Comme l'a noté un ambassadeur de Venise au XVe siècle, les Anglais sont uniques en ce sens qu'ils n'éduquent pas eux-mêmes leurs enfants, ils le font faire par des personnes autres que les parents. S'ils étaient pauvres, pendant la période où il écrivait ceci, ils étaient envoyés dans d'autres familles comme serviteurs ou apprentis, souvent dès l'âge de sept ans. S'ils appartenaient à la classe moyenne aisée ou au-dessus, ils étaient envoyés comme jeunes serviteurs ou comme personne de compagnie dans les maisons de parents fortunés ou d'amis, ou bien encore à Cambridge et Oxford.

Oxford et Cambridge prenaient des étudiants beaucoup plus jeunes qu'aujourd'hui, d'à peine quinze ans, c'était des pensionnats pour jeunes gens passant de l'adolescence à la vie adulte et qui faisaient leurs études à l'Université. C'est dans cette perspective qu'un enfant devenait un homme. À travers ce rite de « transition », une jeune personne se transformait en adulte capable de prendre des responsabilités. C'était souvent une période transitionnelle de liberté qui nous mettait toujours juste à la hauteur de ce que nous ne pouvions atteindre, une période de séparation du monde afin de pouvoir y entrer un jour à nouveau avec un statut différent. Les Collèges donc agissaient *in loco parentis*, à la place des parents. Et c'est toujours le cas aujourd'hui.

Que Cambridge ait cette fonction, nous paraît tellement évident de nos jours qu'il est facile de ne pas le remarquer. Il y a des rites d'incorporation au début, suivis d'une période de liminalité et de licence où vous est donnée une toute nouvelle connaissance des choses, et enfin un rite de dissolution (avec une cérémonie de remise des diplômes etc.) Ce qui donne à ce diplôme une structure de base. Il y a la première année de l'innocence, puis celle de l'acquisition de la connaissance, et la troisième, la « finale » qui les relie entre elles, avant que ne se termine cette période d'insouciance, qu'on appelle les fameux « Jours de la Salade » dont on se souviendra avec nostalgie.

Ce trait central de la transition rituelle et sociale semble partiellement effacé aujourd'hui vu le nombre grandissant d'étudiants en Master, et le changement d'âge auquel on commence ses études supérieures, de 14 à 17 ans aux XVIIIe et XIXe siècles, et de 18 à 21 ans aujourd'hui. Par ailleurs on est déjà initié dans de nombreux domaines bien qu'on ne soit plus tout à fait adolescent ni tout à fait adulte ; ce qui donne à Cambridge son caractère unique d'impartir une éternelle jeunesse. Plus de la moitié de la population universitaire a entre 18 et 21 ans, elle est à la fois pleine d'insouciance et d'innocence, proche encore de l'enfance, ouverte à l'avenir, curieuse d'esprit. Elle pénètre dans l'âme du plus grincheux des vieux *dons* qui, chaque année, retrouve un peu de sa propre jeunesse de petit monstre. Comme le dit mon ami Peter Burke « Je fais l'expérience momentanément chaque année en octobre d'une seconde jeunesse, depuis 40 ans, avec le sentiment de repartir à zéro et la chance de ne pas refaire les mêmes erreurs que l'année précédente. »

Les plaisanteries, les farces et les satires, les moments passés au bar en état d'ébriété, dans les discothèques, au syndicat des étudiants, ou dans les clubs et associations, tout cela fait partie de ces périodes d'apprentissage et d'évolution personnels. Les passe-temps et les centres d'intérêt découverts à l'école peuvent maintenant être approfondis. On peut entreprendre ses premiers voyages seul dans des pays inconnus. De nouvelles passions peuvent se développer pour les idées, et peut-être la première aventure amoureuse importante de sa vie.

Le thème de l'enfance continue de s'affirmer dans cet autre trait spécifique qu'ont souvent remarqué les visiteurs : à savoir que les Anglais rebutent à vieillir et que jusqu'à un certain point, ils parviennent à rester enfants. Ainsi que l'a observé l'écrivain belge Émile Cammaerts, qui arriva en Angleterre en 1908,

> cette volonté de ne pas vieillir est un trait essentiel du folklore anglais du XXe siècle. Quand les scientifiques érudits du futur chercheront à tracer l'origine du mythe de Peter Pan (ainsi qu'ils le feront sans nul doute), ils seront bien obligés de reconnaître qu'il est propre à cette île.[1]

De nombreuses personnes que j'ai interviewées continuent de poser les grandes questions qu'un enfant pose à un adulte — les grandes questions du « pourquoi ». Dès que le sens du merveilleux, l'étonnement, et la fameuse curiosité des enfants disparaissent, l'esprit devient maussade et improductif. Les grands penseurs de Cambridge qui ont pénétré jusqu'au bord du temps et de l'univers, ou très profondément dans les sous-atomes de base et les gènes de la vie, continuent de poser ces questions. Ils ne sont jamais blasés. Ils savent à quel point ils ne savent pas.

La vie d'un très grand nombre d'intellectuels distingués a souvent été pendant longtemps sans succès, frustrante, mal rémunérée, et pourtant ils ont persévéré grâce à leur curiosité et leur sens du merveilleux. Ils se sont engagés dans une quête ambitieuse de comprendre certains mystères du monde sachant qu'ils ne connaîtront jamais la totalité de la réponse, mais que peut-être une partie du secret sera mise au jour.

*

Les défis de l'esprit font écho à ceux du corps. Les étrangers en visite à Oxford et Cambridge au XIXe siècle étaient stupéfaits de voir à quel point l'accent était mis dans la vie universitaire sur les jeux compétitifs et les sports. La course aux avirons entre Oxford et Cambridge et les matchs de cricket inter-universitaires avaient débuté dès 1827, et devinrent des événements annuels en

---

[1] Francesca M. Wilson (ed). *Strange Island*, Longmans, 1955, 252.

1839.¹ Les clubs d'aviron et autres organisations sportives ainsi que les compétitions inter-collégiales devinrent des traditions universitaires, en prolongement de ce qui se faisait dans les « public schools ». Ils servaient de transition entre l'école et l'Université.

Dans le petit agenda de l'Université de Cambridge, on trouve un almanach avec les dates des examens, le nom du personnel universitaire, des bibliothèques, des musées, des Collèges etc.² Ensuite deux pages sont réservées à « La Rivière » qui indiquent l'ordre des bateaux de Première Division ». Puis il y a deux pages sur les compétitions universitaires, dont un tiers sont consacrées aux « matchs féminins ». On compte en tout treize sports de haut niveau ou « full Blue », « les Pros Bleus » (par allusion au bleu ciel, couleur officielle de l'Université de Cambridge), et vingt-six autres « discrétionnaires » et « sports demi-Pros » comme le judo, le karaté, le water-polo, le handball appelé « Fives » (spécialité de Eton College), le handball « Fives » (rugby), le Korkball (la Balle au panier, sport collectif inventé au Pays-Bas), le tir au pistolet et le tennis de table. Le sport féminin comprend le football, le judo, la navigation qu'on appelle « Orienteering » et le Foot-rugby.

Il est vrai qu'on ne manifeste peut-être pas le même enthousiasme pour le sport qu'il y a vingt ans, la pression qu'exercent les examens étant moins grande aujourd'hui. Pourtant il est clair qu'énormément de temps et d'énergie sont dépensés pour le sport chez les étudiants, ainsi que pour beaucoup de membres seniors de l'Université qui servent d'entraîneurs. Beaucoup d'athlètes anglais ont développé leur talent à l'Université et il est vrai que les premières « règles de Cambridge » pour le football ont été entérinées ici au milieu du XIXe siècle. Ayant joué moi-même pour mon Collège

---

[1] *History of the University*, sur le site universitaire.
[2] **F.B.** La publication de ce petit joyau s'est arrêtée en 2022, à la suite du décès de son inventeur.

d'Oxford, et auparavant donné un quart de ma vie scolaire à la Dragon School et à Sedbergh aux sports de compétition, il aurait été étonnant qu'en tant qu'anthropologue, je ne me sois pas demandé pourquoi les jeux tenaient une place aussi centrale dans l'éducation en Grande-Bretagne.

Plusieurs théories viennent à l'esprit. Il y a d'une part le vieil adage selon lequel « Un esprit sain réside dans un corps sain » c'est-à-dire que si le corps est sain et bien portant, l'esprit fonctionnera mieux. C'est certainement ce qui m'a amené à aller courir dans les chemins et les champs détrempés, froids et boueux. Cette pratique n'est pas uniquement bonne pour se tenir en forme, elle l'est aussi pour l'esprit.

À l'Université on est constamment acculé au travail, avec le prochain essai qu'on écrit dans ses rêves et à toute heure du jour. On a besoin de quelque chose d'équivalent pour se délasser. Les japonais ont leur Zen et la cérémonie du thé. L'alcool et le jeu d'échecs peuvent également aider. Mais j'ai toujours été frappé de voir qu'évoluer sur l'eau à l'unisson, avec des rames, par un matin de brume quand le soleil se lève sur les saules, ou bien faire une passe dans un moment difficile d'un jeu de football ou de rugby, peuvent avoir des effets similaires. Difficile après tout de penser à un problème de maths ou d'histoire au beau milieu d'une mêlée au rugby !

Le cricket par contre, pose une énigme. Ces longues périodes d'inactivité, à attendre de manier la batte ou réceptionner la balle sur une position éloignée, devrait bien donner le temps de réfléchir à des problèmes intellectuels. Eh bien aussi étrangement que cela puisse paraître, jouer au cricket semble suspendre la pensée, et vous mettre dans une sorte de transe, hors du temps et de l'espace. Comme l'a dit un humoriste, les Anglais, n'étant pas un peuple religieux, inventèrent le cricket pour se donner le sens de l'éternité.

On m'a dit à l'école que les jeux étaient importants parce qu'ils donnaient des leçons de vie. Les jeux d'équipe notamment seraient utiles bien au-delà du jeu en question, et ceci pour trois raisons. La première, étant que l'action se passe entre des limites, rien d'autre que le jeu ne doit compter. Je devais jouer aussi bien que possible, essayer de gagner, combattre de toutes mes forces. Pourtant au bout du compte, c'est le jeu en soi qui importe et non le résultat. Il fallait que j'apprenne, quel que soit le jeu dans n'importe quel contexte, tel celui de la politique locale ou nationale, ou toute autre situation compétitive, qu'il n'était question que de jeux. Les disputes au sein du Parlement, les batailles que j'ai dû mener à la Faculté ou au Collège, ou au cours de verdicts contestés dans des procès, sont tout à fait semblables à des jeux. Je devais prendre la chose au sérieux sur le moment, mais après coup, en rire et serrer la main de mes adversaires, quel que soit le dénouement. Il importait autant de savoir perdre que de gagner.

Cela donne un goût tout à fait particulier à la vie politique anglaise, vie étudiante et politique de l'université, jusqu'à la Chambre des Communes, où l'analogie proposée avec le cricket s'est souvent vue confirmée. Tocqueville s'est bien exprimé sur la question :

> Personne n'a mené aussi loin, tout spécialement en parlant publiquement, la violence du langage, l'extravagance des théories et des conclusions tirées de ces théories comme l'a fait votre A.B, lorsqu'il a dit que les Irlandais n'ont pas descendu au fusil la moitié des propriétaires comme ils auraient dû le faire, loin s'en faut. Pourtant on ne compte pas un seul peuple qui agisse avec plus de modération. Un quart de ce qui est dit en Angleterre dans une réunion publique, ou même lors d'un dîner, sans mal encouru, ou sans la moindre intention de faire le mal, aurait passé en France pour une incitation à la violence, et qui aurait été beaucoup plus forte que ne l'a été le langage.[1]

---

[1] Alexis de Tocqueville, *Memoir, Letters, and Remains of Alexis de Tocqueville*, Cambridge, 1861, II, 353.

La seconde leçon est que nous devons nous attacher à suivre les règles du jeu. Celles-ci étant générales et somme toute moindres, l'art consiste à ne jamais les enfreindre, mais à œuvrer juste à la limite de la malhonnêteté. Ainsi fait-on passer la balle *presque* vers l'avant, ainsi *tackle*-t-on avec énergie et savoir-faire sans toutefois faire tomber, ainsi navigue-t-on avec le vent, littéralement et métaphoriquement, le plus possible. Et pourtant on ne doit jamais tricher même si personne n'est là pour le voir. Une victoire gagnée après avoir triché est futile, puisqu'on vous a fait confiance de jouer suivant les règles.

Cette leçon vaudra plus tard pour votre métier d'avocate, de politicienne, d'administratrice, de banquière, de prêtre, ou pour toute autre profession de la classe moyenne aisée. Presque tous les comportements sont en partie compétitifs et la plupart du temps, cela ne se voit pas, ni ne peut se scruter. Les autres vous font confiance d'être honnête dans le jeu. Sur les terrains de sport et dans les aires de jeux qui sont légion à Cambridge, les gens apprennent, comme ils l'ont fait à l'école, que tricher ne rapporte pas, non pas parce qu'on risque d'être pénalisés, mais parce qu'on perd l'estime de soi et l'on subvertit la raison d'être du jeu même.

En troisième lieu, c'était que les jeux d'équipe amélioraient la qualité du travail en groupe. Il a souvent été remarqué que la plupart des jeux d'équipe dans le monde, y compris le cricket, le football, et le rugby, se sont développés en Angleterre. Et qu'au cœur de ces activités, comme l'aviron, ou jouer dans un orchestre ou chanter dans une chorale, réside un bien commun. C'est le succès de l'équipe qui importe.

Tout l'art consiste à trouver un équilibre entre initiatives et efforts personnels — tirer sur l'aviron, dribbler le ballon devant soi — et les besoins du groupe. Tirer trop fort sur la rame, rester en possession du ballon trop longtemps peuvent détruire l'effort de groupe. L'action porte largement sur la collaboration, la dépendance aux autres ainsi que la leur à vous. De ce fait, être un « bon joueur d'équipe » est l'un des plus beaux compliments que l'on puisse faire à un membre d'un Collège ou d'une Faculté.

Les résultats impressionnants de nombreuses unités des Forces armées britanniques, comme ceux des laboratoires ou des entreprises sont liés justement à cette participation à des activités en équipe. Le golf, le jeu d'échecs, le tir à l'arc, la pêche bien sûr enseignent différentes techniques. La musculation intellectuelle, en prolongement de celle de l'école, que j'ai tant appréciée et qui a fini par me lasser, est une trame importante de la vie ici.

Les compétitions inter-collégiales et inter-universitaires se prêtent parfaitement aux sports d'équipe, comme l'étaient les « Maisons » des écoles privées. Il n'est peut-être pas exact de dire que la bataille de Waterloo a été remportée sur les terrains de sport de Eton, mais il est certain que si, tout d'un coup, tous les sports et jeux étaient bannis des Universités, elles perdraient beaucoup de leur sens et de leur panache ; leur rôle en serait diminué. Les jeux ne sont pas un luxe, ils font partie de la structure de l'enseignement.

On peut d'ailleurs penser à L'Université, à ses facultés et collèges comme à un jeu de longue durée, qui consiste à découvrir le sens et les secrets de l'univers, et de la vie humaine sur terre Des équipes de penseurs qui sont compétitifs et qui collaborent depuis des siècles, jouent ce jeu-là. C'est un jeu énorme comme le suggère le titre du livre de Francis Crick *What Mad Pursuit* [*Quelle folle poursuite*]. Car on ne joue pas tout seul. Même Newton faisait partie d'une équipe scientifique importante basée en Europe et au-delà.

Rose et Ziman pensent que la « recherche à Oxbridge est reconnaissable à son propre style — pour sa contribution au monde intellectuel. Elle se caractérise par un style aristocratique, plein d'assurance, éveillé, et élégant. Pour les meilleurs ouvriers de la pensée à Oxford et Cambridge, la recherche n'est ni travail, ni devoir — c'est un jeu. Les résultats aboutis ne comptent pas tant que la manière dont ils sont exposés. Le temps de mettre «

le fil dans la cire » est révolu — mais son principe menant à de belles découvertes faites avec de moindres moyens, fait encore partie de la philosophie du scientifique d'Oxbridge.[1]

À Cambridge, comme dans la vie, il n'y a pas de divisions rigides entre penser et faire, entre l'esprit et le corps, l'individu et le groupe. Comme l'a dit John Donne, « Aucun homme n'est une île »…['No Man is an island'] De ce fait, quand le drapeau de King's est en berne, comme il l'est aujourd'hui, en hommage à l'un de mes collègues qui vient de mourir subitement sur un terrain de squash, je me sens diminué. Un joueur de valeur est parti. Mais le jeu doit continuer. Il continuera.

*

Ce qu'on mange, la manière dont on mange, et avec qui on partage son repas sont des marqueurs sociaux importants. Et ils le sont particulièrement à Cambridge pour plusieurs raisons.

Une crème brûlée, qui consiste en une crème…brûlée accidentellement au Trinity Collège, au XVIIIe siècle, est servie à la fin d'un grand dîner. Après avoir dégusté mets délicats et vins capiteux consciencieusement sélectionnés, les invités sont maintenant empreints à une douce euphorie. Alors la chorale entame des madrigaux, et le Président du Collège propose un toast en l'honneur des nouveaux Fellows, des invités de marque, du pieux fondateur ou ou même simplement du « Collège ». Le sentiment d'appartenance à un autre monde prend le pas sur la réalité. L'occasion crée un sentiment de « communauté », on se sent rattaché aux autres physiquement et spirituellement. Boire et manger tous ensemble donne l'impression d'être unis, de partager une table dans un esprit « commensal ».

À l'instar des Chapelles, les bâtiments les plus grands et les plus magnifiques des Collèges, sont leurs salles à manger. La propreté dit-on, vient de Dieu, et la consommation donc, peut-

---

[1] Rose et Ziman, *Camford Observed*, 222.

être, des sacrements. Comme les grands halls des ancêtres chinois, ces bâtiments accueillent les portraits des « ancêtres ». Les cérémonies et la convivialité s'y déploient, créent et expriment ce qui est si particulier à l'atmosphère de Cambridge, pour ceux qui y viennent pendant quelques années.

J'ai été quelque peu préparé à l'importance qu'on donne aux repas en commun dans mes écoles préparatoires où nous avions des bancs en bois pour nous asseoir le long des tables. C'est là que nous avons appris à tenir un couteau et une fourchette, à nous montrer polis avec nos voisins et engager la conversation sur des sujets conviviaux. Plus tard, j'ai entendu dire que l'aptitude à manger poliment — par exemple des petits pois — sans provoquer de chaos, était supposée être un marqueur de taille pour l'obtention d'une Fellowship à Cambridge.

F.B. J'ai connu ce sentiment d'impuissance soudaine lors de mon premier entretien qui comportait un déjeuner à la table des Fellows de King's. Il s'est trouvé qu'en discutant, j'ai pris par erreur la cuiller du plat, et alors que je la portai à ma bouche, je m'aperçus juste à temps de ma bévue et bredouillai quelque excuse confuse. Fort heureusement le maître d'hôtel approcha et me délivra, en me présentant celle qui était destinée au « pudding ».

Autrefois, même avec une Fellowship de courte durée, on pouvait arriver à bien connaître les Fellows. Aujourd'hui, en tout cas dans mon Collège, la communauté est trop grande pour avoir ce plaisir, on est un peu déconcerté d'être assis à côté de gens qu'on ne connaît pas. Toutefois j'admets à quel point « dîner » ensemble est une expression essentielle à la convivialité qu'on demande aux Fellows.

F.B. À noter cependant qu'on pouvait cumuler des « droits de commensalité » dans plusieurs collèges, un privilège accordé à certains professeurs réguliers. Mais le sentiment d'être envahie par des personnes étrangères au Collège m'est surtout apparu le jour où, pour la première fois, King's a décidé pour des raisons financières, de laisser les entreprises emprunter la grande salle à manger et organiser des banquets agrémentés de musique, de leur donner libre accès à la pelouse normalement réservée aux Fellows (et leur famille en fin d'année). Nous étions dans la salle des vins, ou la « Wine Room » et Peter Avery, chantre de la poésie iranienne à la retraite, s'exclama à la face du « promoteur » en visite, que King's allait bientôt devenir « un parc à thèmes comme Disneyland ». Ce qui ne manqua pas de causer une certaine gêne à table. Il n'empêche que cet événement inaugura une phase révolutionnaire dans la vie de l'Université, dans notre Collège, et les trente autres à Cambridge. Les banquets des entreprises locales et lointaines, voire les mariages etc. sont toujours, nombreux, sauf en période d'examens.

Partager un repas exprime toujours une forme d'intimité, que ce soit celui de l'Eucharistie avec le pain et le vin, ou le plus bruyant qui soit dans un club d'avirons. D'ailleurs la meilleure preuve d'être accepté qu'on puisse vous donner en Angleterre, c'est de vous inviter à déjeuner ou dîner, pour un anniversaire ou à Noël.

Au départ il m'avait paru étrange que dîner avec d'autres faisait partie intégrante de la profession d'avocat au Barreau de Londres, à Inns Court. Mais quand j'y pense, cela fait sens, parce qu'être assis côte à côte, déjeuner ou dîner ensemble, être à même de discuter de mille choses, correspond à l'opinion largement répandue qu'un esprit de coopération et de collaboration sont absolument nécessaires au succès de toute entreprise.

*

Les visiteurs notent que les Anglais sont de grands gourmets, même s'ils n'ont jamais eu de grands chefs cuisiniers. L'Angleterre, et depuis sa création il y a huit cents ans, l'Université, de par ses richesses inattendues et la productivité de l'agriculture anglaise, a été comme la plupart des gens en Angleterre, bien nourrie en comparaison des pays voisins. Alors que la plupart d'entre eux à travers le monde presque jusqu'à la fin du XIXe siècle dépendaient d'un régime alimentaire permettant tout juste de survivre, avec surtout des céréales et des légumes de mauvaise qualité, l'Angleterre était différente. Il y avait du blé et quantité d'orge pour faire de la bière. Un large secteur de l'agriculture fournissait du bœuf d'excellente qualité, de l'agneau, du porc et autres viandes. Tandis que les rivières foisonnaient de poissons de toutes sortes, et l'industrie laitière fournissait quantité de beurre et de fromages.

La qualité déjà extrêmement raffinée des denrées de base avec lesquelles se nourrissaient les *dons* de Cambridge et les étudiants à partir du XIIIe siècle, connut un nouvel essor au XVIIIe. En effet, l'une des plus importantes révolutions dans l'histoire de l'agriculture s'est produite dans les comtés adjacents du Suffolk et du Norfolk. On procéda à une nouvelle forme de culture des terres immenses avec des semis de trèfle et de racines, particulièrement les navets. Ces nouvelles méthodes permettaient à la fois de laisser reposer la terre et enrichir les sols, de nourrir les animaux qui restaient à l'étable pendant l'hiver ; donc de produire aussi de la viande et des produits laitiers pour les Collèges de Cambridge, mais aussi de l'engrais pour les champs.

Les tables des Collèges de Cambridge n'étaient pas seulement riches en produits locaux provenant des fermes voisines. Il y avait également du bœuf d'Écosse, des fromages du Pays de Galles et de la Cornouaille, des vins de France et d'Italie parce que la ville de Cambridge était au cœur d'un des plus grands systèmes de distribution européens. Il y avait, bien entendu, des foires dans toute l'Europe au Moyen-Âge notamment en Allemagne, en France et en Espagne. Mais de très longues périodes de paix et d'excellents systèmes de canaux permettaient d'accéder de la mer par la rivière Ouse, puis la rivière Cam, à Stourbridge, juste à la sortie de Cambridge, et c'est là que se développa la plus grande foire d'Europe.

Le fantôme de cette foire est toujours présent, longtemps

après que les chemins de fer ont effacé son existence officielle. Il y a l'Allée du Cheddar (fromage qui ressemble au Cantal), et l'allée de l'Aïl, ainsi que les pubs sur la route de Newmarket qui ont pour nom, par exemple « Les Lutteurs », ou pour enseigne les sept étoiles des armoiries du Comte d'Oxford, sans parler d'un petit édifice datant de l'époque normande près du pont de chemin de fer, la Chapelle des lépreux, qui servit ensuite à entreposer les marchandises de la foire : voilà ainsi quelques vestiges de ce passé. Quand Daniel Defoe au début du XVIIIe siècle consacra plus de pages à la foire qu'à l'Université, Stourbridge était un marché d'échanges dans l'Europe de l'ouest qui s'étendait de la mer Baltique jusqu'à la Méditerranée en passant par le continent.

L'Université de Cambridge possède d'ailleurs un organisme central pour tous les collèges, consacré « aux réceptions ». C'est là que de nombreuses organisations viennent s'aboucher dans toute la splendeur des vins et des mets. Mais c'est aussi un lieu d'unification pour que se rencontrent *dons* et étudiants, que ce soit dans les magnifiques salles à manger ou les restaurants cosmopolites de la ville toujours plus nombreux.

« Nous sommes ce que nous mangeons. » Cette citation est bien connue. Mais quand on y pense, beaucoup de gens qui sont passés par l'Université et les Collèges ont souvent eu le privilège de faire des expériences gastronomiques inoubliables dans une atmosphère des plus conviviales. Quand les Fellows se retirent des grandes salles à manger éclairées par des candélabres, dans la fameuse « Wine Room », où sont exposés des portraits, une fois à nouveau à table, le porto et le Claret passent sur un petit train à roulettes en argent (toujours dans le sens les aiguilles d'une montre) posé sur la table, ainsi que du tabac à priser dans des boîtes d'argent (**F.B.** une pratique aujourd'hui hors d'usage), il me semble que je suis dans un monde où le temps s'est envolé. Et alors que toute cette consommation de nourritures et de vins semble archaïque, excessive — et poussée à l'excès, ridicule —, elle amène au contraire à faire se rencontrer des gens qui autrement resteraient dans leur coin, plongés dans leur domaine de recherche.

La Culture de la politique

Dans son livre *Homo Ludens*, l'historien Johan Huizinga montre que les humains sont des créatures qui aiment les jeux pleins d'imagination, compétitifs, et qu'ils sont désireux d'expérimenter. Un jeu peut être « sérieux », comme l'analyse de la bataille des coqs à Bali de Clifford Geerts, ou au contraire, superficiel. Il peut avoir des conséquences plus ou moins grandes dans de nombreux domaines, y compris la politique, le droit, l'art et la science. Penser à Cambridge comme à une arène bouillonnante d'activités au sens le plus large, nous aide à comprendre l'un des traits les plus mystérieux qui la caractérise.

L'un des « jeux » d'équipe de Cambridge concerne la politique locale, souvent marquée par ses petites factions. La politique locale des *dons* se reflète chez les étudiants dont certains s'entraînent pour embrasser un jour le monde de la politique à Westminster, dans le système syndical pour des étudiants, « the Cambridge Union », lieu de confrontations verbales, ou bien dans les nombreuses sociétés de débats et autres clubs de politique en activité. Un certain nombre de facteurs rendent la politique à l'Université particulièrement complexe, comme s'il s'agissait d'un jeu d'échecs à plusieurs dimensions. L'une a à voir avec la nature des joueurs. Beaucoup de *dons* sont experts en matière d'argumentation.

Étant donné que la plupart d'entre eux (elles) ont des relations à plusieurs niveaux, que le secret et les alliances sont fréquemment nécessaires, que l'ennemi numéro Un de vos ennemis est souvent votre ami, et que quelqu'un qui est votre ami dans un cas, est votre ennemi dans un autre ; tout ceci ajoute à l'intensité et à l'ampleur de ce « hobby ».

Récemment dans un entretien, un directeur d'une grande faculté à la retraite qui était également à la tête d'un Collège, était surpris que la réunion du matin avait été expédiée, alors que celle du Collège prendrait sûrement plusieurs heures l'après-midi. C'est généralement le cas, parce qu'un Collège est comme une grande famille alors que la faculté ne l'est pas.

Toute cette politisation atteint son apogée quand un poste important, particulièrement celui de président, doit être pourvu. Le monde dépeint par C.P. Snow dans *Les Maîtres (The Masters)* est celui dont j'ai fait l'expérience avec quatre élections de présidents de Collège à Cambridge. Aucune n'a occupé moins de soixante-dix Fellows pendant des centaines d'heures. Factions, querelles, vendettas, négociations, et incertitudes sont particulièrement de mise.

Nul besoin de beaucoup d'imagination pour s'apercevoir qu'il n'y a rien de tel que cette forme de politisation compétitive, spécialement sur les questions de recrutement et de décernement de titres, pour faire se quereller et fusionner des groupes comme l'ont bien décrit les anthropologues, et pour cimenter l'esprit de Collège. Car c'est justement grâce aux batailles électorales, aux débats sur des sujets chauds en matière de principes, de dépenses importantes, ou de changements significatifs, comme dans le cas de l'admission des femmes, qu'un Collège peut devenir vraiment vivant. C'est à ce moment-là aussi qu'on a quelque chose d'intéressant à partager avec ses collègues. En effet, s'il n'y a pas quelque « affaire » à discuter, nous vivons presque tous dans des mondes où nos collègues ne savent pas grand-chose, en dehors des conversations occasionnelles.

Par contre, c'est justement en périodes d'émotions intenses

et de décisions critiques que les tensions dans les structures à l'intérieur d'un groupe se manifestent. C'est grâce à notre participation active à cette politique locale que beaucoup d'entre nous ont pu enrichir nos connaissances en politique nationale et mondiale. En tous cas pour moi qui n'avais jamais vraiment manifesté grand intérêt pour l'histoire ou la philosophie politique, jusqu'à ce que je me trouve à la périphérie de la politique universitaire et collégiale. La plupart du temps cela ressemble à la politique tribale des sociétés égalitaires. Il y a de longs arguments, des menaces voilées, des tensions, mais en fin de compte, c'est seulement lorsqu'une personne gagne l'assentiment et le respect de ses collègues, fussent-ils féminins ou masculins, qu'il ou elle peut arriver à accomplir beaucoup de choses. C'est parce que celui ou celle qui dirige un Collège ou un département n'a pas le droit d'employer sa force physique, ou sa capacité à recruter et renvoyer le personnel. Son pouvoir est limité. Le système dépend d'un certain charisme et d'un respect à l'intérieur d'une structure de longue date.

*

Je me souviens encore d'avoir paniqué lorsque j'endossai la responsabilité des comités de Cambridge alors que j'étais membre de la non-moins intimidante société des « Électeurs de Fellowships » qui se trouvait à King's, avec ses récipiendaires de prix Nobel, ses serments et rituels inhabituels. Pendant trois ans j'ai gardé le bec clos. Il en a été de même lorsque je suis devenu Secrétaire Académique du Conseil de la Faculté après seulement neuf mois en poste au sein du département d'Anthropologie.

Sorti frais émoulu de mes années de recherche, je n'avais aucune idée de la façon d'enregistrer les minutes, d'organiser une réunion, quand voter, et ce qui constituait la rubrique des « autres questions », ni comment faire pression sur certains groupes. Toute l'éthique et la nature des comités qui semblaient si importants à la bonne marche de Cambridge, était d'un gris flou. Personne ne m'expliqua vraiment non plus comment opéraient les comités, ou en quoi le comité auquel j'appartenais, faisait sens dans l'ensemble de l'organisation administrative.

Petit à petit, à mesure que les années passèrent, cela changea. Après avoir participé à plus de 250 réunions en conseil de faculté et dans les comités de remise des diplômes, à plus de cinq cents réunions de département et d'examinateurs, à plus de deux cents autres réunions de comités d'Université, et à des centaines de comités de Collège, je commence à voir un peu comment cela se passe.

J'ai appris à trouver un juste milieu entre des arguments drastiquement opposés, comment « kick into touch » (mettre dans le même ordre du jour) différents sujets difficiles à traiter et que les gens auraient préféré passer sous silence, comment persuader les gens de la valeur et des dangers de certaines approches. J'ai appris à « arranger » les choses — et si c'était possible et approprié — de le faire avant toute réunion, comment entretenir de bonnes relations avec des gens plus haut placés que moi au sein de l'administration, ou travailler de concert avec les secrétaires.

Il serait inexact de dire aujourd'hui que j'ai aimé la plupart des centaines d'heures passées dans les comités. Mais j'avoue que j'ai savouré le plaisir de nombreuses discussions amicales et honnêtes, et la nature généralement consensuelle et rationnelle de la plupart des réunions. Le plaisir grandit à mesure qu'on en comprend mieux les tenants ; ce que je faisais, allait dans le sens de ce qui se passait dans la structure d'ensemble de Cambridge.

J'en suis venu à apprécier le verdict final de Cornford.

> Mais si vous pensez que j'ai raison, souvenez-vous de cet autre monde à l'intérieur de ce microcosme, ce monde silencieux, raisonnable, où la seule action est la pensée, et la pensée est dénuée de peur. Et si vous y

retournez à présent, vous vous trouverez en compagnie de la meilleure qui soit — là où l'intellect est intact et plein d'humour ; et si vous avez un brin d'imagination, et que vous essayiez de vous rappeler à tout prix ce qu'était qu'être jeune, il n'y a aucune raison que votre cerveau se ramollisse, et que quiconque veuille vous mettre au rancard. Bonne route ![1]

Ce qui est important, c'est que les joueurs de tête se situent au bas de la hiérarchie, le personnel académique étant essentiellement indépendant et personnellement motivé, son assentiment à tout changement est donc essentiel. Et bien que les choses soient sur le point de changer, Cambridge est encore, à la base, un système de pouvoir de bas en haut, à la fois inhabituel et qui vous tient en haleine constamment. À savoir qu'un seul membre enseignant de l'Université peut affecter l'Université toute entière. Entre ses mains reposent la vitalité et l'innovation de l'institution.

*

Les membres habituels des départements se réunissent une fois par semaine au cours du trimestre.[2] L'Université dépend de ces réunions, mais les départements gardent également leur pouvoir, comme pendant toute la période où j'ai exercé, et cela a même été renforcé depuis.

Les départements se sont ensuite parfois regroupés, dans mon cas il y en avait deux : Archéologie et Anthropologie Biologique, formant une seule faculté. Pendant une longue période, la faculté avait un rôle de médiation entre les départements, mais son pouvoir ensuite s'exerça soit vers le haut, soit au niveau des « Écoles »

---

[1] Cornford, dans Johnson, *University Politics*, 110.
[2] **F.B.** À Cambridge nos trimestres comptent huit semaines : Michaelmas, Lent et Easter : ce dernier étant réservé aux examens n'en compte effectivement que quatre, plus deux pour les révisions, donc la Période de Recherche débute fin juin, ainsi que l'École d'été.

qui devinrent de plus en plus puissantes, soit au contraire vers le bas, au niveau des départements où il est beaucoup plus question d'administration, très souvent sans grande vie communautaire.

Les Écoles elles-mêmes font ensuite remonter les décisions du corps exécutif général, le Conseil Général de l'Université dirigé par le vice-chancelier. Aux échelons supérieurs — notamment à Regent House, où se trouvent le « Governing Body », le pouvoir exécutif de l'Université et les puissants comités d'Université, ni les *dons* pour la plupart, ni d'ailleurs moi-même — n'y ont accès, et n'en ont pas l'expérience. Cependant nous avons confiance traditionnellement dans leur exercice modéré des règlements, puisque c'est nous qui avons élu leurs membres, dont certains sont même des amis ou des collègues. J'ai assisté seulement une ou deux fois aux débats de ces comités sur des questions spécifiques, et fait du lobbying.

Tout compte fait, l'Université est structurée comme une patte d'oie. Elle a pour base le modèle féodal du temps des rois, des barons, des gentilhommes des manoirs, des villages et de l'individu. Elle est comparable à une armée, où chaque échelon a ses propres fonctions, est en lice avec des unités à son niveau, mais également liée à des unités opposées, et des concurrents plus lointains. Les gens œuvrent jusqu'aux limites de leurs compétences et de leurs intérêts pour un temps, mais le pouvoir est fugace. Instaurer une dictature dans un tel système serait impossible. Il s'agit, autant que faire se peut, d'une organisation administrative, d'une démocratie fonctionnelle, ou d'une « démo-aristocratie » comme l'appelait Cornford.

*

« Tout pouvoir tend à corrompre ; et le pouvoir absolu corrompt absolument » comme le savait Lord Acton quand il a inventé cet aphorisme. Son Université ne faisait pas exception. Dans toute institution, comme dans tout jeu, il existe beaucoup de zones grises chargées d'ambiguïtés, de conflits d'intérêts, de pressions contradictoires, ce qui entraîne une marge infime et presque invisible entre ce qui constitue une conduite honnête et scrupuleuse, et la déformation des règles.

C'est spécifiquement le cas lorsque, comme à Cambridge, tant de relations interpersonnelles se rejoignent. Il est difficile de savoir où finit l'amitié et où commence le favoritisme, où une décision ayant été prise par rapport à un intérêt personnel, aurait dû être déclarée, où un patronage a pris le pas sur un soutien accordé à un étudiant, ou bien encore un accord tacite trouvé en échange d'avantages. Laissez-moi vous donner deux exemples.

Dans le cas des admissions à l'Université et au Collège, on peut arguer que si l'on est en face de deux candidatures qui se valent, il serait absurde de ne pas se servir de toutes les informations à notre disposition, car on peut voir les résultats scolaires récents des deux côtés, les écoles, et les familles. Mais certains considèreront que c'est est une forme de corruption du procédé d'admission.

F.B. Dans mon Collège, un candidat aux lectures assidues, sera pris, plutôt qu'un autre qui n'a pratiquement rien lu au-delà des lectures attendues. Sinon en première année ce sera la panique. Heureusement, aujourd'hui les Collèges attribuent des bourses aux élèves ayant obtenu une mention très bien au Bac (ou A* Levels) qui viennent d'un milieu défavorisé, pour pouvoir lire plus, *avant* d'arriver à Cambridge. Autrement dit, notre préférence ne repose pas sur notre connaissance de son école et de sa famille, mais sur son pur mérite intellectuel pendant l'entretien, et sur son dossier.

Il est certain que de grands pas ont été faits pour atteindre un équilibre. Par exemple, un des liens les plus directs, pendant un siècle et demi avec Eton College, préconisait que seuls les étudiants de Eton étaient autorisés à entrer à King's. De nos jours les trois quarts de nos étudiants viennent des lycées du secteur public.

Les conflits d'intérêts tendent à s'accroître quand une personne gagne en séniorité. Je me suis souvent vu porter différentes casquettes en même temps. En tant que membre du département, je sentais que toutes les parts du budget proposé nous étaient nécessaires. Mais en tant que responsable du comité de la bibliothèque, j'étais en faveur de consacrer plus d'argent à l'achat de livres. Cependant comme j'étais aussi Fellow d'un Collège riche, je sentais qu'il serait plus utile d'aider d'autres Collèges à dispenser plus de cours, parce qu'ils étaient moins fortunés que nous.

Plusieurs moyens existent pour essayer de minimiser de tels conflits. Une personne devrait déclarer au nom de qui il, ou elle, parle — « Avec ma Casquette de bibliothécaire… » On devrait déclarer quels sont ses intérêts ou sinon se taire. Par exemple, dans mon département il est convenu qu'un « superviseur » n'est pas autorisé à prendre part à la discussion et au recrutement d'un examinateur interne pour son étudiant.[1] Quand une personne demande un temps d'absence, ou son adhésion à, un important comité, elle se doit de quitter la salle de réunion pour qu'on puisse en discuter.

Avant de comprendre de quoi il s'agissait, je trouvais cette démarche offensante. Pourquoi devais-je quitter la pièce ? Qu'avais-je donc pu faire qui fût l'objet de discussions secrètes ? Si ma demande d'adhésion ou d'absence avait été rejetée, je n'en aurais pas su la raison.

Or, plus tard, comme je prenais moi-même part à un grand nombre de ces discussions, je me suis rendu compte que ce n'était pas pour assassiner, ou faire des ragots sur la personne concernée. Au contraire, cela permettait de dire ouvertement ce qu'on pensait sans se faire d'ennemi, ou pour éviter d'assister à une scène embarrassante d'une personne qui aurait essayé de plaider pour sa propre cause.

---

[1] Un « superviseur » est un expert dans son sujet, contracté par les Collèges. Généralement il s'agit aussi d'un Fellow.

Bien sûr ces procédés, et en particulier les nombreux « murs à incendie » qui existent, ou barrières protectives et invisibles, dépendent presqu'entièrement d'un code de l'honneur et de promesses tenues. Parler ouvertement et franchement dans une réunion supposée être tenue secrète, et entendre ensuite que tout a été divulgué à la personne dont il était question, cela s'est produit, mais heureusement, rarement. Car presque toujours la plupart des gens sont loyaux envers l'institution. Le bien de tous passe avant les intérêts de chacun ou les relations personnelles.

Pour autant que j'aie pu l'observer, il y a bien une corruption grossière où l'on achète des faveurs, on pervertit les intentions des bienfaiteurs, on vend les diplômes, ou les caves à vins. Mais personne ne m'a jamais offert d'argent ou proposé des faveurs pour que je modifie ses notes d'examens, ou fasse entrer l'enfant de quelqu'un à l'Université. Je n'ai jamais même ressenti en quelque manière que ce soit, de favoritisme contraire à la règle, ou d'intérêt personnel qui corrompe le déroulement d'une admission.

Au contraire, l'un des grands plaisirs de travailler à Cambridge, a été de pouvoir m'attendre à la plus grande intégrité, en dépit des promesses faites de récompenses intéressantes, si des raccourcis étaient pris, car la plupart des gens vivent à la hauteur des attentes de l'Université. Il y a eu des scandales secrets et des corruptions parfois rendus publics. Quant à moi, je n'ai pas rencontré une seule personne qui ait été ouvertement accusée, et mise en procès, ou expulsée pour des raisons de corruption financière ou des faveurs. C'est un véritable succès pour une institution où le pouvoir n'est peut-être pas absolu, mais où la richesse et le prestige constituent des enjeux de valeur.

Les Rythmes

On a souvent pensé que l'un des changements principaux de ces deux cents dernières années, en rapport avec la montée des sociétés industrielles, c'est que le temps s'est rétréci. Il vole comme une flèche et ne revient jamais à son point de départ. Il est progressif et linéaire.

Par contre, au temps des sociétés agraires, il était pour ainsi dire circulaire, lié aux saisons, aux semences, au développement, à la récolte des plantes, et au mouvement des troupeaux. Il y a des champignons (c'est l'automne), un temps pour semer, un autre pour désherber, un autre pour récolter, puis un temps pour semer à nouveau.

L'un des traits particuliers de l'Université est qu'elle conserve, à l'intérieur d'une des parties les plus rationalisées et hautement techniques de la société, un rythme circulaire. Mon petit agenda de Cambridge se présente dans la perspective de nos quatre saisons.

« Michaelmas ». Ce trimestre se déroule à la fin de l'automne jusqu' à Noël. C'est le moment de faire entrer un nouveau contingent d'étudiants et de commencer les cours magistraux. Le temps des semences. Le « Lent » Term (trimestre de Carême) correspond au long parcours du temps hivernal même au cours du printemps, et à la consolidation des cours. C'est le temps où il faut « désherber » avec vigueur pour faire grandir les esprits.

Puis, il y a le « trimestre » de Pâques, au printemps, et pendant la première partie de l'été. La saison des révisions et des examens : il est temps de rassembler les connaissances. On récolte et on engrange. Puis viennent les festivals des récoltes (*Les Bals de mai, la cérémonie des diplômes*), et le temps des adieux.

Enfin, il y a les Vacances d'été, ou comme on les a rebaptisées récemment pour nos agendas, afin que les comptables soupçonneux ferment les yeux : « Summer Research Period » (La Période d'été pour la Recherche). C'est le temps de se ressourcer avec sa famille après une année bien remplie. Mais c'est aussi un temps consacré aux recherches approfondies, à l'écriture, et aux voyages à l'étranger. Il s'agit à la fois de préparer le terrain, de sélectionner les semences pour une nouvelle année d'enseignement, pour les projets à longs termes afin de redonner vie au terrain tout entier, et d'élargir son espace social et intellectuel. Ainsi se referme le cycle et il recommence. Dans ma vie d'enseignant j'en ai connu trente-cinq.

De surcroît, il y a d'abord un cycle de trois ans ; c'est la licence, avec un début, un milieu et une fin d'année. Dans le cas du doctorat il y a d'abord une préparation : on rassemble ses données ou on fait des expérimentations, puis on rassemble le tout par écrit.

Ces cycles se retrouvent dans la nature. Parce que Cambridge abonde en fleurs et en pelouses, et surtout en arbres, le cycle académique est associé aux cycles des feuilles et des plantes, surtout au printemps. J'attends avec impatience les premières feuilles des saules sur les « Backs », ces chemins et étendues d'herbe séparant les jardins des Collèges ce à quoi servent aussi les douves. Je chéris les premiers aconits, les clochettes bleues, les jonquilles, les crocus rouges, et plus tard les tulipes sous les cerisiers en fleurs. Le plein été couvre la ville de toute une richesse de verdure, qui se transforme plus tard en or et rouge, emportée par les bourrasques d'hiver.

Et comme les journées raccourcissent, puis à nouveau

s'allongent, les ombres sur les bâtiments et la lumière changeante forment un cadran solaire géant qui se reflète dans les cadrans solaires des bâtiments du passé que l'on remarque soudain au-dessus de l'entrée de la Chapelle de King's, par exemple, ou sur le portail de l'entrée à Caïus, et qui date du XVIIe siècle.

Ce temps vivant et circulaire soulage de l'ennui. Cambridge n'est pas un endroit statique et mort ; tout au contraire, on y ressent le mouvement et le changement qui vous renouvellent sans cesse. Pourtant ici se trouve aussi l'assurance de la continuité, du retour à bon port, du prévisible.

*

L'autre trait inhabituel c'est que l'endroit est proche d'un site pré-industriel. Dans un village du Népal où j'effectuais ma recherche en anthropologie, chaque partie du village et des champs voisins et des forêts avaient différentes valeurs. Il s'agissait d'un paysage où certains rocs, arbres et cascades étaient considérés comme habitées par des esprits. D'autres parties sont spéciales d'une autre façon, associées à des souvenirs et des mythes. L'association du sacré et du profane dont a parlé Émile Durkheim qu'il a illustrée d'après un travail sur les peuples aborigènes australiens, est clairement présente à l'esprit.

La plupart des gens qui vivaient dans les paysages urbains des pays occidentaux où il y avait peu d'espaces, ont perdu ce sentiment. Mais il est possible de le redécouvrir temporairement par des activités particulières : la fièvre du vendredi soir (les sorties au pub), le match de foot, la discothèque ou les festivités de mariage, quoique ce sont là des moments temporaires d'effervescence, dans un paysage spirituellement plat et neutre.

Cambridge m'a toujours surpris parce que les espaces sont si démarqués et chargés de différentes significations. « Saint » et « sacré » ne sont pas tout à fait les termes qu'il faudrait pour les qualifier, quoiqu'ils sont certainement « à part » d'une certaine façon, comme l'a spécifié Durkheim. Chaque cour de Collège, chaque laboratoire ou département, chaque parc ou pont semble enveloppé d'une atmosphère spéciale, et se ressent différemment. Tout se passe comme si ce paysage était qualitativement différencié, pas complètement « tribal », et pourtant pas complètement « moderne » non plus. Comme un endroit mystérieux où souvenirs, valeurs, et sentiments en se mêlant complètement, se sont enrichis d'une façon inattendue contrairement à d'autres Universités ou dans les villes que j'ai pu visiter. Cambridge a presque un sens magique, c'est un ailleurs, on ne peut pas dire complètement pourquoi, et pourtant d'aucuns le ressentent comme tel.

*

S'enfermer est un trait fréquent à Cambridge et c'est l'un des aspects les plus saillants. Mon bureau personnel à King's College se trouve derrière une série de portes, sept en tout, qui me séparent du monde extérieur. Il y a les portes du Collège, puis la porte extérieure qui donne sur l'escalier ou le rez-de-chaussée, ensuite une porte en « chêne » qui donne sur le palier, et qui, si on la ferme, signifie que personne ne doive vous déranger ; puis une porte étroite, couverte d'un étoffe épaisse de billard, là où on laisse les messages, puis une autre encore qui ouvre sur la grande pièce de l'appartement, et encore deux autres portes qui vous mènent au seuil de la petite pièce intérieure. Ce ne sont pas les multiples extensions téléphoniques ou l'épaisseur de la moquette qui dénotent de votre statut, ou de votre rang au sein de la hiérarchie académique, mais le nombre de portes entre soi et le monde extérieur.

Dans ce lieu retiré et secret, je peux travailler à l'intérieur de mon espace privé, ou inviter certains de mes étudiants et collègues à partager une intimité vaguement similaire à celle qui se produit à l'occasion de la cérémonie du thé au Japon. Au

Japon, les conséquences de la cérémonie du thé se font le mieux sentir quand on entre dans une contemplation hors du temps, en se faufilant par une porte très étroite, après voir rampé sous une entrée très étroite aussi, et marché le long d'un chemin « saturé de rosée » qui lui est consacré, en passant par des rochers et des arbres couverts de mousse. De même les étudiants qui viennent pour une « supervision » prennent également des chemins en bordure des pelouses qui ont quelque chose de « sacré » comme la pelouse elle-même, d'ailleurs, sur laquelle on marche lorsqu'on les raccompagne. Les étudiants passent six portes pour se trouver dans un lieu où je n'ai ni téléphone, ni pendule, et où l'ordinateur, cette récente invention, est éteint. Afin de rendre mon analogie plus pertinente encore, je leur offre une tasse de thé vert avant de commencer à travailler.

Dans cet espace des plus privés, l'esprit peut alors se mouvoir en silence, sans l'activité et le chaos de la vie ordinaire. Il y a dans la sociabilité-du-privé la chance d'échanger, et d'avoir réellement une conversation d'égal à égal. C'est l'un des mille lieux tranquilles pour la pensée que l'on trouve partout dans l'Université.

Je n'appelle pas ce lieu mon « bureau » qui serait alors quelque chose que j'ai aussi au département et qui va de pair avec l'administration et l'enseignement. Il s'agit plutôt d'une sorte d'extension de chez moi. Et c'est cet aspect qui explique le sens particulier que certaines pièces ont acquises, quand on visite d'autres Collèges.

Ma propre pièce ressemble à une pièce typique de *don* dans la description qu'en a faite Peter Snow.

> Parmi les bibelots s'y trouvera la preuve de voyages étrangers — des cornes sculptées provenant d'Afrique Noire ou des figurines des Andes. Il y aura également des petites taches (mais sélectes) sur les chaises et les moquettes, qui commémorent les boissons coûteuses consommées ici pendant des dizaines d'années. Tout ici

semble miteux et usé...[1]

Dans ma pièce, comme je suis anthropologue, il y a des douzaines d'objets (de toutes petites chaussures pour les « pieds bandés », une besace de coupeur de têtes, une horloge à eau de shaman, l'ongle d'un garde mandarin) et un vaste assortiment de thés verts. Et les taches de thé et de vin de table, qui ont laissé des ronds sur le tapis usé du village de l'Himalaya où j'avais commencé mes premières recherches.

Il y a le public et le privé et les différents niveaux du privé, tel celui qui existe entre le *vous* et le *tu* du français, qu'on utilise séparément en sachant pourquoi. Cela permet à l'esprit de continuer son travail silencieux, à l'intérieur d'un monde extrêmement actif où toutes les activités se recoupent. Cela peut conduire à une sorte d'isolement, ou bien à respecter vivement la liberté d'autrui, tout dépend comment on voit les choses. L'excentricité, la liberté d'avoir des pensées folles, ou de se conduire d'une façon qui sort de l'ordinaire, *que l'on chérit à Cambridge*, en sont les fruits.[2] Comme je prenais place dans la magnifique salle à manger de King's College, hier soir, mes invités chinois ont exprimé de la surprise en apercevant une coupe de cheveux à la mohican, extrêmement élaborée d'un de mes étudiants assis à la table d'à côté. Ils m'ont dit qu'un tel comportement ne serait jamais toléré dans un lieu équivalent de King's là-bas. J'étais tout aussi surpris qu'ils prennent notre tolérance pour de la permissivité.

*

J'ai toujours été frappé de voir à quel point les comportements cérémonieux existent à Cambridge. Si nous pensons au sens le plus large du terme « rituel », comme à une conduite «

---

[1] Peter Snow, *Oxford Observed,* Hodder & Stoughton, 1991, 146.
[2] **F.B.** C'est moi qui souligne.

standardisée, communicative et répétitive », alors de tels rituels peuvent sembler étranges ici. Même dans les autres Universités, et certainement dans la presque totalité d'une vie, on n'a jamais vu autant de processions d'apparat, ni assisté à tant de repas où se pratiquent le bénédicité et les grâces, au début et à la fin.

Quand j'étais à la London School of Economics, et à l'École des Études Africaines et Orientales à Londres, je ne me souviens pas d'avoir vu de rituels d'aucune sorte. Mais à King's, il y en a tout le temps. Et l'une des explications possibles à cette ritualisation de la vie semble avoir ses racines dans l'histoire. Contrairement à la plupart des Universités qui ont été fondées et se sont développées, pendant la période après la Réforme protestante et la révolution industrielle, Oxford et Cambridge ont évolué dans un monde Catholique agraire. C'est justement au cours du Moyen Âge tardif qu'il y a eu de plus grandes ritualisations de la vie, et il se trouve qu'elles se sont ensuite seulement en partie effacées.

Il est vrai que de nouvelles institutions inventent aussi des cérémonials à partir de rien. Donc il est clairement plus facile et plus convaincant de pouvoir donner des preuves de centaines d'années de ce type d'activité. J'ai le sentiment à Cambridge de quelque chose de suranné et de continuel dans les cérémonies officielles, les costumes et les processions. Le résultat n'en est pas ridicule : l'architecture s'y prête. Cambridge est une grande estrade dédiée au cérémonial public.

*

Et cependant les explications historiques ne sont jamais complètes parce que nous sommes forcés de nous poser la question de savoir à quoi bon maintenir les traditions. Les anthropologues ont deux théories : expressive et instrumentale. Les rituels sont expressifs en ce sens qu'ils en disent long sur les gens et leur société. Ils disent aux gens qu'ils sont uniques, qu'ils changent d'un statut à un autre, et qu'ils sont membres d'un seul groupe. Ils expriment les mêmes choses que les oiseaux lorsqu'ils se rassemblent à l'automne, qu'ils se mettent à tournoyer dans le ciel, et que leurs cris expriment leur accord de poursuivre leur long voyage.

En ce sens, le cérémonial de Cambridge est clairement expressif. Prières traditionnelles, toasts, chants à l'occasion des Fêtes de Collèges, et autres petits évènements comme le champagne à la fin des examens, ou les cérémonies qui ouvrent les Bals de mai, et même les courses d'avirons hautement ritualisées, ont une signification. Ils nous renseignent à la fois sur les participants et le monde, sur le sens d'une appartenance, sur le privilège, le mouvement des cycles de la vie, l'intégration à une communauté tout autant que sur notre existence à part. Parce que Cambridge se sent spéciale, elle est rattachée aux cérémonies. En retour, celles-ci viennent renforcer précisément ce sentiment d'être unique qui lui donne toute sa saveur. L'élitisme s'en trouve renforcé, mais celui-ci protège et encourage à plus de témérité ceux qui se trouvent à l'intérieur des murs.

L'autre approche consiste à voir que les rituels sont des instruments ou des outils qui permettent de faire quelque chose. Dans de nombreuses sociétés, ils permettent de passer du monde des vivants à celui des morts, guérissent les maladies, sont un bouclier contre les intempéries. Donc de ce point de vue, il est plus difficile de voir à quoi servent vraiment les rituels à Cambridge. Au niveau basique, l'initiation d'un Fellow ou l'attribution d'un diplôme au Sénat servent de passage d'un statut à un autre. Mais ce sont des rituels sociaux, ce sont des changements aux yeux des autres, et non vis-à-vis des divinités. Tout un chacun peut obtenir son diplôme *in absentia*, c'est-à-dire sans être présent à la cérémonie, et il en est de même peut-être, grâce à une clause spéciale, pour une Fellowship. C'est un luxe et non une nécessité.

Cette apparente absence de Rituels dans les faits, d'actes qui changent le monde de façon mystérieuse, reflète un trait particulier de Cambridge. Depuis la Réforme, à l'exception d'une courte période à l'époque de Mary Tudor, Cambridge a toujours été une institution anglicane. Pendant de nombreuses années, elle ne permit d'entrer ni aux Catholiques ni aux opposants à l'Anglicanisme. Les Anglicans étaient des Protestants libéraux, ils s'opposèrent formellement à la magie, aux miracles, et aux rituels sophistiqués. La commémoration de la vie du Christ à travers le Pain et le Vin, en tant qu'ils sont commémoratifs, et font état de sa présence, de même que les Écritures, font partie des choses qu'ils acceptent. La grande Chapelle de King's exprime tout un sentiment de sainteté — mais le Collège pourrait aussi bien fonctionner sans elle.

*

Le paradoxe entre l'apparence et la réalité fait partie de la difficulté. À première vue, les lieux sacrés à Cambridge sont multiples. Marchez à travers les rues un dimanche ou un soir, et vous serez abasourdis par les carillons ou le son unique d'une cloche, provenant de ces silhouettes dans le ciel, pas seulement celles de King's et St-Mary-the-Great, mais aussi Trinity, St John's et bien d'autres encore.[1] Toutes les chapelles sont magnifiquement entretenues, et toutes aussi distinctes les unes des autres — pensons à la voûte élancée et sublime de King's ou à la chaste chapelle de « Dieu dans un écrin » de Trinity, sans parler des mondes imaginaires médiévaux des Préraphaélites dans la Chapelle de Jesus College. Comme les Quakers, les Catholiques et beaucoup d'autres sectes et croyances, King's Chapel s'impose comme le véritable centre des sites religieux.

Pourtant de nombreux *dons* et étudiants, alors même qu'ils aiment les rituels et cérémonials, ne croient pas que Dieu est présent. En fait, dans les Collèges l'inauguration des nouveaux Fellows ne se pratique pas. (Et même lorsqu'elle se pratique dans

---

[1] **F.B.** Notamment à St Bene't's, en centre-ville, où l'Angélus est sonné manuellement chaque soir à 6 heures.

la Chapelle de King's, il n'est pas nécessairement vrai que les *dons* y reviendront au cours de leur carrière). Quand je dis le Bénédicité à King's, *Benedictus Benedicat*, « Soyons bénis », je ne demande ni ne m'attends à, une bénédiction divine. Les directeurs des Collèges de Cambridge participent aux nombreuses cérémonies anglicanes, pourtant beaucoup le font en tant qu'agnostiques ou même athées, sans hypocrisie.

De Cambridge émane *un esprit*, comme une sorte de champ de forces parallèles, associées à un comportement formel constant qui sépare, joint, ou accentue quelque chose. C'est un monde de séparations fortes entre l'ordinaire (le profane) et l'extraordinaire (le sacré). Pourtant il ne s'agit pas d'une communauté religieuse au sens plein du terme. Cette double vie est celle qui, pour moi, a de la valeur. Il semble y avoir quelque chose de spécial en dehors du ici et maintenant. En me retournant sur les années passées ici, le sentiment que le temps et l'espace doivent être ponctués d'actions officielles et symboliques me colle à la peau. Peter Burke raconte bien que « lorsqu'il est allé à l'Université de Sussex en 1962, il a été soulagé dès l'abord d'échapper aux rituels d'Oxford, mais après quelque temps, à l'instar des étudiants, il a remarqué que leur absence était plus un fardeau, et que les cérémonies des admissions et des adieux lui manquaient. » À Cambridge j'éprouve le sentiment d'une esthétique et un plaisir tout intellectuel qui, par le biais des cérémonials, invite à penser que peut-être l'Université a une sorte d'âme et de corps.

Quelquefois, je souris face à ces événements anachroniques et bizarres, comme d'autres sont inquiets de voir que je n'en comprends pas le sens, ou ne sais pas comment les pratiquer correctement. Pourtant je suis assez anthropologue pour me rendre compte qu'ils assurent une fonction importante. Ils ont certainement donné à ceux qui vivent dans ce double monde l'idée d'une autre dimension que celle d'ici-bas même si pour beaucoup, il s'agit plutôt de l'espoir que leurs idées leur survivront.

*

La tolérance aujourd'hui est quelque chose de paradoxal, étant donné que l'anglicanisme n'a pas toujours été aussi magnanime. Mais il faut savoir que les Collèges ont été, dans un certain sens, fondés et calqués sur les monastères, et que seuls les enseignants qui se préparaient à la prêtrise pouvaient prétendre à une Fellowship, de même que pendant des siècles uniquement ceux qui souscrivaient aux croyances de l'Église officielle, pouvaient devenir étudiants. Et d'ailleurs, les termes qu'on utilise encore aujourd'hui de « préserver la religion » quand on prête serment, lors de son admission à une Fellowship, prend tout son sens dans ce contexte.

Le côté généralement puritain de Cambridge, certainement à partir du XVIe siècle et probablement bien avant, en fait un lieu de pratique religieuse plus ordinaire qu'à Oxford. Il n'existe pas de « Mouvement d'Oxford » ici. Cambridge est anglican, mais tolérant. Elle est catholique avec un petit « c » ce qui ouvre à la possibilité de multiples interprétations.

Cela ne veut pas dire que la religion n'est pas prise au sérieux. Cambridge a été le centre de la Réforme en Angleterre. Les célèbres martyrs protestants anglais, y compris Cranmer, Latimer et Ridley ont été éduqués à Cambridge. Par rapport à cette époque-là, les prises de position virulentes se sont calmées et d'après ce que j'ai pu observer, il s'agit aujourd'hui d'une forme de christianisme plus souple, plus privée aussi. Elle a plus à voir avec la bienséance, la beauté de la sainteté, et le respect de l'ordre.[1] On accepte surtout qu'il existe des mystères que nous n'avons pas encore élucidé, plutôt qu'un zèle bouillonnant. Jusqu'au « Test Act » des Universités de 1871, aller à la Chapelle

---

[1] **F.B.** Notons aussi l'aide au prochain puisque le C.C.H.P (Cambridge Churches Homeless Project) entre autres associations, accueille toute l'année les sans-abri, projet auquel participent certains étudiants et les deux églises officielles de l'Université, Great Saint Mary et St Bene't's.

était obligatoire dans les Collèges de Cambridge. Si bien qu'il y avait, comme partout ailleurs en Angleterre, une congrégation conformiste, mais sans zèle.

> Ils vont à l'église le dimanche, aussi régulièrement qu'ils se mettent en habit pour dîner ; et ils traitent un homme qui néglige l'église, exactement de la même façon que quelqu'un qui mangerait son poisson avec son couteau.[1]

La Rochefoucauld a noté que dans tous les arguments, contrairement aux interprétations ou aux opinions privées et aux accents de réserve en matière de religion, il s'affirme l'idée que chaque personne donne une vision différente de son adhésion formelle,

> Presque tous les Anglais ont une foi différente, tous croient des choses particulières à eux ;…D'où je conclus que le corps de tous ces croyants particuliers ne croit rien du tout.[2]

Chez beaucoup d'entre eux, comme je l'ai découvert au cours de nos entretiens filmés, il s'agit d'une sorte de suspension du jugement sur la question. Il est possible qu'il y ait un Dieu et comme dans le pari de Pascal, on fait bien de se tromper du bon côté et de faire comme s'il y en avait un (une bonne chose pour la morale et l'ordre social), mais pour ce qui est des doctrines, des dogmes, et des croyances, ils sont plutôt flous.

Si l'enthousiasme et une adhésion solide permettent de mesurer la sensibilité religieuse, alors pour presque tout le monde, il y a des religions à Cambridge plus importantes que dans les chapelles :

---

[1] Prince Puckler-Muskau dans Wilson (ed.), *Strange Island*, 176.
[2] F. de La Rochefoucauld, Jean Marchand (ed.), *La vie en Angleterre au XVIIIme siècle : ou mélanges sur l'Angleterre, 1784* , Guy Le Prat, 1945, 118–119.

aviron, rugby, théâtre, musique, écriture, expérimentation, vins, gastronomie — constituent de plus grandes motivations.

D'après ce que j'observe et ce dont je me doute, c'est qu'il existe depuis longtemps un conformisme silencieux, animé par une attitude un peu sentimentale ; on est enclin à se montrer perplexe, on exprime une prédilection pour le juste milieu, ni trop haut, ni trop bas, on ne donne ni dans les extrêmes, ni dans un manque de pratique. C'est ce qui comble, comme c'est le cas avec le coton sacré, « cette béance créée par les dieux » de façon si efficace.

*

Cet anglicanisme respectable de surface, a toujours été une protection. Car il y a ce danger considérable qu'en essayant d'examiner la réalité plus à fond, un individu en viendrait vite à représenter une menace pour le pouvoir ecclésiastique et politique en place. On connait bien le destin des scientifiques islamiques aux XIIIe et XIVe siècles, dont les travaux tombèrent à l'eau quand leurs institutions furent interrogées par les autorités religieuses, pour les forcer à se conformer à l'orthodoxie et accepter que ce qu'on avait à connaître, était déjà connu. Toute la période de l'Inquisition a vu la fin de l'âge d'or de la pensée espagnole, portugaise et italienne ; elle vida les Universités de tous les « hérétiques », conduit au bûcher Giordano Bruno et menaça Galilée. C'est bien connu.

Le fait que même un homme aussi puissant que le baron de Montesquieu, aussi récemment qu'au milieu du XVIIIe siècle, dans un pays aussi avancé que la France, ait dû se réveiller terrifié à la pensée d'être poursuivi par l'Inquisition, et qu'il ait été forcé de publier son *Esprit des lois* anonymement ailleurs qu'en France en 1748, voilà qui donne une indication de la tendance normale à supprimer la connaissance.

Une telle censure s'est seulement produite une fois en

Angleterre quand le cours de la Réforme s'est vu temporairement rebrousser chemin sous Marie Tudor, et que les martyrs protestants de Cambridge furent brûlés vifs à Oxford. Normalement, on avait le droit d'être subversif tout en conservant son vernis de respectabilité sociale. John Locke ne put être ignoré ou supprimé en dépit de ses théories contractuelles sur la royauté parce qu'il était respectable, étant issu de la classe moyenne aisée, et qu'il était à Oxford. De la même façon, les penseurs hardis qui mettaient totalement en question la nature de l'univers et son évolution, ont continué pendant des centaines d'années, sans avoir été sujets pour autant à des procès pour hérésie. Adam Sedgwick à Cambridge a sans doute été horrifié par ce que le travail de son élève Charles Darwin impliquait, quand il en a entendu parler, mais il n'a pas pu le censurer.

Il en a été déduit que l'argument de Darwin mettait en question les récits de la Bible. Et qu'avec Sir J.G. Frazer ce furent les bases de la religion même qui le furent. Quant à Bertrand Russell, c'est aux traditions philosophiques de l'ouest qu'il a lancé un défi. Cambridge ne parut pas pour autant constituer une menace. Les *dons* de Cambridge étaient des gens solides, originaires de la classe aisée, des gentlemen et des « Chrétiens ». Ils allaient à la chapelle de leur Collège, disaient les grâces à table, et prenaient part aux rituels. Ce qu'ils pouvaient en penser dans leur for intérieur, n'était l'affaire de personne. (**F.B.** Ajoutons que Darwin aimait se rendre à la Chapelle de King's, et il était parfois si ému en écoutant la chorale qu'il en avait des frissons.) Leur désir de poursuivre la vérité sans avoir peur, et sans chercher à obtenir des faveurs de quiconque n'était pas seulement leur droit, mais aussi leur devoir. Quand le grand spécialiste des études orientales William Robertson Smith fut accusé d'hérésie en Écosse alors qu'il était à l'Université d'Aberdeen, il la quitta pour Cambridge où il devint Fellow de Christ's College, professeur d'arabe et le directeur de la bibliothèque universitaire.

En Angleterre aujourd'hui, nous prenons cette séparation

entre un conformisme public et une opinion privée largement pour acquise. J'ai partagé mon appartement à King's avec cinq autres Fellows. Le premier était historien. Je me souviens qu'il était croyant, puisqu'il allait à la Chapelle. Dans une autre pièce il y avait un anthropologue qui, j'en suis presque certain, était athée, et certainement très critique des missionnaires chrétiens, même s'il avait présidé à de nombreux rituels religieux. Plus tard, ce fut au tour d'un classiciste. Il était fier de mentionner qu'il était en partie d'origine juive et de toute évidence fasciné par la religion. Il a d'ailleurs écrit beaucoup d'ouvrages à ce sujet. Je pense qu'il était plutôt agnostique. Ensuite pendant deux ans, il y eut l'aumônier, et maintenant le recteur (Dean) de la Chapelle, dans la pièce à côté.

Ce qui est symptomatique, c'est qu'en trente ans de partage de mon appartement, je ne me souviens pas d'avoir discuté une seule fois de ma foi ou mes croyances religieuses avec eux. Aucun d'eux n'a jamais essayé de me convaincre de sa façon de penser, et quand j'ai demandé à leurs proches amis ce en quoi ils croyaient, ils ont dû admettre qu'ils n'en savaient rien.

L'un dit que l'historien « adorait la Bible, mais pas Dieu ». Un autre qu'il était certain que le classiciste croyait en quelque chose mais il ne savait pas quoi. Quant à l'anthropologue, je le connaissais bien par ses écrits, dont certains portaient sur la religion. Ils ne révélaient rien au sujet de sa foi. Le Dean (le recteur) possède une grande collection de livres de théologie ; mais ni lui, ni l'aumônier qui l'avait précédé, n'ont jamais essayé de me persuader de me rendre à la Chapelle.

La religion n'est pas bannie de la conversation des Fellows au cours des dîners, alors qu'elle fut un sujet de division à Oxford. Pourtant j'en ai rarement discuté, sauf dans un contexte purement universitaire abstrait et distancié, en rapport avec quelque évènement ou conférence. Par exemple lorsque le Dalaï-lama est venu en visite à la Chapelle, ou quand celle-ci a été utilisée par des tambours africains ou des sitars indiennes, ou encore par Salman Rushdie, ancien étudiant de King's, où il a d'ailleurs donné sa première grande conférence, après avoir été condamné par la Fatwa. Cela ne nous a semblé ni incongru ni déplacé.

*

Cambridge est un vaste domaine sacré, plein d'iconographie religieuse, d'architecture, de tableaux, de rituels et de représentations. Il est vrai également qu'il s'agit d'un lieu tolérant, libre-penseur, ouvert au questionnement, libéral, et où les gens, comme l'a dit dans une phrase célèbre la reine Elizabeth, ne cherchent pas à « ouvrir une fenêtre dans votre âme ». On peut être libre-penseur, partisan de dire que la terre est plate, Baconien (ou partisan des idées de Bacon), défenseur de l'amour libre, communiste — intellectuel non-conformiste — Personne ne s'en plaindra, à condition que cela n'empiète pas sur les bonnes manières à table et ne fasse pas de la Fellowship un non-sens.[1]

Cet équilibre est créatif, il laisse des options, protège contre les hérésies extrêmes, la censure, l'intolérance de l'intégrisme, le cynisme ou la vacuité chaotique d'un relativisme extrême. Il met de l'ordre et apporte un sens à la vie, permet une meilleure intégration sociale. Et dans des moments d'intense émotion, par exemple dans les offices de commémoration des Fellows, il apporte un soutien à la communauté et la renforce.

Bien que la communauté anglicane de Cambridge ait été très souple, pendant presque toute son histoire, l'Université n'a pas toujours été tolérante. De grandes figures de la pensée anglaise tel que John Stuart Mill évitèrent Cambridge et Oxford, et ils

---

[1] Rose et Ziman, *Camford Observed*, 223.
F.B. « High Table » désigne le privilège de dîner à la table réservée aux Fellows du Collège et à leurs invités. Traditionnellement il s'agissait d'une table installée à part, et même quelquefois sur une petite estrade.

quittèrent même l'Université sans leur diplôme, parce qu'ils refusaient de souscrire aux dogmes de l'Église d'Angleterre. Quakers et Catholiques en furent exclus pendant presque toute la durée de leur histoire. L'intolérance religieuse a été inculquée en même temps que l'intolérance raciale et sexuelle.

Aujourd'hui c'est du passé. [**F.B.** Notons cependant que Francis Crick, à l'origine de la découverte de l'ADN, et Fellow de Churchill College, a démissionné et émigré aux États-Unis quand son Collège a donné le feu vert pour la construction d'une chapelle, qui, au reste, est sans dénomination spécifique. Toutes les religions, et les sans religion, y ont accès, comme dans un aéroport ou un hôpital.] Les gens de toutes les religions et autres groupes ethniques y sont les bienvenus. Pourtant il est bon de se souvenir que pendant la presque totalité des huit cents ans de l'Université, ce n'était pas le cas. C'est seulement récemment qu'elle a produit des écrivains noirs de distinction, des artistes, des politiciens, et encouragé des peuples aux religions autres que l'anglicanisme.

F.B. Homerton College, à l'origine non-conformiste a adopté, dans l'esprit, une position similaire à celle de Churchill College. L'existence de la spiritualité est officiellement reconnue. Il n'y a pas d'aumônier ordonné prêtre, mais un « tuteur-aumônier », membre de la Fellowship enseignante. Ce poste a été créé seulement en 2011.

La chorale de Homerton College utilise l'église paroissiale de Saint-John, située en face du Collège pour y chanter l'Office du Soir, l'équivalent des Vêpres. Homerton possède des salles de réunion, un bureau réservé au tuteur-aumônier, mais aucun lieu de culte spécifique.

Ce n'est que depuis les soixante dernières décennies que Cambridge délivre des diplômes à ses étudiantes. Calvin, bien sûr, est plus extrême que Luther dans ses attitudes misogynes, sa pensée étant hérissée de préjugés contre les femmes. La longue lutte menée pour leur intégration à part entière, a été vraiment gagnée seulement dans la dernière moitié du XXe. C'est à Calvin qu'elle doit son petit côté dur et aigri sur la question. La résistance venait aussi du fait qu'une institution de type monastique, masculine, où le célibat était de rigueur, allait être profondément bouleversée par son abolition et la mixité. L'énorme impact qu'a eu l'acceptation des femmes, particulièrement sur le système Collégial, aussi bien que sur tous les autres aspects de la vie à Cambridge, sera mis en évidence dans le reste de cette étude.

*

Les étrangers qui vinrent à Cambridge à partir du XVIe siècle ont souvent fait des commentaires sur sa relative austérité qui, en fait, avait débuté bien avant la Réforme. L'intérieur de King's, par exemple, est presque toujours dénué d'ornements, il est tout à fait simple, mis à part pour l'aspect dramatique des piliers s'évasant en forme de voûtes, et les verres teintés des fenêtres. L'atmosphère générale de Cambridge dénote amplement le juste milieu protestant de l'anglicanisme dont elle est imprégnée.

Les vertus et les vices du puritanisme ont fait l'objet de satires chez George Bernard Shaw, qui ont été analysées par Max Weber dans son travail sur l'éthique protestante. Le Cambridge que je connais est un parfait exemple de ce que voulait dire Weber. Un effort a été fait en vertu d'un salut d'une sorte ou d'une autre, il y a aussi le dur labeur, l'honnêteté générale, la confiance, la réserve, l'aversion pour la vantardise et l'ostentation matérielle, l'égalitarisme, la ponctualité, la sage gestion des ressources, la croyance fondamentale à la dignité innée d'autrui. Ces vertus protestantes sont répandues à Cambridge. Et elles ont survécu en dépit de pressions venant de deux directions.

La première pourrait s'intituler le coût du succès. Il s'agit d'un problème pérenne qui a affligé les grands ordres religieux médiévaux et touché les communautés religieuses partout, à savoir que grâce à des bienfaiteurs, au travail bien fait et à l'humilité, leurs richesses tendaient à s'accroître, elles étaient ensuite réinvesties pour donner d'autres richesses. Souvent la situation devenait tellement flagrante qu'un dirigeant puissant venait faucher tout ce qui avait été accumulé, comme cela s'est produit pour les Bouddhistes en Chine, au Japon et au Tibet, avec la purge, ou lors de la Réforme en Angleterre.

Pourtant Cambridge n'a jamais été complètement dépouillée de cette manière, et, toute ensemble avec Oxford, elle se trouve considérablement plus riche que beaucoup d'autres Universités. Cette richesse est, bien entendu, seulement relative. Un auteur de livres pour enfants à succès peut être aussi riche que l'un des plus riches Collèges d'Oxford ou Cambridge, et la richesse de Bill Gates est équivalente à celle de plusieurs d'entre eux. Le Collège le plus fortuné de Cambridge est dépassé en richesse par des dizaines d'individus dans le monde de l'économie en Chine et en Inde. Les propriétaires de maisons dans de nombreuses parties de Bombay, Pékin ou Londres ont plus d'argent que les nouveaux Collèges de l'Université.

Ceci étant dit, par rapport aux autres institutions spécialisées dans l'éducation en Grande-Bretagne, Cambridge a connu la fortune. La solution qu'elle a trouvée à la fois d'être riche et puritaine est la même que celle que Simon Schama a proposée au sujet de la République des Pays-Bas dans son livre *L'Embarras des richesses (The Embarrassment of Riches)* : il connaît bien Cambridge, pour y avoir été étudiant et Fellow. Dans le cas de la Hollande, tandis que le noir et le blanc étaient les teintes valorisées, tout comme la simplicité du mobilier, des tissus, des tableaux, des meubles, des nourritures et boissons, dont on s'aperçut, en les regardant de près, à quel point ils étaient raffinés — la discrétion du luxe allant de pair avec la bienséance.

La tension entre puritanisme et permissivité a impacté même certaines des plus importantes théories qui gouvernent le monde. Par exemple, on a suggéré que l'économiste Maynard Keynes avait été influencé dans sa philosophie par sa réaction à plusieurs formes de puritanisme rencontrées au Collège (dans les arts, la sexualité, et la vie collégiale).

Keynes réagit positivement à l'éthique puritaine ; il détestait le puritanisme sous toutes ses formes, et pas moins celui qui avait depuis longtemps pris à Cambridge…Pourtant ce fut justement son hostilité à l'éthique puritaine même qui stimula, et posa la pierre angulaire, de ses théories sur l'économie : dépenser pour créer des emplois, dépenser pour se sortir de la crise, stimuler le développement.[1]

*

Les contradictions qui régnaient entre restriction et hédonisme ont eu bien des échos dans la vie de beaucoup de ceux qui sont passés par Cambridge. Je garde un vif souvenir de l'étrange sentiment que j'ai eu en arrivant la toute première fois, étudiant désargenté que j'étais, et catapulté à la « High Table ». J.K. Galbraith a décrit le capitalisme américain comme étant constitué de « richesse privée, et misère publique ». Alors que je rentrai à la maison un soir (mon épouse et moi habitions une petite maison ouvrière que nous avions eu du mal à acheter), et qu'elle débarrassait la table après un dîner frugal, j'eus du mal à croire que je venais d'un univers où les vins étaient prisés au superlatif, où la table était servie par un maître d'hôtel, où les grandes pièces étaient chauffées. Il me semblait qu'ici la richesse était publique et la pauvreté ou quasi pauvreté, privée.

C'est un contraste que beaucoup de visiteurs doivent ressentir. Comme s'il existait des mondes parallèles. Dans le contexte collégial, ils font l'expérience de quelque chose comme la vie bucolique au XVIIIe siècle, ou une réflexion du monde illustrée pour Oxford dans *Brideshead Revisited* ou *Zuleika Dobson* : il s'agit d'une richesse raffinée. Mais dans leur vie privée, les Fellows plus jeunes, particulièrement s'ils sont mariés, semblent plutôt appartenir à la catégorie des gens pauvres.

---

[1] Richard Deacon, *The Cambridge Apostles*, Farrar Straus & Giroux, 1985, 64.

F.B. Ajoutons à l'opposé une anecdote que m'a racontée un parent de l'illustre anthropologue de King's College, Ernest Gellner. Un jour qu'il rentrait chez lui, quelqu'un l'ayant pris pour un sans-abri, lui a proposé quelques pièces pour qu'il aille s'acheter un café.

Cela se voit bien dans le cas de la situation immobilière. Il était estimé qu'on pouvait acheter une maison dont le coût était trois plus que son salaire annuel. Or les salaires de base pour un Universitaire en début de carrière vont de 20 à 30 mille livres sterlings par an, c'est-à-dire un peu moins d'un tiers de ce que gagne un avocat ou un médecin. Un(e) Fellow chercheur(e) gagne seulement la moitié ou les deux tiers de cette somme alors que de nos jours, une modeste maison dans, ou aux alentours de Cambridge, coûte dix fois plus. Les maisons habitées par la génération précédente de la mienne, de l'autre côté de la rivière, coûtent environ vingt à vingt-cinq fois plus que son salaire annuel.[1]

De sorte que ces institutions capitalistes aux accents monastiques qui procuraient aux Fellows célibataires et qui vivaient comme des moines, bon vin, bonne chair, du mobilier, et des pièces confortables dans de vieux bâtiments, se sont depuis longtemps transformées ; un fossé s'est creusé entre vie collégiale et vie privée ; c'est ce qui augmente le sentiment d'étrangeté ou l'impression de vivre dans des mondes parallèles, aux rythmes différents.

---

[1] Comme l'a fait remarquer Peter Burke, le changement se voit à la géographie historique. En partant d'Adams Road vers le Kite, puis en revenant vers Gwydir Street, on passe ensuite le long du « mauvais côté » de la ligne de chemin de fer. Aujourd'hui c'est à Ely, à quelques 25 km de Cambridge, ainsi que dans les villages environnants que ce changement est visible.

LA SOCIÉTÉ

Photo de King's Chapel avec le mur donnant sur King's Parade
King's Parade, promenade située le long de l'entrée de King's College, à Cambridge, ville connue pour son système éducatif, sa recherche et ses sites scientifiques, mais aussi pour son tourisme international. La Chapelle date environ du XVe siècle, le mur a été conçu par Wilkins au XIXe, et comme beaucoup de bâtiments à Cambridge, il est une réinvention de styles plus anciens.

Les Coutumes

Cambridge est très « British » dans ses coutumes, car elle en est pétrie. Beaucoup croient, en effet, que pour justifier les choses comme on les fait, on se réfère à la coutume — c'est-à-dire qu'elles ont toujours été faites comme ça « de mémoire d'homme », ou depuis un temps immémorial. On le voit dans les cultures qui sont le domaine traditionnel de la recherche en anthropologie.

Dans ces cultures orales, les règles de conduite ne sont pas écrites. Pas plus qu'elles ne peuvent être spécifiées de façon abstraite par ceux qui nous en informent. Elles vous lient entre vous, sont puissantes et largement acceptées. Dans de telles sociétés, comme à Cambridge, le livre d'anthropologie, *La Coutume est reine* semble tout à fait approprié.

Les anthropologues ont largement abandonné le mot coutume. Ils lui ont substitué d'autres mots qui veulent dire à peu près la même chose par exemple « l'habitus » qu'on trouve chez le sociologue Pierre Bourdieu. Car personne ici n'est sans connaître la façon dont la plupart de nos actions sont déterminées à travers le temps par un lot de pratiques et de suppositions héritées et implicites. Ces façons de penser et de se conduire, dont on n'est largement pas conscient, tendent à devenir plus riches et plus complexes que la culture existe depuis longtemps. Elles deviennent aussi plus enracinées à l'intérieur de groupes définis par des limites sociales et géographiques. En Angleterre, et à l'intérieur de l'Angleterre, à Cambridge, il est question d'une Université ancienne et repliée sur elle-même ; de ce fait les coutumes y sont souveraines.

Les travaux des philosophes du XXe siècle à Cambridge, dont ceux de Michael Oakeshott, traitent tous de cette question. Comme le dit dans une paraphrase Robert Grant, Oakeshott argue que la tradition n'est pas plus qu'un moyen particulier de faire ou de concevoir les choses... qui ne peuvent s'apprendre qu'en y étant plongé. Il s'agit d'une forme de connaissance pratique dont on est imprégné, qu'on a incorporée, qui, bien qu'elle ne soit pas concrète, n'est pas à même d'être rationalisée, mais qui peut et doit-- puisqu'il n'y a pas d'alternative—être transmise par un procès d'induction ou d'apprentissage, à la manière d'une activité physique. Dans chaque pratique, y compris dans les activités intellectuelles, telles que la science ou l'histoire, ce caractère traditionnel existe. Dans tout, la connaissance de base quelqu' importante que soit la composante d'information ajoutée...est de nature tacite et irréductible, c'est ce que Ryle appellerait « savoir comment » par opposition à « savoir quoi ».[1] Voilà précisément une situation ici où la tradition, la coutume, le « savoir comment », sont suprêmement importants.

*

Une grande part de bonheur et du succès que connaissent les étudiants, les professeurs et même ceux qui visitent Cambridge, repose sur l'apprentissage des coutumes de ceux à qui ils rendent visite. Ce n'est pas seulement une manière de découvrir quelles rues sont praticables à bicyclette, et où se trouvent les meilleurs pubs, ou bien encore comment faire la queue ou négocier les trottoirs. Il y a de plus profonds codes linguistiques, un savoir-vivre et une étiquette, des mythes et un passé à connaître. Ce

---

[1] Richard Mason (ed.), *Cambridge Minds*, CUP, 1994, 229.

qu'il convient de dire ou d'éviter de dire, comment recevoir et donner des cadeaux, ce qui présente un intérêt et peut persuader les gens, comment recevoir et être reçu. Tous ces aspects doivent être, petit à petit, appris.

Le système de Cambridge n'est pas intensément basé sur les rapports de personne à personne, ce que les Chinois appellent *guanxi*, plus connu en littérature dans les pays méditerranéens sous le nom de relation patron-client. Il y a d'importantes exceptions, bien entendu. Au sein de la Faculté d'Histoire entre 1960 et les années 80, par exemple, il y eut deux grands patrons et barons académiques (Sir Geoffrey Elton et Sir Jack Plumb), qui tendaient soit à donner une carrière à un certain nombre d'étudiants, soit à la détruire. Mais la plupart du temps, l'action se base sur une série de principes qui ont été appris par les joueurs comme on apprend à jouer au tennis ou au football.

Il est surprenant peut-être qu'une fois intériorisés, les règles sont d'une efficacité évidente. On n'a pas besoin d'y penser parce que, comme pour la natation ou la conduite, elles deviennent partie intégrante de leur personnalité, comme les automatismes physiques ou intellectuels, elles demandent très peu d'efforts supplémentaires pour appliquer des règles, somme toute très générales, à des cas spécifiques.

Un second trait repose sur le fait que les coutumes datent de longtemps, elles sont stables et inattaquables par la logique. Elles sont comme la réponse du parent à la question du « pourquoi » de son enfant. « Pourquoi fait-on les choses ainsi ? » « Parce qu'on les a toujours faites ainsi. » « Mais pourquoi les a-t-on toujours faites ainsi ? » « Va savoir, c'est ce que nous avons, nous, toujours fait. »

Si le système marche bien, on éprouve de la satisfaction, et même le sentiment d'être à l'unisson. La Culture et la Nature se trouvent étroitement associées — Comme si c'était la seule manière logique, et le bon sens, de procéder. Les coutumes du groupe s'alignent sur les règles de l'univers. Même si occasionnellement, on a le sentiment qu'elles ne sont pas synchronisées sur celles du reste du monde, il est réconfortant de penser qu'elles sont le fruit d'un long usage, et un idéal dans les circonstances actuelles. Des arguments apparemment rationnels propres à changer les coutumes, ou à mettre en question leur fondement, sont écartés par quelque variante comme « tout est pour le mieux dans le meilleur des mondes possibles. »

Autre trait particulier : les coutumes engendrent un lien étroit entre ceux qui les ont apprises. Un Collège ou un département est comparable à un orchestre. À force, chacun et chacune connaît les usages et peut anticiper les réactions d'autrui. On agit ou prend des décisions en fonction de sa conscience, sachant qu'il n'y aura pas grande discussion sur le sujet. Ceux et celles qui les connaissent sont de proches collègues — Ils (ou elles) font partie de notre groupe. Nous avons le même « langage », non pas seulement les mots, mais les faits et les façons d'envisager la vie. Les coutumes tissent des liens, elles nous donnent un sens du partage, des responsabilités, une histoire commune, et un lot de conventions.

*

Cambridge parle tout le temps, le long des chemins et des cloîtres, et plus encore dans les espaces privés et publics. La conversation sur des sujets aussi triviaux que sublimes, ne s'interrompt jamais. Un récipiendaire du prix Nobel, Sydney Brenner, par exemple a décrit comment Francis Crick dans une discussion pratiquement jamais interrompue, a pu expliquer quelles seraient les implications de la découverte de l'ADN. Que ce soit pendant les repas, ou après les repas, dans les réunions, à bâtons rompus, dans l'informalité ou la formalité, dans les cours, l'art de la conversation s'épanouit.

Michael Oakeshott a fait de la métaphore « conversationnelle » l'un des centres de sa pensée. Il l'a utilisée comme métaphore «

omniprésente » et structure idéale de l'éducation, pour la vie en société en général, en politique et dans bien d'autres cas encore.

> L'Université traditionnelle libérale, dans laquelle différentes disciplines sont mises en commun, non pas pour un questionnement de fond, mais pour un questionnement *d'esprit*, n'implique aucun sacrifice de l'autonomie quel qu'il soit : Université, amitiés, clubs, fraternités et la vie en commun que l'on y mène et qui est, comme l'art ou l'amour, sans fond, ni conclusion. Telle est aussi la conversation…, elle se termine d'elle-même…[1]

Peter Burke m'a suggéré qu'il existait peut-être bien un lien entre de bonnes discussions et pas de publications. Il a écrit que « deux des plus ingénieux Fellows à Emma [Emmanuel College] quand je suis arrivé n'avaient pratiquement encore rien publié, pas même une critique de livre, mais qu'ils étaient pleins d'idées sur l'Histoire de l'Amérique et la littérature russe tous les deux, et ils s'irritaient parfois de voir que quelqu'un avait publié « leurs » idées, simplement parce qu'ils avaient « publié » oralement, au Collège. J'ai l'impression qu'ils croyaient que cela suffisait. Ce qui va de pair avec l'esprit de Collège d'être replié sur soi. »[2]

J'ai souvent rencontré ce phénomène, par exemple quand j'étais étudiant en histoire à Oxford. Mes professeurs les plus brillants n'avaient publié qu'un ou deux articles. Ils parlaient de leurs idées entre eux, en cercle restreint, plus spécifiquement en histoire médiévale, et comme ils étaient valorisés par leurs élèves et leurs collègues, c'est-à-dire par ceux qui leur importaient, alors pourquoi publier ? Cette approche néanmoins a connu un drôle de revers le jour où la philosophie du « publie-ou-péris », importée des États-Unis, a fait son entrée ici, et a été entérinée par le Conseil de la Recherche et l'Évaluation des études.

---
[1] Résumé par Robert Grant dans Mason, *Cambridge Minds*, 230.
[2] Peter Burke, dans une communication personnelle.

Virginia Woolf elle-même dresse un portrait d'un des adeptes de la conversation, Sopwith, un Fellow de Trinity College, qui chaque soir

> ...parlait. Mais Parlait, parlait, parlait — comme si tout pouvait se parler — l'âme elle-même s'échappant des lèvres en minces petits disques d'argent qui se dissolvent dans l'esprit des jeunes hommes, comme de l'argent, comme du clair de lune. Oh ! bien loin de là, ils s'en souviendraient, et plongés dans un profond ennui, en y repensant, ils y reviendraient pour trouver un nouvel élan. [1]

Tout ceci paraît évident mais il convient d'insister sur ce fait, car souvent on pense que les idées arrivent lorsqu'on est seul, assis en silence dans une bibliothèque, ou à son bureau.

*

Par contre, la timidité existe aussi. Alan Hodgkin, prix Nobel de physiologie, cite le cas typique d'un Fellow d'excellence à Trinity qui avait l'habitude d'inviter ses étudiants à le rencontrer, mais qui souvent restait assis, pendant une heure bien longue, sans dire un seul mot.[2] De même Hippolyte Taine avait observé plus généralement à propos des Anglais, qu'il y a « "des hommes, extrêmement instruits, savants même, ayant voyagé, sachant plusieurs langues, [qui] sont embarrassés en compagnie. »[3]

Il est compréhensible, lorsqu'on poursuit quelque sujet abscons, de trouver difficile ensuite de revenir à des choses banales. Passées les quelques remarques sur le temps qu'il fait, ou quelqu'autre sujet d'actualité nationale, de quoi peut-on

---

[1] Virginia Woolf, *La Chambre de Jacob*, dans *Œuvres romanesques*, vol. 1, Gallimard, tr. Adolphe Haberer, 2012, 925 ; traduction modifiée.
[2] Alan Hodgkin, *Chance and Design*, CUP, 1992, 48.
[3] Hippolyte Taine, *Notes sur l'Angleterre*, Hachette, 1872, pp.70–71.

donc parler ? Faire un cours, s'entretenir sur un sujet spécifique avec ses étudiants cela s'entend. Mais parler des plus récents développements de la théorie des nombres, ou de la philosophie présocratique, ou d'anthropologie structuraliste en France, ne sont pas vraiment possibles. Toute tendance à l'introversion peut s'exacerber, particulièrement dans les toutes premières années de sa carrière, quand on poursuit un sujet très spécifique pour son doctorat.

Il est bon d'être conscient de ce trait quand on est à Cambridge. De nombreux étudiants et visiteurs ont lutté pour maintenir une conversation animée avec des universitaires de haut niveau quand ils se trouvent par hasard assis à côté d'eux. Ils devraient se souvenir que la conversation se tarit vite avec un *don*.

Il est possible que ce soit dû à un puritanisme minimaliste, au fait d'être toujours maître de soi ; ou que ce soit le résultat d'une éducation sévère au sein la classe moyenne aisée ; les enfants notamment ressentent l'effet de punition provoqué par la séparation d'avec leurs parents à un jeune âge, et leur placement en pension dans les « public schools ». Il se peut également que des personalités plutôt introverties soient capables de fournir un travail intellectuel plus brillant que les autres. Quelles qu'en soient les raisons, il est évident que *le sang-froid* anglais, ce trait de caractère qu'on peut aisément prendre pour de l'arrogance ou de la hauteur, ainsi qu'une absence notoire d'émotions, sont assez courants à Cambridge.[1]

Un exemple extrême est celui du philosophe Henry Sidgwick, tel que l'a décrit F.W. Maitland. Même quand un collègue ou un ami qui lui était proche décédait, il exprimait peu d'émotions. Et Maitland, lui-même, en apparence, pince-sans rire et réservé, surtout dans ses lettres, quand on cherche un peu plus loin, se révèle avoir été enjoué avec ses enfants, et un fin mélomane. Même les pages de ses écrits les plus arides sur le droit médiéval,

---

[1] **F.B.** D'aucuns disent, selon cette façon de voir, qu'on n'apprend pas à s'adapter à Cambridge, on apprend à adapter Cambridge à soi.

sont empreintes d'humour et d'ironie. Du reste, j'ai rencontré la même chose chez beaucoup de mes amis apparemment sévères et timides.

La réserve fait aussi partie de la délicatesse qui est explicite et de la considération. Dans ce village virtuel, le but était de ne pas piétiner l'espace personnel des autres, leurs idées ou leur estime de soi. Leur approche est celle du bon chien de berger : savoir s'aplatir patiemment et laisser passer les autres, puis avancer prudemment à petits pas, et imperceptiblement guider les élèves et encourager les amis. Rabrouer, donner des ordres, tenir des propos injurieux, foncer comme le bœuf proverbial sont anathème, sauf exception, comme nous allons le voir.

La tendance à la discrétion donne lieu à celle bien connue de se sous-estimer. « L'Anglais reste en deçà, évite le superlatif, est sobre de compliments.... » Par conséquent on conseillera aux visiteurs « d'être modestes. Si vous êtes champion de tennis, dites simplement « Oui, je me débrouille pas trop mal », et si vous avez traversé l'Atlantique tout seul sur un petit voilier, dites qu'il « m'arrive de faire un peu de voile ».[1]

Cette modestie peut se voir de mille façons. Le vêtement courant d'un *don* du Cambridge que j'ai connu, est habituellement banal et informel, bien que la veste en tweed, la cravate sans attrait, et le pantalon de velours côtelé soient de nos jours remplacés par une chemise à col ouvert, un gros pull à bourrelets, et un jean. Plus la toge pour les grandes occasions est vieille et effilochée, mieux c'est, ainsi que vos chaussures écornées et pleines de poussière.

Il en est de même de la posture, le corps légèrement penché en avant, avançant lentement mais résolument, le regard comme un peu perdu dans l'espace, souvent empreint à la réserve et à la réticence. Il en est de même à propos des gestes.[2] Le Comte Pecchio,

---

[1] Ralph Waldo Emerson, *L'âme anglaise,* tr. de l'anglais par Maurice Lebreton, 74 ; Maurois dans Wilson (ed.), *Strange Island,* 260.
[2] Comme Peter Burke l'a fait observer, ceci vaut pour la Grande-

surpris, demandait « Mais pourquoi les Anglais gesticulent-ils si peu, on dirait qu'ils ont les bras collés au corps ? »[1] Parce que traditionnellement les Anglais de la classe moyenne n'utilisaient pas leurs corps pour manifester leurs intentions, ou accentuer leur discours. C'est avec des mots, et non en tapant du poing, ou en agitant les bras, qu'on amuse ou persuade. Cette caractéristique largement répandue trouve son point d'orgue à Cambridge. Je ne me souviens pas d'avoir vu aucun de mes collègues pleurer, faire des grands gestes ou utiliser un langage corporel à outrance dans la vie courante. Pour les jeux et la course d'avirons, bien entendu, c'est différent. La réserve disparaît, la personne se transforme en animal : elle crie, gesticule, se prend totalement au jeu — ce qui fait tout l'attrait de la course, je suppose.

Cette prudente humilité rend également la vie universitaire en commun plus facile. Pour être dans un jeu d'équipe dont l'enjeu repose sur l'intelligence, chaque joueur ou joueuse doit connaître ses propres limites. Si un Prix Nobel de physique pense pouvoir pontifier sur l'histoire médiévale, il ou elle sera gentiment remis(e) à sa place. « Le trait le plus frappant du caractère anglais » comme le suggérait D'Eichtal, était « qu'un Anglais ne se prononce jamais sur un sujet qu'il ne connaît pas. »[2]

Les avancées rapides de la théorie et dans les données sur le monde sont dues au strict partage du labeur intellectuel, ce qui fait que tout un chacun s'y consacre mais seulement sur une petite partie : c'est à cette seule condition que la compréhension est possible. Être conscient de ce qu'on ne sait pas, est une condition préalable. Quand, ensuite, une personne prend la parole, ses mots conservent au modèle de base toute son intégrité. On sera assuré qu'elle n'énonce pas de certitudes dans un domaine où elle

---

Bretagne, mais aussi pour l'Europe protestante du Nord, par exemple chez les Hollandais, les Suédois et d'autres.
[1] Dans Wilson (ed.), *Strange Island*, 177.
[2] B.M Ratcliffe and W.H. Chaloner (eds.), *A French Sociologist Looks at Britain*, Manchester, 1977, 101.

n'aurait qu'une connaissance superficielle.

On peut en voir un trait ou une conséquence dans la vie en Grande-Bretagne : l'intellectuel public n'existe pratiquement pas. Dans de nombreux pays européens, être un universitaire de pointe peut signifier que les politiciens, les médias et autres s'attendent à ce que vous vous prononciez sur un nombre de sujets en général. En Angleterre, il est notoire que dans les programmes comme *Le Moment des questions*, [*Question Time*], qui portent sur l'opinion publique ou d'autres programmes télévisés sur les actualités, on ne voit pratiquement jamais d'universitaires...

Sauf exception ! Certaines périodes ont vu des programmes comme « *The Brains Trust* » [*Les Cerveaux*] ou des ouvrages à grand tirage comme ceux de Bertrand Russell, C.M. Joad et d'autres indiquer que les universitaires sont écoutés. Par contre, s'il s'agit d'une question spécifique, on consulte des experts régionaux ou scientifiques. Mais dans maints pays continentaux, la façon dont les intellectuels sont invités, quand ils ont atteint un très haut niveau intellectuel, à faire autorité, est largement absent de l'histoire d'Angleterre, et encore aujourd'hui.

*

Cambridge est, la plupart du temps, une institution « à part entière », comme les anthropologues appellent les communautés où le face-à-face et l'oralité dominent, adoubée d'une forte infrastructure comme le sont les pensionnats, les hôpitaux et les prisons. Mais l'un des problèmes pour les gens qui y vivent, c'est qu'ils représentent les uns pour les autres un danger : ils peuvent se porter préjudice à long terme. De ce point de vue, les Collèges de Cambridge ne font pas exception.

À partir de la moitié du XIXe siècle et jusqu'à récemment, quelqu'un de célibataire, âgé seulement d'une vingtaine d'années, était souvent élu dans un Collège comptant uniquement une douzaine de *dons*. Celui-ci allait désormais manger, enseigner, dormir, et pratiquer la religion et les jeux de cette petite communauté. Un jour, disons soixante ans plus tard, voilà qu'il meurt et devient un nom sur un mur. Il aura donc passé, en gros, les trois quarts de son existence avec les mêmes personnes. Et s'il ne s'entendait pas avec un Fellow du Collège, toute sa vie peut-être, s'en sera trouvée empoisonnée.

Mais en général, il s'agit d'un endroit plein de courtoisie, même un peu trop, disent certains. Ces petits gestes comme celui de tenir la porte, se lever quand les gens entrent, dire merci quand on vous accorde une faveur, ou être particulièrement accueillant, sont des aspects sur lesquels on insiste, pour que chacun se sente valorisé. En effet, surtout pour la génération plus âgée, l'éthique des bonnes manières de gentleman (et de dame) importe. C'est quelque chose qui s'est imposé comme un code de conduite chez les Anglais de la classe moyenne supérieure à travers les siècles, et c'est encore le cas à Cambridge — bien qu'il y ait une ou deux exceptions frappantes.

De même qu'en général, la part la plus importante qu'apporte une personne à l'Université, ce sont ses idées : on la traite donc avec courtoisie. Quel que soit par ailleurs ce qu'on pense de la conférence, de l'article, des interjections et arguments. Mieux vaut mettre en sourdine son avis à soi, tout en manifestant un degré d'enthousiasme. Bien entendu, s'il s'agit simplement d'enrober les choses d'une mièvre hypocrisie, cela ne sert à rien. Mais l'art qui se pratique ici, consiste à former des arguments inverses et critiques, qui ne creuseront pas de fossé irrémédiable entre vous et elle, c'est-à- dire qu'il faut mettre *les idées* au défi, et non la personne qui les avance.

À ce titre, il existe plusieurs techniques que j'ai apprises à Cambridge. L'une consiste à se montrer modérément négatif. On ne dit pas directement « Non » ou « Vous avez tort » quand on est face à quelque chose avec quoi on est en désaccord. On concède un tant soit peu, puis un peu plus tard, on exprime le négatif. « Oui, je sais ce que vous voulez dire. C'est une approche intéressante à laquelle je n'avais pas pensé, mais ... » ...Oui... Mais... » Voilà une belle façon de dire « Non » ou « Je ne suis pas d'accord » sans causer de tort.

Dans les cours, l'équivalent sera de commencer à faire l'éloge d'un ou deux points concernant l'essai ou l'argument. Ensuite presque toutes les critiques, même si elles sont dures, seront mieux acceptées. Elles se feront même au profit du travail. Car une attaque virulente dès le départ pourrait causer une perte d'estime de soi, et donc être refusée.

L'autre technique est celle qu'utilisait Alexander Pope en « faisant des critiques sous forme d'éloge. » Importante, notamment pour écrire une référence, ou donner son opinion spontanée à propos d'un collègue. Si vous écrivez ou dites « À vrai dire, je pense qu'il ne nous arrive pas à la cheville, et par conséquent, ne représente qu'un moindre potentiel » cela peut rejaillir sur vous de mille façons. Donc écrivez ou dites d'un essai qu'« il est vraiment bien écrit » ou alors que « j'ai bien aimé le lire » mais sans faire de commentaire sur son contenu intellectuel. Ainsi les lecteurs entraînés et les auditeurs sauront y voir votre manque d'enthousiasme ou d'approbation du contenu intellectuel. On mêle ainsi honnêteté et diplomatie comme fit l'abbé subalterne, qui dit à la femme de l'évêque, à propos de l'œuf qu'on lui avait servi au petit déjeuner « que certaines parties étaient bien bonnes » indiquant ainsi qu'il était mauvais, sans lui manquer de respect.

*

L'art d'utiliser les mots avec précaution pour dire des choses qui sont souvent le contraire de ce qu'on veut dire a sans doute encouragé ce trait linguistique le plus caractéristique de Cambridge : l'ironie. L'ironie, bien entendu, est l'outil privilégié quand le discours direct est inhibé, d'une façon ou d'une autre, par le pouvoir, ou le fossé qui existe entre les classes, ou un désir de dire quelque chose indirectement mais efficacement. Mais il l'est seulement, s'il existe entre locuteurs et destinataires une culture commune, de sorte que la moindre exagération, un ton moqueur, ou quelque autre indication peuvent signifier que la remarque doit être prise dans un autre sens. Si l'on dit du Prévôt qu'il est la meilleure chose qu'on ait inventée après « le pain en tranches », il se peut que vous le croyiez vraiment — mais un simple regard, un note sardonique dans le ton, ou même la simple absurdité de la comparaison suffiront à transmettre le vrai message.

Ici la culture a longtemps valorisé l'humour, la répartie, maintes plaisanteries qui en font toute la saveur, et qu'on aime répéter. Peter Burke m'a raconté un jour qu'à Emmanuel College, pour fêter l'an 2000, les Fellows avaient décidé que les épouses ou les partenaires, seraient invitées au repas de Noël, qui normalement était réservé aux seul(e)s Fellows. À la réunion du Conseil suivante, un jeune historien s'adressa au Président avec ce bon mot « j'espère que nous n'aurons pas l'intention de les inviter à chaque millenium ? ».

Donc apprendre l'art d'être ironique est l'une des choses les plus importantes à Cambridge. Importante aussi parce qu'elle est quelquefois utilisée pour exclure les étrangers et les nouveaux venus. On n'a jamais été éduqué à être ironique, et il est vrai que dans beaucoup de pays, on considère l'ironie comme une forme odieuse, indirecte et hypocrite de comportement. On ne peut pas s'en servir magistralement sans connaître assez bien les lieux, les gens, l'histoire et la culture. Une fois acquise, elle est le sel de la conversation. Elle crée également entre les gens une sorte d'intimité partagée, comme s'il s'agissait d'un code secret.

L'ironie est moins puissante que la satire. Elle est compatible avec la courtoisie, car il est bien question ici de courtoisie. La courtoisie est comme une huile. Elle empêche une machine extrêmement complexe et interdépendante de se bloquer, grâce à la lubrification des parties qui sont faites pour fonctionner ensemble. La courtoisie exige donc une attention constante, mais elle est essentielle dans un lieu où la familiarité peut très vite faire place à la froideur, et à des sentiments négatifs qu'on dissimule, et qui peuvent devenir évidents.

Un aspect particulier de la courtoisie porte sur la façon dont on traite les étrangers et les nouvelles connaissances. Cambridge est à la fois statique, en ceci que les amitiés peuvent s'étaler sur des décennies, mais également dynamique, lorsque beaucoup de nouvelles amitiés se forment. Chaque année un tiers des étudiants en licence, et plus encore ceux qui font de la recherche, sont nouveaux. Il y a aussi de nombreux visiteurs qui viennent plus ou moins longtemps. Je rencontre toujours des gens nouveaux et intéressants dans les séminaires, les comités et les dîners. La difficulté est de savoir si une nouvelle rencontre recèle un potentiel d'avantages intéressants, ou le contraire.

Pendant des siècles, la plupart des jeunes recrues de Cambridge pouvaient sembler encore un peu gauches, et même quelquefois exécrables, pour avoir été plus ou moins attentives à ce qu'on leur enseignait. Et puis un jour, par exemple ces étudiants deviennent célèbres : poètes, hommes et des femmes d'État, explorateurs, grands journalistes de télévision ou comédiens. Et il se peut que vous-même qui les avez connus, ainsi que Cambridge, aient eu pour eux de la valeur. Donc il est prudent de les traiter avec respect. En fait, la règle s'applique à tout le monde. L'individu qui parle fort, tient des propos mal dégrossis, assis à côté de vous au dîner est peut-être celui qui justement fera partie du comité préposé à votre avancement, ou de la maison d'édition de l'Université qui publiera votre prochain ouvrage. Dans ce petit monde si étroitement connecté, on ne peut jamais être assez prudent. Donc il vaut mieux être courtois et plaisant avec tout le monde.

Cette courtoisie est également, à la façon des Anglais, un moyen de se tenir à une distance raisonnable des gens. C'est la courtoisie que l'on rencontre dans les danses d'autrefois, empreinte d'une certaine raideur, qui peut se radoucir et laisser finalement entrer quelqu'un dans votre intimité. Comme lorsqu'on parle du temps, propos anodin et vide de sens, mais qui permettra d'établir une relation formelle sans se compromettre.

*

La courtoisie s'apprend. Des erreurs en ce domaine peuvent avoir des conséquences gênantes. Quand je suis arrivé à Cambridge, il était coutume de se serrer la main, que ce soit avec un homme ou une femme. De nos jours, la chose est rare, sauf avec les gens qui viennent de l'étranger. Et à cette époque, il était encore plus rare de s'embrasser, encore moins avec un homme. Puis, au cours des années 80, les gestes ont changé ; aujourd'hui il s'agit d'un art complexe.

Quel homme peut-on embrasser ? L'ancienne règle d'après laquelle ceux des peuples latins (surtout d'Amérique du sud) ne vaut plus. Pourrait-on embrasser un étudiant ? Et embrasser quand on se rencontre ou on se quitte ? Dans son appartement ou bien plutôt à l'extérieur, sur le pas d'une porte quand l'étudiante s'en va ? sur les joues, en touchant la joue ? En entourant de ses bras. Ou pas. On pourrait écrire tout un livre sur la question. Car il importe dans le présent climat du soupçon sur les abus sexuels de voir sur quoi les différentes cultures reposent. Embrasser une étudiante japonaise serait une grande marque d'incivilité, et même embrasser sa propre femme, devant une japonaise. Un cours d'anthropologie comparative serait bien utile là-dessus.

Au coeur de la courtoisie, doit se trouver l'attention à autrui. Toute courtoisie implique de faire un effort supplémentaire, par des signes corporels ou verbaux qui indiquent qu'on apprécie la personne, et lui porte une attention toute particulière parce qu'elle existe en soi, et non comme un moyen. Il est tellement facile d'être absorbé dans ses pensées, heureuses ou misérables, qu'on en oublie la moindre courtoisie. Par le fait d'être pressé, préoccupé de soi-même, ou par paresse. Le conseil que m'avait donné mon grand-père lorsque j'avais huit ans, était le suivant : quels que soient ma timidité, mon anxiété, ou mon degré de fatigue, il était de mon devoir d'aborder une nouvelle relation, et d'entrer dans la pièce où la personne se trouvait, en manifestant par un sourire chaleureux une attention sincère pour elle.

Il est bon également de noter qu'il n'est pas toujours facile de mettre fin à une conversation et de se dire au revoir. Je me souviens lorsque j'étais étudiant à Oxford, que j'avais du mal à faire partir les étudiants bavards qui étaient dans ma chambre, alors que je voulais aller me coucher. Je n'arrivais pas à les mettre dehors, ou simplement leur demander de partir. Voici la méthode à laquelle j'ai pensé qui marche très bien. Je les invitais à rester tout le temps qu'ils voulaient ajoutant que je devais aller me coucher car j'avais besoin de sommeil.

Le même problème se pose dans mes bureaux à la faculté et à King's. Étudiants et visiteurs, à la fin de notre rendez-vous, ne savent pas toujours s'en aller. S'il s'agit de quelqu'un de grande pointure mais collant, je dis quelquefois que je suis ravi de les voir rester le plus longtemps possible. Mais il se trouve que j'ai un autre rendez-vous (imaginaire) — On part donc ensemble. Je fais le tour du bâtiment pour revenir à mon bureau quelques minutes plus tard. L'art d'évaluer le temps qui passe sans regarder sa montre ou la pendule, ce qui serait impoli, se cultive.

La courtoisie a plusieurs visages. Auparavant il s'agissait de savoir comment inviter à un repas, comment rendre une invitation, ou remercier. Maintenant tout ce domaine est devenu complexe avec l'usage du courriel.

Il devrait y avoir d'ailleurs à ce sujet des instructions plus explicites. Car l'absence de courtoisie ou de familiarité selon le protocole et les usages peuvent facilement blesser. Et il est peu probable qu'on vous l'enseigne. Le courriel semble un moyen de communication très informel, mais je trouve qu'un peu de courtoisie et d'effort, par exemple écrire « Monsieur », «

Madame » plutôt que le message seulement (excepté dans le cas de ses proches amis, à l'occasion de brefs échanges) passe très bien, associé à une fin de message plutôt formelle (comme dans une lettre où l'on met — Cordialement, etc.). Un « Merci » en début de message et autres petits signes d'attention personnelle sont appréciables. Quant à 'texter' des 'smileys' et autres sigles du genre, je laisse ça à d'autres.

Le fait est que ces petits gestes courtois de chaque jour dans une institution comme Cambridge sont particulièrement importants. C'est comme un jeu sophistiqué ou une danse pour lesquels règles et usages sont là pour une raison. S'ils sont ignorés cela peut conduire à une gêne qui durera longtemps, voire pire.

*

Certaines personnes à Cambridge sont devenues célèbres pour avoir dérogé à ce principe. La maladresse dénote un esprit batailleur qui sait mettre les choses en question, et qu'on rencontre dans de nombreux contextes, mais plus particulièrement dans le monde académique où ce type de comportement est voulu par la nature même du métier, où la pensée individuelle, et le maintien de son point de vue, sont encouragés. La façon de considérer ces personnes donne une bonne idée de la qualité d'une institution.

Bien que la productivité dans toute organisation complexe exige une grande confiance, du dévouement et du jugement, cela ne signifie pas que tout le monde doive être identique. En effet, les variantes sont importantes de même que les idiosyncrasies ponctuelles et les contradictions car elles servent à lutter contre la complaisance et un esprit réac ; par ailleurs elles stimulent la créativité.

Il est difficile de placer ces gens dans des catégories parce que leur propre est d'être hors du commun — tous différents les uns des autres et impossibles à mettre dans des normes. Tout ce que je peux faire, c'est vous donner quelques exemples.

L'archéologue William Ridgeway semble avoir été fort têtu, d'après les récits qu'on a fait sur la façon dont il s'attaquait à toute tentative de réforme au début du XXe siècle, y compris celles du jeune Cornford. Citons également Oscar Browning à King's College.

> C'était un génie imbu de lui-même et d'une impossible suffisance. Personne n'avait de dons comme les siens : il savait voir les choses en grand, pouvait réfléchir à de grandes idées, avait de l'esprit. Il avait l'art de planifier de façon constructive, il était courageux et avait un mépris total du ridicule. Il était impossible d'entrer en contact avec lui sans être conscient de sa très grande intelligence. Or il était également impossible de ne pas s'apercevoir qu'il était grotesque.

Un seul exemple suffira…

> Son snobisme était tel…que bien que se vautrant dans l'obésité, il se targuait d'aller faire du hockey pour le seul plaisir de faire essuyer ses tibias par Son Altesse Royale, le prince Edouard du Pays de Galles alors étudiant à Trinity.[1]

J'ai, moi aussi, rencontré de fieffés snobs, des gens qui vous reluquent, citent des noms célèbres à chaque phrase, se montrent inhabituellement prétentieux à propos de leur argent ou leurs collections d'antiquités. Ils se meuvent en général dans une ambiance arrogante mondaine, qui leur confère un air d'autrefois où les rivalités entre les classes, qui normalement auraient disparu aujourd'hui, sont au contraire légion. Mais là encore on fait preuve de tolérance, on se moque gentiment d'eux, car en secret ils nous amusent, comme s'ils étaient des parodies d'eux-mêmes. On les tolère comme faisant partie du zoo humain. Et

---

[1] E.F Benson, *As We Were*, Penguin, 2001, 129, 131.

puis soudain ils vous surprennent en faisant une bonne action pour leurs amis ou le Collège, car ils n'ont pas été rejetés.

Certaines autres personnes font preuve d'un mélange de profond conservatisme, d'intégrisme religieux et de suspicion constante envers autrui. Il est peut-être surprenant que de telles personnes puissent avoir des adeptes, qui plus est dans des postes clefs, et qu'elles parviennent à faire passer leurs messages dans les hautes sphères de l'Église ou du gouvernement. Lors de leurs obsèques, leur influence qui a été néfaste et a endommagé un certain nombre de vies, est conservée intacte, dans une ligne réactionnaire et ancienne de l'université, et à laquelle on fera allusion de la façon la plus discrète.

Konrad Lorenz a fait observer que certaines épinoches, chez lesquelles on avait enlevé une certaine partie du cerveau, cessaient de réagir aux autres, et se dépouillaient de toute inhibition dans leurs actions — et que bien souvent toutes les autres épinoches qui se conformaient ou se modelaient sur leur comportement, faisaient de même. Quelque chose de similaire se produit dans le cas des gens maladroits. Les inhibitions normales que déclenchent quelques signes discrets de leurs collègues, à propos d'une personne enquiquinante, ou ennuyeuse, qui vous fait perdre votre temps, ou qui se conduit de manière totalement asociale, semblent alors passer totalement inaperçues, ou alors être délibérément ignorées. Ainsi la personne possède une liberté que d'autres plus sensibles, s'efforceraient consciencieusement de réprimer.

J'ai connu quelqu'un de ce genre pendant un certain temps. Intelligent, ambitieux, suffisant et brutal. Il lui arrivait de croiser d'anciennes connaissances, et de ne pas les saluer ou de faire semblant de ne pas les reconnaître. Ou bien il entrait dans les réunions et les conversations sans se gêner. Il apportait son journal dans les séminaires et se mettait à le lire de façon ostentatoire pendant toute la durée. Ou alors il s'asseyait au premier rang, s'endormait et se mettait à ronfler. Il disait aussi et écrivait qu'il trouvait la plupart de ses collègues extrêmement ennuyeux. Dans plusieurs cas, il leur a rendu la vie difficile en leur écrivant des lettres aigries. Et pourtant envers certains de ses amis il se montrait extrêmement utile et charmant. Et ses écrits ont par ailleurs inspiré toute une génération dans son domaine. À la longue il a même été anobli par la Couronne et a même été nommé président d'un Collège. Les gens voyaient en lui un homme brillant, et non un rustre, et ils ont décidé qu'il valait la peine qu'il fasse partie de la communauté.

Les contradictions qui existent au sein de l'Université à propos des comportements sont notoires. Trop d'excentricité et un comportement constamment déplaisant, ou critique, ou obstructif détruira l'unité, la confiance, l'amitié et la coopération qui sont absolument nécessaires au fonctionnement des Collèges et de l'Université. Pour autant, dans le domaine de l'enseignement et de la recherche, et dans son éthique en général, Cambridge encourage une attitude combative, des mises en question, des confrontations (quelquefois sous la forme d'un jeu). Il serait inconsistant, et source de stagnation intellectuelle de prendre en compte le groupe en premier, et l'individu en second.

Dans mon expérience, Cambridge participe d'un bon équilibre raisonnable. Personnellement je sens que je peux parler et me comporter jusqu'à un certain point, librement. Néanmoins si mes collègues pensent que je suis injuste, trop extrême, ou simplement têtu, ou une tête de cochon, je me dois d'observer ce qu'ils disent, et modifier ma rhétorique et mon comportement.

Dans un lieu où les gens sont encouragés à explorer des idées contre-intuitives qui se trouvent être impopulaires, ou même apparemment folles, telles que l'évolution, la fission de l'atome, la mécanique quantique, les trous noirs ou l'ADN, on se doit de faire une place à un collègue maladroit pour lui permettre de rechercher l'apparemment impossible à trouver. Sans sel, le repas perd sa saveur, bien que trop de sel, le gâche. Donc on sourit, on est blessé, mais on défend les non-conformistes !

LES COLLÈGES

Si Cambridge et Oxford ont quelque chose d'étrange, c'est dû sans aucun doute, à leur structure collégiale.[1] En tant qu'anthropologue et historien, j'ai rencontré maints styles d'organisations associatives. Pourtant je trouve le système collégial de Cambridge curieux. Je le vois bien, du reste, à la difficulté que j'ai, d'expliquer comment fonctionnent les Collèges, même à ceux qui sont érudits et ont beaucoup voyagé.

Comme avec le bonheur, l'amour, la beauté c'est seulement lorsqu'on s'efforce de définir et de décrire leur essence propre, quand on en a souvent parlé, mais sans jamais l'avoir sérieusement analysée et qu'on s'aperçoit que leur signification vous échappe. Les formes externes sont évidentes : chapelles, pelouses, bibliothèques, salles à manger et résidences, sont bien concrètement matérielles. Mais quand quelqu'un de nouveau, étudiant ou invité, se montre perplexe et me demande d'expliquer ce qu'étaient les Collèges et ce qu'ils sont, je prends conscience que j'y suis moi-même installé sans vraiment les comprendre.

---

[1] La partie centrale de ce chapitre est basée sur, et contient, du matériel recueilli dans « St Dominics: An Ethnographic Note on a Cambridge College » de William Dell, publié dans *Actes de la Recherche en sciences sociales*, numéro 70, novembre 1987. En fait, Peter Burke, à Emmanuel College, en est l'auteur. Qu'il trouve ici l'expression de ma gratitude pour m'avoir permis d'inclure certains passages de son article.

Les gens les ont souvent décrits comme de petites « tribus », et l'endroit comme étant tout entier « tribus ». Il est vrai que l'analogie s'impose. À l'instar de certaines tribus, il y a très peu de gouvernance institutionnelle formelle — Celui ou celle qui dirige n'a pas sous ses ordres une police ou de système de taxation qui puisse maintenir la paix chez les Fellows. On se querelle entre nous, on se querelle entre Collèges. Et leur structure commune est similaire à celle de beaucoup de tribus. Le propre d'une tribu est d'avoir en *individis* — femmes, animaux et autres biens — quelque chose de comparable donc à la propriété que nous avons en commun des vins, des livres, des bâtiments et jardins. Les deux constituent des corps perpétuels dans lesquels les membres sentent qu'ils appartiennent à quelque chose de plus grand qu'eux-mêmes.

Néanmoins, très vite on s'aperçoit qu'il existe de profondes différences entre un univers tribal et ce que nous rencontrons dans le cas des Collèges. Par exemple, bien que certaines sociétés tribales possèdent des dortoirs et des cantines où elles peuvent montrer leurs trophées, le tout ressemble seulement en partie aux grandes salles à manger d'un Collège avec ses portraits, sa chapelle, sa bibliothèque et sa cour d'honneur.

Pour lui trouver des analogies plus satisfaisantes, il faut s'élever à un niveau de civilisation où l'intégration tribale, (du moins celle basée sur des traits communs) est encore très marquée, mais où les outils de civilisation — aptitude, écriture, systèmes économiques, institutions politiques, et religieuses — sont présents.

Car les Collèges, de nos jours, font partie d'une civilisation qui est, en maintes autres manières, largement industrialisée et individualiste, avec peu de communautés de vie intégrée sur le plan politique, religieux, ou scolaire. Leur présence permanente semble de plus en plus anormale, un peu comme s'il s'agissait d'un parc d'attractions ou un décor de théâtre. Il est bien possible que l'Université ait paru ordinaire pendant sept cents, sur ses huit cents ans, d'existence. Mais aujourd'hui elle intrigue même les plus astucieux observateurs. Comment se fait-il qu'une communauté comme celle-ci puisse exister aux côtés d'une civilisation moderne sophistiquée, capitaliste, industrielle, individualiste, et technologique, tout en gardant son caractère propre ?

*

Un Collège, au sens juridique du terme, implique « un Maître et des Fellows ». (**F.B.** Un « Fellow » étant un membre élu pour l'enseignement ou l'administration d'un Collège, et souvent les deux. À Oxford et Cambridge ce titre est équivalent à celui de docteur.) Mais un collège est aussi une entité économique. Il gère, et il est propriétaire d'un patrimoine qui lui a été donné dans des temps lointains, comprenant fermes, terres, et maisons qu'il a transformées en entreprises, usines, et de nos jours en parcs des sciences et centres commerciaux. Le Collège par lui-même consiste en une série de bâtiments dans lesquels vivent les étudiants pendant le trimestre et où les Fellows enseignent, et même certains, résident. Par ailleurs les Collèges sont dotés de parties administratives et de bureaux dont ils ont besoin pour fonctionner.

Les étudiants et ceux qui fréquentent le Collège pour des conférences doivent payer leur hébergement et leurs repas, quoique les étudiants, eux, bénéficient d'une subvention. Un contingent considérable de personnels pour la cuisine, le service, et le ménage (qu'on appelle des « bedders » littéralement qui font les lits), et d'autres, s'occupent de l'aspect social. De même que d'autres membres du personnel, tels que les concierges, qu'on appelle les « porters » (les portiers ou gardiens), les secrétaires, les comptables (ou « bursars ») et les jardiniers.

Un rôle primordial du Collège est de dispenser un enseignement aux étudiants. La plupart en recrutent plusieurs centaines (voire jusqu'à neuf cents à Homerton College) en

Licence et un petit nombre au-delà de la Maîtrise. Ils viennent alors pour étudier, parmi les disciplines proposées : arts, humanités, sciences sociales, physiques, et naturelles, et mathématiques.

F.B. Une supervision est une forme d'encadrement qui permet essentiellement de personnaliser l'enseignement. Elle permet d'approfondir certains aspects des connaissances acquises dans les cours magistraux dispensés en parallèle. Et elles sont organisées et enseignées par des spécialistes dans les matières étudiées.

Photo de la bibliothèque de King's College la nuit

Tous les Collèges possèdent leur bibliothèque, dont beaucoup conservent de précieux manuscrits, ainsi que des livres. King's possède un des plus anciens rouleaux d'archives du pays et des collections importantes ayant appartenu à Isaac Newton, E.M. Forster, et J.M. Keynes. Ici les étudiants peuvent travailler jusque tard dans la nuit après une journée de cours magistraux, de « supervisions », d'activités sportives et associatives. [photographie : Borut Peterlin].

Les étudiants sont choisis et admis dans un Collège par le « senior tutor » (le Tuteur principal) sous réserve de l'accord des Fellows spécialisés dans le sujet d'étude. La sélection se fait habituellement sous forme d'entretiens avec le candidat, et d'après ses notes obtenues à différents examens, dont certains organisés par des Collèges regroupés.

Les étudiants en Licence bénéficieront donc de l'enseignement des Fellows de leur Collège. Mais ce n'est pas toujours le cas, tandis que les cours magistraux et séminaires sont organisés par l'Université et non par le Collège, tout comme les examens. Dans les sciences, le travail de groupe, en laboratoire, et l'enseignement font de Cambridge un lieu moins typique de ce point de vue.

Un petit nombre de Fellows qu'on appelle des « tutors » (tuteurs) se penchent sur tout ce qui concerne la vie de l'étudiant (argent, rapports sociaux, carrière). Ce système est à la fois plus personnel et individuel, plus amateur, que celui des conseillers pédagogiques professionnels dans la plupart des Universités, bien que ceux-ci existent et peuvent être consultés si nécessaire.

L'aumônier a son importance dans la vie d'un Collège, bien que peu d'étudiants assistent aux offices religieux. Au sein de mon Collège, il y a deux sortes de recteurs, l'un pour la Chapelle, l'autre pour toutes les questions de discipline.

F.B. Toute l'époque qui précéda mon entrée au Homerton College en 2011 comme Fellow (mon titre exact était Bye-Fellow et Tuteur-aumônier) fut marquée par un cheminement particulier en matière de « croyances » à la fin des années 80 alors que je n'étais pas encore Lectrice de King's College.

Ma propre expérience d'enseignante à Cambridge a débuté en 1990 et s'est étendue sur trente années.

Bien que j'aie fait mes études dans un système privé en France, j'étais tout aussi intimidée que des étudiants venus des lycées. Le contraste entre le niveau académique attendu et l'endroit où nos supervisions avaient lieu, en H6 (escalier H, dernier étage) dans le Gibbs pendant quatre années, confortablement installée dans une très grande salle avec des tentures, des fauteuils, une cheminée, et une grande table, semblaient contradictoires avec le fait qu'en plein hiver, la première année, nous n'avions pas de chauffage[1]. De même que certaines salles dans les quelques 16 autres Collèges où j'enseignais, pouvaient être insalubres et vétustes, (par exemple, on y trouvait des balais et des aspirateurs).

Mais parce qu'elles donnaient sur des arbres centenaires et des jardins cela leur conférait encore une certaine magie.

En somme, la qualité d'une salle pouvait aller du sublime au ridicule. L'une était un musée consacré aux anciens de ce Collège, une autre la salle du Conseil, une autre encore un mouchoir de poche dans la Bibliothèque de musique, et une autre, tout près de la conciergerie. Mais il y en avait une particulièrement mystérieuse. Elle était située dans une large bâtisse au fond d'un bois. D'une part il n'était pas rare d'avoir à enjamber les draps dans le couloir que les « Bedders » n'avaient pas encore enlevés. D'autre part, c'était une résidence pour doctorants.

Mais ces expériences me donnèrent petit à petit le sentiment de maîtriser l'art d'enseigner nulle part et partout, c'est-à-dire d'être d'abord et avant tout dans mon sujet : Flaubert, les poètes, Racine.

Pendant la longue grève de 2010, relativement aux frais d'inscription, je traversai le piquet de grève devant le Sénat, face aux véhicules de police, et m'installai aussi confortablement que possible dans l'escalier qui mène à la Senior Combination Room de l'Université où mes étudiantes de Homerton College m'attendaient, installées dans leur « campement ». Je ne fus pas longue à déguerpir avec elles pour me rendre dans la sacristie de l'église St Benoît, où je les initiai à l'usage de l'encensoir, en vue de l'examen sur *Un Cœur simple* de Flaubert.

Paradoxalement, superviser dans la difficulté m'avait donné une passion pour l'enseignement. Je m'étais éveillée au fait que le savoir à Cambridge est une grâce ; les notes n'étaient jamais injustement gagnées ou infligées. D'ailleurs, on aimait les examens, et tout ce que nous faisions « pour être les meilleurs ». Je me souviens d'avoir supervisé une étudiante en dernière année pour son oral de mémoire sur le jansénisme, très tard, la veille, dans ma cuisine.

---

[1] Cet appartement a été occupé en premier lieu dans les années 1880 par Augustus Austen-Leigh, petit-neveu de Jane Austen.

Un autre aspect relatif à ce système prolifique, est qu'on est aussi bien superviseur que « supervisée ». Un Fellow de Christ's College en histoire, un professeur de théologie et de philosophie de la Divinity School, à King's par exemple étaient mes « étudiants ». Quant à moi, j'étais supervisée quelquefois par un poète, Fellow de Sidney Sussex, en anglais. En d'autres termes, on est entraîné à rencontrer des esprits semblables, à passer au-delà de ses propres limites, mais jamais d'une façon qui humilie ou fasse souffrir. C'était une expérience de vie.

Certes vous pouviez aussi perdre vos cours, si un directeur d'études pensait qu'il serait bon d'avoir un autre point de vue, même à très court terme. Dans ce cas, il est nécessaire de se dépasser, de devenir extrêmement souple, d'être un esprit universel à la peau dure !

Parce que la plupart des Collèges sont aussi des entités économiques importantes, ce sont des entreprises propriétaires de biens fonciers : elles emploient des spécialistes dont la responsabilité est de s'occuper de cet aspect de la vie du Collège. Le poste principal est celui du « Bursar » ou économe qui traite des revenus et des dépenses, inspecte les propriétés, et celui du « Domestic Bursar » qui lui, s'occupe plus particulièrement des bâtiments. Divers comités de Fellows et d'experts comptables conseillent les Économes.

L'enseignement, cette autre entreprise, a aussi besoin d'un directeur : c'est le Senior Tutor (le tuteur principal). Il lui incombe de formuler les conditions d'admission au Collège, en d'autres termes les critères sur lesquels repose la sélection des étudiants, ainsi que certains aspects de la discipline, par exemple l'imposition d'amendes aux étudiants qui organisent des soirées bruyantes, interdites à partir d'une certaine heure.

L'économe, le Maître, et le Tuteur principal — ainsi que « l'économe domestique » — forment une unité à part. À King's nous avons aussi un « vice-prévôt » qui a pour rôle de chapeauter les comités ; il s'occupe également de la vie sociale des Fellows, et décide qui occupera tel ou tel appartement. Le Recteur se situe à la périphérie de ce comité.

Le cercle extérieur est formé par les autres Fellows ; ils se réunissent une fois par mois pendant le trimestre et constituent un « corps exécutif ». C'est une sorte de parlement. Afin d'en souligner la formalité, la toge est de rigueur, ainsi que les titres. Toute information doit d'abord passer par le prévôt.

L'idée est de préserver la confidentialité des informations discutées en réunion. Comme Rose et Ziman le font observer à propos des réunions de Collège.

> C'est le côté confidentiel des affaires qui est fascinant…Les Fellows se retrouvent vêtus de leur toge, les portes sont closes…une simple décision est prise, une action s'ensuit, comme si la corporation agissait d'un seul tenant. C'est un sentiment exquis que d'avoir cette connaissance, de faire partie de ce monde privé dans lequel on est privilégié …Comme dans les affaires de famille qui sont essentiellement privées…Nulle part ailleurs, ce culte du secret que l'on pratique comme une fin en soi, où il s'épanouit du reste magnifiquement ailleurs dans les Iles Britanniques, est-il adoré comme à Cambridge et Oxford. [1]

Les élections dans les divers comités sont aussi beaucoup plus complexes. Dans les plus grands Collèges, comme celui de King's, « la Fellowship » ou corporation, composée de tous les membres élus, est divisée en groupes, parfois par l'âge réel ou social : les Seniors, ceux qui les précèdent en âge, et les Jeunes, parfois aussi selon d'autres critères. Ils se réunissent aussi pour discuter d'évènements particulièrement importants comme l'élection d'un Prévôt ou d'un Vice-Prévôt.

Le Corps Exécutif ne crée pas beaucoup de statuts (les lois du Collège), bien que quelquefois il les modifie. Par exemple les Fellows ont complètement révisé les Statuts et Ordonnances de King's College en 2007. C'est un processus complexe qui

---

[1] Rose et Ziman, *Camford Observed*, 170.

demande plusieurs réunions séparées au cours desquelles le Corps Exécutif vote. La fonction principale d'un Corps Exécutif étant de faire circuler l'information confidentielle, de débattre des questions controversées, d'élire les Fellows, et de décider qui fera partie de tel ou tel comité. En somme les Fellows sont les fidéicommissaires d'une large association caritative, et donc financièrement responsables de sa bonne gestion. D'où l'importance des comptables qui contrôlent l'ensemble.

Il y a des comités pour la Finance, le Vin, le Jardin, la Bibliothèque et la Chapelle qui aident à lever des fonds pour le Collège, et qui agissent en conseillers lors de l'élection d'un Fellow. « Le Corps Exécutif » a le pouvoir de rejeter les propositions, et il le fait suffisamment souvent pour qu'on se soucie de son avis. Pour les sujets controversés, le vote se fait à main levée, et les règles qui vont déterminer en quoi consiste une majorité suffisante, sont complexes.

Les controverses qu'éveillent différentes politiques et certains membres, sont souvent acharnées. Parce que King's est de taille, et fort complexe, il est souvent difficile au groupe d'avoir en main toutes les données. Il faudra plusieurs longues réunions et des débats houleux. Mais les liens d'amitié et la collégialité finissent souvent par l'emporter sur les différences de point de vue. Le sujet le plus controversé porte sur l'élection de la nouvelle figure de proue d'un Collège. La part de secret se montre toutefois moins évidente de nos jours. Même les étudiants peuvent participer à ce qu'on appelle « le domaine non réservé » des affaires. Les étudiants sont également représentés par l'un des leurs, au sein du comité chargé de fixer le prix des chambres et des repas, ainsi que dans d'autres comités.

Il existe maintenant non seulement des syndicats d'étudiants dans les Collèges, mais aussi Le Syndicat des Étudiants de l'Université de Cambridge, avec son propre magazine et site internet. De nombreux Fellows et étudiants reconnaissent leur degré d'appartenance à leur Collège, en particulier dans les compétitions inter-collégiales ou dans les périodes d'activisme politique intense comme ce fut le cas dans les années 60 et au début des années 70.

*

La solidarité s'épanouit du fait de prendre ses repas ensemble. Fellows et étudiants sont assis aux mêmes tables, (et pas seulement dans la même salle à manger) lorsqu'on marque le début d'une « nouvelle » année et sa fin, neuf mois plus tard. Il y a aussi une nouvelle coutume à King's qui consiste à convier les étudiants qui ont fait la moitié de leur neuf trimestres à un bon repas, « le repas de la-mi-parcours » auquel se joignent les Fellows. À King's, à l'occasion d'un de ces banquets, il est demandé à un Fellow de faire un récit humoristique et peut-être aussi nostalgique de l'histoire et de la culture de son Collège. Ce bon moment entre enseignants et étudiants cimente les liens communautaires. La chorale chante également à cette occasion et il peut y avoir aussi des invités.

Il est trop facile d'entretenir des liens sentimentaux avec son Collège ou du moins de croire que les autres en ont. Pourtant il est un fait que le Collège reste une communauté d'excellence, sans comparaison avec les autres institutions universitaires du Royaume Uni. Jusque dans les années 80, et encore dans les plus petits Collèges, presque tout le monde se connaissait, au moins de vue, tandis que le concierge principal et l'aumônier connaissaient presque tout le monde de nom. Ce fut sans aucun doute vrai jusqu'à la Seconde Guerre Mondiale. Or le nombre d'étudiants ayant tellement augmenté de nos jours, on arrive seulement à ne connaître que des sous-groupes d'étudiants. Je n'arrive pas moi-même à connaître tous les noms des Fellows, bien que, lorsqu'ils sont élus, on nous les présente, et que nous dînions agréablement ensemble. Mais je devrais ajouter que le Collège n'est pas une communauté de même valeur pour tous ses membres.

F.B. Ma propre expérience de Lectrice à King's College pendant 4 ans repose sur le fait que ce poste, issu, à l'origine, d'un accord avec L'ENS à Paris pour une année, était spécifiquement réservé à l'enseignement du français oral et écrit, pour la licence au département des Langues Modernes et Médiévales de Cambridge. Mais de 1990 à 1994, je parlais exclusivement français aussi avec certains Fellows du Collège, notamment le Professeur Ernest Gellner (anthropologie), Le Professeur Chris Prendergast (français), Nick Bullock (architecture).

J'avais remarqué aussi que les Fellows de King's me saluaient rarement. Au début je trouvai cette pratique intimidante. Mais il devint très clair que tout le monde, en particulier le matin, était dans son monde à soi. Quelque chose de similaire se produisait dans la Salle des Professeurs, où l'on pouvait prendre son café en milieu de matinée, lire les journaux et faire du courrier. Pratiquement pas de conversations, pas de bruit, mis à part un occasionnel raclement de gorge et le bruissement des pages.

Il est probablement vrai que ceux pour qui le Collège n'est pas une communauté, sont ses « serviteurs », terme désuet qu'emploient encore certains Fellows âgés, quoique l'emploi du mot « personnel » est le plus courant de nos jours. Les relations entre eux et le personnel sont à la fois plus formelles et personnelles que leurs équivalents dans le monde extérieur. Tous les étés, dans certains Collèges d'ailleurs, des matchs de cricket sont organisés par les Fellows contre le personnel. Et ce sont généralement les Fellows qui perdent. Lorsque les anciens étudiants reviennent en visite dans leur Collège, beaucoup plus tard, ils ne manquent pas d'aller saluer leur ancien(ne) « bedder » et leur tuteur(trice)[1]. Il serait trop facile d'être sentimental à propos de ces relations car elles peuvent faire place, à l'occasion, à de l'acrimonie des deux côtés. Il reste vrai cependant qu'un bon Maître d'Hôtel ou un bon Concierge sont aussi importants dans la vie d'un Collège qu'un bon Prévôt.

Pourtant le personnel n'est pas officiellement « membre »

---

[1] **F.B.** Un *bedder* est une personne employée dans un Collège pour faire les lits.

du Collège. Le Collège se divise formellement en deux groupes : les membres Seniors (Fellows) et les membres Juniors (étudiants), bien que les étudiants en doctorat aspirent au « niveau intermédiaire », entre le niveau le plus haut et le plus bas. Dans certains cas ils y parviennent officiellement, et ont, de ce fait, accès à la « Middle Combination Room » (logiquement la Salle des Doctorants). À Cambridge la salle des Membres Seniors s'appelle la « Combination Room » (la Salle où l'on se retrouve) parce que c'est là que les Fellows (et leurs invités) se regroupent avant d'aller dîner. Les Membres Seniors à King's se divisent en plusieurs catégories. C'est un système assez complexe, bien qu'il ait été récemment simplifié. Il y a les « Fellows Officiels » c'est-à-dire ceux qui occupent une fonction administrative, et les « Fellows non officiels », les Fellows Ordinaires, (Là encore, une notion assez ambigüe, puisque l'Économe est aussi un « Fellow Ordinaire »), les « Life Fellows » littéralement nommés à vie, les « Fellows Honoraires » qui n'exercent plus, les « Fellows enseignants », et les « Fellows Commoners » qui sont souvent d'anciens étudiants, ambassadeurs du Collège dans le monde. Par ailleurs, il existe une grille complexe de Fellows avec différents titres. Un quota existe pour chaque catégorie. Mais les manier est une affaire ardue.

À King's College, il existe un certain nombre de salles communes qui tiennent un rôle important pour différents types de réunion. Ce sont les salles de séminaire et l'auditorium pour les conférences. Elles portent le nom d'anciens étudiants devenus illustres. (L'auditorium Maynard-Keynes, par exemple). Il y a le bar des étudiants, et leur salle de réunion ainsi que la Salle commune des doctorants. Il y a la Salle des Vins que fréquentent les Fellows, ainsi qu'une petite pièce octogonale où sont accrochées des vues de la Chapelle. C'est là que peuvent se tenir les débats avant une réunion du Conseil. Et bien entendu, les propriétés du Collège comprennent des hébergements pour étudiants à travers la ville qui ont leur nom et culture propres.

Parce que le Collège est à l'intersection de domaines privés et partiellement publics, la façon d'aménager un espace de ce type est important pour la vie en commun.

Sauf pour les doctorants, car un doctorant vit rarement au Collège. Quelquefois même il est déjà en couple, et de toute façon, il est redirigé vers les membres de son groupe de recherche.

Chez les étudiants en Licence (qu'on appelle les « Undergraduates »,) il est important de faire la distinction entre les différentes années. (**F.B.** Notons qu'une fois une Licence obtenue à l'Université de Cambridge, la Maîtrise contrairement aux autres universités de Grande-Bretagne, l'est automatiquement aussi. Quant à la notion de « Postgraduate » elle désigne un nouveau cycle d'études après la Licence comprenant le DEA (MPhil) et le doctorat (PhD). Les étudiants en première année arrivent souvent après une année de transition entre leurs études secondaires et supérieures, mais quelquefois aussi directement de chez leurs parents, ils sont donc plongés dans un univers à la fois extrêmement stimulant et déconcertant. De ce fait, il leur faut un groupe auquel s'identifier. Beaucoup d'entre eux le trouvent au sein de leur Collège. De nos jours les écoles sont plus ouvertes et les étudiants plus adultes que je ne l'étais quand j'ai quitté la mienne. De même, il y a eu des changements considérables dans la vie des étudiants, et depuis ces vingt dernières années les étudiants issus des lycées commencent à être plus nombreux que ceux des « public schools ».

Les relations d'amitié qui se nouent en première année illustrent souvent l'influence du comportement social, en milieu urbain. Les Collèges sont construits autour de « cours » et donc l'accès aux chambres se fait par des escaliers. Le fait de partager les lieux communs comme les cuisines et salles de bain transforme les dix ou vingt personnes qui vivent ici comme dans un petit village, et c'est ainsi que les amitiés se développent. On dit d'ailleurs communément que les gens en seconde année sont plus tournés vers l'extérieur, et que les troisièmes années reviennent au Collège au moment des examens, parce que l'heure du départ approche.

Bien sûr, il existe des changements constants qui affectent la façon dont le Collège évolue. King's a été le premier à faire entrer les femmes en Licence en 1972. Je suis arrivé à peu près aussi à cette époque. Beaucoup de gens ont remarqué à quel point l'ambiance du Collège a changé : on est beaucoup plus à l'aise et humains. Il y a trente ans, la plupart des étudiants venaient dîner ensemble au Collège avec les Fellows, mais ils étaient séparés d'eux par une estrade sur laquelle se trouvait une grande table. À King's l'estrade a disparu, mais l'espace réservé aux Fellows subsiste.

À King's de nombreux étudiants déjeunent dans la même grande salle et beaucoup d'entre eux aussi y prennent leur repas du soir. Ces deux repas sont proposés dans un style de cafétéria. On utilise aussi beaucoup le bar du Collège où l'on peut jouer au billard, et poser des affiches afférentes aux nombreuses activités en dehors du curriculum. Le bar en soi constitue une « Junior Combination Room » que fréquentent aussi bien étudiants que professeurs. Dans beaucoup d'autres Collèges, les étudiants doivent porter une toge, comme à Caïus et Magdalene, se tenir debout à table, pour le bénédicité juste avant le repas.

Une fois par trimestre ces dîners prennent une tournure plus formelle, il y vient des invités, et une fois par an, en juin, c'est un bal qui dure toute la nuit à l'intérieur de l'enceinte du Collège. Un bal qui coûte cher, mais les places sont vite prises et l'on se souvient de cet événement avec nostalgie des années plus tard. C'est un sujet d'ailleurs courant chaque fois que « les Anciens » exercent leur droit de revenir au Collège dîner avec les Fellows, deux fois par an. À noter que King's a dénoncé le « bal de mai » dans les années 70 comme une activité élitiste, bien au-dessus des moyens pécuniers des étudiants, et l'a remplacé par « l'Événement de juin » qui est plus abordable et moins formel.

Les Fellows jouent une part non négligeable dans ce système, mais bien moins qu'autrefois. Pour certains, le Collège représente une communauté, plus spécialement s'ils en font partie depuis plus de vingt ans, ou s'ils font partie des célibataires qui vivent au Collège toute l'année. Ils ont leur fauteuil préféré, y viennent pour prendre un café, lire le journal, jouer aux échecs, écrire du courrier, dire des ragots avec — et à propos de — leurs collègues (On racontait par exemple que l'écrivain E.M Forster se mettait toujours dans le fauteuil près de la porte, où il passait le plus clair de son temps à lire les journaux.) On se réfère ici aux Fellows « résidents » comme on les appelle, qui donnent au Collège une atmosphère d'hôtel privé d'autrefois, ou d'un de ces clubs privés londoniens.

Pour ceux qui sont mariés, et surtout pour les plus jeunes avec des enfants, le Collège ne fait pas vraiment partie de leur vie, mais il est probable qu'eux aussi viennent occasionnellement dîner ou déjeuner pendant la semaine. Cependant, il est de plus en plus fréquent de voir que les scientifiques qui travaillent à l'autre bout de la ville ne viennent presque jamais au Collège. L'idée de construire des facultés à proximité des Collèges a été en partie déjouée par les nouveaux Collèges qui se trouvent en dehors du centre-ville, et le fait est que les départements des sciences ont déménagé encore plus loin.

*

Dans cette république des Humanités, les partenaires sont encore des citoyens de seconde classe, sans exception pour les épouses ou les époux, ou tout autre « personne d'importance » pour un(e) Fellow. Sauf peut-être pour ce qui est de l'épouse du Prévôt, puisque traditionnellement le Maître d'un Collège doit avoir sa résidence officielle dans l'enceinte, on l'appelle sa « Loge » (the Lodge) où il (elle) habite avec sa famille. Il n'y a pas si longtemps il était impensable qu'un Fellow amène sa femme dîner ou déjeuner au Collège, ou plus exactement « cela ne se faisait pas », bien qu'il ait eu tout à fait le droit d'avoir des invités des deux sexes. Inviter des femmes à dîner est une innovation des années 60.

Aujourd'hui les femmes sont admises comme étudiante et Fellow, et les épouses et époux peuvent être invités, mais certains Fellows n'y sont toujours pas habitués. On voit bien que les femmes Fellows sont susceptibles d'être traitées avec une courtoisie exagérée, comme si elles étaient invitées, ou qu'elles soient, au contraire, totalement ignorées. Tout ceci a considérablement changé même au cours des vingt dernières années. Le Collège a connu des femmes Prévôt, Vice-prévôt, Tuteur principal, et trois aumôniers femmes. Même s'il est vrai que King's compte toujours une majorité d'hommes, quatre-vingt-onze contre trente-cinq femmes, et que le Collège est dirigé généralement par des hommes.

Parmi les Fellows, tout comme parmi les étudiants en Licence, il existe une hiérarchie basée sur « les années » ; non pas l'âge de la personne, mais sur ce qui pourrait s'appeler « l'âge collégial ».

L'importance de « l'âge collégial » se remarque dans un certain nombre de Collèges chaque soir. Après dîner, quand le Fellow le plus jeune sert le café dans la Salle des Professeurs, en d'autres termes celui ou celle qui a été le plus récemment élu. Peu importe donc qu'il soit professeur ou un général à la retraite deux fois plus âgé que ses « aînés », il reste le plus jeune jusqu'au terme d'une nouvelle élection.

F.B. Voilà un trait fascinant de la culture du Collège. En tant que Lectrice on me demandait souvent d'accompagner le Prévôt ou le Fellow le plus ancien du Collège, et de prendre place à côté de lui dans la grande Salle à manger, à moins qu'il n'ait eu ce soir-là ses propres invités.

Il n'est plus vrai aujourd'hui qu'un Fellow doive prendre place pour dîner, comme c'était le cas il y a encore une vingtaine d'années, d'après son degré d'ancienneté, c'est-à-dire d'après son année d'obtention de la Maîtrise. Cependant l'ancienneté est bien encore marquée. Dans certains Collèges, celui qui a le plus d'ancienneté préside lorsque le Maître ou l'adjoint au Maître est absent, et il est d'usage qu'il prenne place après dîner dans un fauteuil spécifiquement réservé à cette fonction dans la Salle des professeurs.

Être sociable à l'intérieur d'un groupe implique de se familiariser avec l'ensemble des lois coutumières. Un certain nombre de Collèges possèdent un registre des coutumes que les nouveaux venus apprenaient. Par exemple au XVIIIe siècle à Emmanuel College quiconque prisait dans la salle à manger était redevable d'une bouteille de claret. Quiconque était élu aumônier de l'évêque devait payer deux bouteilles ; celui qui vendait ou achetait un cheval, en devait quatre. Et si on venait au collège avec ses bigoudis, ou si l'on s'était acheté une veste neuve ou un cheval, on avait droit à une amende. Le claret était (et il est toujours) la monnaie courante des paris entre Fellows (qu'on inscrit dans un registre spécial). De même que cette ancienne loi selon laquelle celui qui arrive en retard pour dîner, sera pénalisé : on l'évoque souvent, et quelquefois même, on l'applique ! Mais alors que les amendes étaient formellement infligées, et le sont parfois encore, la plupart d'entre elles le sont par le biais d'insinuations, de plaisanteries, de rituels ou d'immersion totale dans la vie collégiale.

Car les rituels sont le signe le plus évident du caractère spécifique d'une communauté. À King's College, la nomination d'un Fellow s'accompagne d'un impressionnant rite de passage. Dans certains Collèges, par exemple, d'une cérémonie à la Chapelle. Il ou elle prend la main du prévôt, autrement dit du maître, et à genoux, prête le serment d'observer les statuts et « de faire tout en mon pouvoir pour promouvoir l'honneur et les intérêts du Collège lieu d'éducation, de religion, et de recherche. » (Ce qui n'exclut pas l'élection des athées). Après quoi le Maître dit ces mots « *Auctorite mihi commissa, admitto te in socium huius collegii, in nomine Patris et Fillii et Spiritus Sancti* ». « Par l'autorité qui m'est conférée, je t'admets dans la société de ce Collège, au nom du Père, du Fils et du Saint-Esprit ». Et ce n'est d'ailleurs pas la seule fois que le latin est utilisé. Le bulletin de vote pour l'élection d'un Fellow inclut ces mots « *Ego...eligo...in socium huius collegii* » formule utilisée dans les conclaves de cardinaux.

L'installation d'un nouveau Fellow à King's se fait dans l'immense Chapelle, éclairée à la chandelle, et l'on y porte le surplis. Le serment se prononce agenouillé, en latin, et des registres sont signés. Ensuite on vous présente à toute l'assemblée. S'ensuivent musique d'orgue et banquet. Tout ceci est impressionnant parce que cela vous rappelle les initiations qui ont lieu dans des Ordres particuliers, comme les Francs-Maçons, les Templiers, ou les Chevaliers de la Table Ronde — et en effet, dans notre cas, c'en est réellement un.

Dans certains Collèges, le bénédicité qui est dit en latin, préfigure au repas ; le même dont il est fait usage dans la liturgie monastique (*Oculi omnium in te sperant Domine...*) On essaie toujours de faire de l'occasion de dîner, une sorte de rituel. Fellows et étudiants portent leur toge. Ils prennent place sur leur estrade tels des chefs de famille au temps des banquets médiévaux. On met les petits plats dans les grands, l'argenterie est sur la table. La nourriture revêt explicitement un caractère symbolique, l'accent est mis sur la viande de gibier, notamment le faisan, ou le chevreuil, comme dans certaines sociétés des classes sociales les plus élevées.

À King's par contre, le bénédicité et les grâces, sont brefs — *Benedictus Benedicat* et ensuite *Benedicto Benedicatur*, sauf pour les banquets ou des occasions spéciales, la formule adoptée est alors plus longue. Certains soirs après dîner, les Fellows à King's se retirent dans leur Salle (la Salle des Vins), en face de la Chapelle, où sont accrochés les portraits de quelques illustres ancêtres, pour déguster fromages, fruits, porto et claret. On fait passer la bouteille dans le sens des aiguilles d'une montre, le porto d'abord (la règle de l'ancienneté s'appliquant ici à un objet inanimé). Et c'est là qu'on voit le côté le plus exotique et le plus archaïque du Collège : les toges, les chandeliers d'argent et le rituel tous ensemble confèrent une certaine splendeur à laquelle il est difficile de résister.

Par ailleurs il y a la commémoration des bienfaiteurs, un évènement annuel qui débute par une cérémonie à la Chapelle. Les noms des donateurs les plus généreux depuis la fondation du Collège sont lus. Suivra un sermon. Ensuite il y aura un dîner dans la grande salle à manger où l'on fait passer une coupe d'argent, « in piam memoriam fundatoris nostri et benefactorum nostrorum. » À King's, les rituels commencent dans la Chapelle par la cérémonie des « roses et des lys ». Ces fleurs portées solennellement à l'autel par les représentants de nos fondations jumelles, Eton College et New College, Oxford, avec lesquels nous entretenons une amicabilis concordia.

Quelques jours avant Noël à Emmanuel College il y a toujours un rituel domestique des *communitas*. Le dîner de Noël des Fellows prend alors une allure de carnaval ; il est *de rigueur*, par exemple, de porter un chapeau en papier dans la Salle des professeurs. Il y a aussi le dîner du personnel auquel assistent certains Fellows. Tandis qu'à King's les célébrations se concentrent sur les trois cérémonies des Chants de Noël. L'une pour l'Avent, cérémonie autrefois filmée par la BBC. (**F.B.** De nos jours, la version télévisée est filmée généralement dans la deuxième quinzaine de décembre.) Puis vient celle de la vigile de Noël, le 24, enregistrée par la BBC à 16 heures, heure de Paris, tous les ans, qu'on apprécie dans la plupart des foyers en Angleterre et dans le monde pendant la préparation du repas de Noël. Celle-ci est suivie d'une collation et des fameuses « mince-pies » pâtisserie confectionnée avec des raisins secs et des épices, qui se dégustent au début de l'Avent jusqu'à Noël.

Ce cycle d'observances donne aux habitués l'impression que rien ne change. En fait, tout le monde a conscience que tout est en train de changer, et plus spécifiquement, que les caractéristiques du Collège sont petit à petit en train de s'éroder sous la pression exercée par le monde extérieur. L'espace dont jouissent la plupart des Collèges reste cependant inviolable. Le public n'y est admis que sur l'avis du Collège, mais ce sont les rythmes traditionnels sur l'année qui sont difficiles à préserver étant donné que le personnel suit le calendrier des week-ends et des jours fériés, plutôt que celui des vacances universitaires.

Les étudiants ne savent pas vraiment ce qu'il en était auparavant, car leur vie est dominée par leur cycle d'études de trois ans. Quant aux Fellows, leur attitude montre bien l'importance qu'on donne ici au passé dans le présent. « Bien entendu vingt ans ne représentent pas beaucoup de temps dans la vie d'un Collège » Peter Burke a entendu dire un Fellow plus âgé au cours d'un déjeuner. « Quand un Collège a survécu à la Peste Noire (comme l'a dit l'un de ses collègues, membre d'une fondation plus ancienne encore), « cela nous apprend à mettre les autres problèmes en perspective ». Les plus anciens qui ont conscience du passé, qui connaissent les rituels des commémorations, apprécient les visites des anciens étudiants, et le simple fait de mentionner dans leur conversation certains collègues décédés dans les récentes décennies. Ceci semble aller de pair avec la confiance que nous avons de croire à l'existence de la mémoire perpétuelle.

*

Mais comme dans toute communauté vivante, ceci ne va pas sans revers. Comme Rose et Ziman ont pu l'observer il y a quelques quarante ans, bien que cela soit moins vrai aujourd'hui, « si l'on est pauvre dans un Collège où presque tous les étudiants ont de l'argent ; si l'on vient d'une petite école insignifiante ; si l'on s'est disputé avec ses amis ; et si par-dessus tout, on est timide, on peut se sentir très seul, prendre ses repas et se promener en silence, rester dans sa chambre sans aucune visite de la part de quiconque ». L'économiste John Vaisey écrivait de la même façon à propos des années 50 : « Je voudrais parler plus spécifiquement de l'isolement, de la solitude, et de la timidité qui dominent la vie à Cambridge pour ceux qui ne viennent pas de grandes écoles qui, elles, ont les ressources internes nécessaires. » Ce sentiment est le plus souvent ressenti, et le plus gravement, chez les nouveaux arrivants. Comme l'a noté le poète Donald Davie à propos de cette période « Je me suis senti très vulnérable — si loin de chez moi, et complètement perdu devant la façon d'être et les codes de conduite de Cambridge, pour lesquels je n'avais aucune expérience, et dont je n'avais pas la clef. »

Ce sentiment a été d'autant plus fortement ressenti, ces récentes années chez les étudiants qui viennent d'autres pays. « Venir à Oxbridge, entrer dans les cours et les quadrangles, lire les noms inscrits en bas des escaliers sur un mur, dîner en grande pompe — et puis se rendre compte, lentement, qu'on n'est pas vraiment accepté ici, qu'on est un étranger. Il s'agit d'une poignante introduction à la vie en Angleterre, d'autant plus, que par en-dessous, il semblerait qu'il s'agisse d'une si petite barrière, d'une discrimination de si faible importance, qu'il ne serait pas raisonnable, ce ne serait pas être « gentleman » que d'aller s'en plaindre publiquement. »

Pendant les vingt dernières années, depuis que cette observation a été faite, ce sentiment a diminué. Grâce à la politique nouvelle d'aller recruter des étudiants bien plus loin, les choses ont changé. La moitié sont maintenant des femmes, l'autre moitié, issus des écoles d'État, et de nombreux étudiants, viennent de l'étranger. En discutant avec mes étudiants et en observant leur mode de vie, j'ai pu constater un changement énorme sous toutes les coutures, et en particulier la disparition du snobisme évident, et de l'exclusion.

*

Cependant même une analyse exhaustive ne rend pas compte de ce sens qui vous est donné de vivre au milieu des fantômes et que l'on ressent quand on vit au sein d'un Collège pendant des années. Donc voici maintenant une illustration d'une toute petite partie de cet état de faits — à propos de deux salles parmi des centaines qui existent au Collège, sur une période de trente années sur les 550 qui en font l'histoire.

Quand je me suis installé dans le bâtiment de Gibbs, en 1971, dans la pièce externe de cet appartement, plus précisément en H3 (qui correspondait traditionnellement à la salle de réception et aux deux pièces internes autrefois conçues pour être une chambre et un bureau) tout près de la Chapelle, l'illustre philosophe Richard Braithwaite, alors âgé, qui travaillait à côté, me prit à part. Il me montra le pique-feu qui était resté dans l'âtre et m'expliqua que cette grande salle avait été pendant longtemps la salle de réunion des philosophes de Cambridge. Dans leurs jours de gloire, il y avait eu de longues et farouches escarmouches entre des géants de la philosophie tels que Bertrand Russell, Karl Popper et Ludwig Wittgenstein. L'ouvrage intitulé Le Pique-feu de Wittgenstein raconte l'histoire qui poussa un Karl Popper frustré, à vouloir porter un coup de pique-feu à Wittgenstein que celui-ci esquiva, comme le dit Braithwaite, de justesse.

Je remarquai aussi que la surface du bureau où je travaillais, avait été peinte. Et d'ailleurs elle avait un aspect plutôt suspect. Il aurait fallu passer un coup de ponceuse. Mais surtout pas, car il s'agissait d'un pastiche du Déjeuner sur l'herbe, du peintre Duncan Grant, membre du groupe littéraire Bloomsbury.

J'entends constamment des histoires. Par exemple, cette même salle en H3 que j'étais amené à associer à la Société des philosophes était aussi celle qu'avait occupé le brillant mathématicien, John Griffiths. Il me semble entendre les conversations autour d'un verre qui jouèrent un rôle essentiel dans la découverte de la double hélice de l'ADN.

Plus tard, lorsque je suis revenu au Collège pour y être Fellow, j'ai été installé en G2. Or, la pièce intérieure à côté de la mienne était occupée par Edmund Leach, ancien prévôt et anthropologue à la retraite. Son fantôme continue de hanter la pièce. Je me souviens d'histoires qu'on racontait sur ses excentricités, dont je suis moi-même témoin, pour certaines. Aujourd'hui j'ai sa règle à calcul, ainsi que la pipe de son rival, Meyer Fortes, également anthropologue à King's.

Dans la grande salle se trouvaient, sur des étagères construites sur la totalité des murs, du plafond au plancher, tous les livres de l'historien Christopher Morris. Comme je passais devant les étagères surchargées, il me parlait des heures glorieuses de « La Société de Politique » (par erreur, car il s'agissait plutôt de la société d'histoire), qui se réunissait ici plusieurs fois par trimestre. Elle avait été fondée par Oscar Browning, et j'imagine, les fantômes de G.M. Trevelyan, Geoffrey Elton, Dom David Knowles, Steven Runciman, John Saltmarsh et beaucoup d'autres historiens de Cambridge qui semblent être encore là.

La grande salle extérieure est aujourd'hui une capsule témoin de la période Bloomsbury. La pendule qui appartenait au grand-père de E.M. Forster est adossée à un mur, la penderie de John Maynard-Keynes à un autre, tandis qu'un autoportrait de Roger Fry, est accroché encore à un autre. Et sur le quatrième, il s'agit d'un portrait du poète Edmund Waller qui était à King's au XVIIe siècle. Je viens aussi de faire l'acquisition de l'ancienne radio du physicien Paul Dirac que j'ai installée sur une chaise près de la fenêtre.

Je porte encore la toge de Morris pour aller dîner, et la cravate du sociologue et distingué professeur de langues anciennes, Keith Hopkins qui occupait l'autre partie de l'appartement lorsque Leach et Morris sont partis. Celui-là avait été mon professeur en 1967 à la London School of Economics ; je n'ai jamais oublié ses cours magistraux sur la démographie de Rome. S'il est vrai que les linceuls n'ont pas de poches, les toges, les règles à calcul, et les cravates, elles, conservent leur souvenir.

Ce sentiment d'appartenir à une vieille tradition fait partie de ce qu'est un Collège, les *dons* comme les étudiants en font l'expérience — et il leur donne celui de s'élargir, de se sentir privilégié et de faire partie de quelque chose de plus grand que soi. Le « nous » est créé par les choses habituelles ; les privilèges de l'inclusion (dormir, manger, lire, prier, jouer) et ceux de l'exclusion (l'herbe, les espaces, les rituels), et puis il y a les noms, les drapeaux, les costumes et les rivalités amicales entre les équipes de différents Collèges. Il y a encore cinquante ans, les Fellows utilisaient les armoiries de King's pour leur papier à entête.

*

Même au cours de mes années à King's les gens ont beaucoup changé. Il est rare d'avoir aujourd'hui le sentiment de ce monde du passé fossilisé, alors que j'ai pu l'apercevoir lorsque je suis arrivé, et il était encore plus magistral sous la plume de Virginia Woolf. Voici par exemple, une description dans les années 30, de ce qui se passait devant la Chapelle.

> Il était assez amusant de regarder l'assemblée se grouper devant, entrer et sortir, s'affairer comme des abeilles à l'entrée d'une ruche. Beaucoup d'entre eux portaient une toque et une toge, ainsi que leur étole d'hermine ; d'autres avaient été amenés en fauteuil roulant ; d'autres encore, bien qu'ils n'aient même pas dépassé la quarantaine, semblaient fripés et avoir adopté des formes si singulières qu'on aurait dit des crabes géants ou des langoustes se traînant avec peine sur le fond sablonneux d'un aquarium.[1]

Dans l'ouvrage de E.F. Benson *As We Were* [*Tels que nous étions*],

---
[1] Jean Lindsay, *A Cambridge Scrapbook*, CUP, 1955, 7.

il est question à maints endroits de descriptions exquises de ces étranges créatures qui datent de l'époque victorienne. Une petite partie d'une vignette donne une idée de ce monde étrange et idiosyncratique où le fait d'être « autre » était non seulement toléré, mais pleinement encouragé.

> Physiquement il était petit ; avec une barbe en collier de couleur claire, un œil en verre, et une seule main … Et il se déplaçait, intrépide, en tricycle à travers la ville bondée. En été, lorsque le temps le permettait, il faisait des parties de tennis sur la pelouse dans le Jardin des Fellows. Il portait toujours un petit sac noir contenant des balles de tennis, de la cire, de la ficelle… et des cigares de Bornéo…Et faisait surtout à toute allure dans son esprit le compte de ceux qui s'esquivaient de la Chapelle, ou bien il enregistrait les votes dans les réunions de Fellows, ou encore s'assurait que les réserves de papier hygiénique étaient régulièrement approvisionnées dans les lieux d'aisance des Fellows. Quand il était dans le train, il se plaisait à évaluer la vitesse à laquelle il roulait…Le dimanche de la fameuse « May Week » qui correspond au début des festivités à la fin des examens, il y avait souvent beaucoup de monde l'après-midi à la Chapelle, ce pour quoi Nixon imprimait un petit dépliant intitulé *Des Foules et comment les gérer* qu'il distribuait aux bedeaux, afin qu'ils sachent comment agir en de telles circonstances. Or cette année-là, la foule était encore plus excitée. Alors Nixon sortit soudain de la cage d'escalier qui mène à l'orgue, d'où il avait observé le mouvement de la foule, et cria d'une voix lamentable, « Si vous continuez à pousser comme ça, le Divin Office sera impérativement supprimé. »[1]

Benson a également décrit l'année où fut abolie l'interdiction aux Fellows de se marier, qui était en place depuis des siècles.

---
[1] Benson, *As We Were*, 127–8.

Parmi les célèbres amitiés homosexuelles et les liaisons qui avaient lieu à King's, on peut citer celles d'Oscar Browning, John Maynard Keynes, E.M. Forster et plus tard Alan Turing et les autres : elles font partie de cette époque, largement révolue, car acceptée comme partie intégrale de la société britannique d'aujourd'hui. Pendant un temps ces relations illégales et publiquement stigmatisées ont été protégées par ces anciens murs.

Bien qu'il n'y ait plus eu de Nixon quand je suis arrivé en 1971, j'ai rencontré un certain nombre d'excentriques. Il y en avait un qui dormait sous sa table de salle à manger. Un autre passait le plus clair de son temps l'après-midi, couché dans son salon à regarder le plafond ; un autre encore, propriétaire d'un boa constricteur le nourrissait de souris blanches provenant des laboratoires ; un autre encore s'était fait construire une salle de bain en mezzanine dans son appartement au Collège, d'où il donnait ses cours. Un autre encore répondait à ses appels téléphoniques en poussant des petits cris comme un animal. D'autres se promenaient en parlant tout haut à eux-mêmes. L'un d'eux avait descendu l'escalier sur une trottinette et failli empaler les étudiants. Un autre, particulièrement célèbre, s'endormait aux pieds des professeurs en chaire et se mettait à ronfler, ce qui les rendait nerveux ; un autre attrapait des morceaux de nourriture par la fenêtre pour nourrir son chien pendant qu'il donnait ses supervisions. Et chez certains, la pièce était tellement encombrée de papiers qu'il était impossible d'entrer.

L'excentricité était acceptée et même appréciée. Ainsi raconte-t-on beaucoup d'histoires à propos de certains ancêtres excentriques. En voici une qui décrit le grand mathématicien G.H. Hardy dont on se souvient aujourd'hui pour ses collaborations avec le mathématicien indien Srinivasa Ramanujan. Hardy répugnait à porter une montre, comme à utiliser un stylo à plume, et, si possible, le téléphone. Pour ses bonnes résolutions du Nouvel An, il écrivit, comme le rapporte Robin Wilson[1], les notes suivantes :

> 1) Prouver l'hypothèse de Riemann.
> 2) Faire que le 211 ne soit pas éliminé au cours du dernier match de cricket à l'ovale.
> 3) Trouver un argument qui prouve que Dieu n'existe pas et qui sache convaincre le grand public.
> 4) Être le premier homme à atteindre le sommet de l'Everest.
> 5) Être proclamé premier Président de l'USSR, de la Grande-Bretagne et de l'Allemagne.
> 6) Assassiner Mussolini.

Les Collèges ne sont pas des entités modernes, faites d'un seul tenant, plates et fonctionnelles, ni simplement des unités anciennes traditionnelles, largement basées sur un esprit commun et une culture orale. Ils sont, jusqu'à un certain point, une réponse à la recherche d'alternatives pour pallier au déracinement de la vie moderne, à la fameuse « cage de fer » rationnelle à outrance, et d'un monde désenchanté. Les Collèges sont comme des mouches fossilisées dans un morceau d'ambre datant des temps médiévaux et qui coexistent avec le monde moderne. Cela leur confère ce quelque chose de magique et plein d'étrangeté dont beaucoup font l'expérience, sans pouvoir s'expliquer pourquoi.

Cette étrangeté et cette vie secrète s'évaporent si on tente de les scruter mais on peut les apercevoir du coin de l'œil en cherchant autre chose, par exemple, en examinant la créativité scientifique, ou l'amitié, ou les comportements adultes. Sous leur forme la plus pure, on les voit dans la pierre, le verre et la musique de King's. Mais moins par rapport à l'architecture que dans la curieuse nature des rapports sociaux qui se comprennent mieux encore lorsqu'on compare ce type de communauté avec d'autres

---

[1] Peter Harman and Simon Mitton (eds.), *Cambridge Scientific Minds*, CUP, 2002, 215.

groupes de Cambridge, et quand on examine les coutumes et l'éthique de celui-ci.

La Communauté

L'une des raisons qui fait de Cambridge un lieu plutôt singulier et « hors du temps » c'est que pendant longtemps elle a été, jusqu'à un certain point, « une institution à part entière ». Or beaucoup de *dons* aujourd'hui, sont mariés et travaillent loin de leur Collège. C'est ce qui, au cours de la dernière moitié du XXe siècle a changé les choses. Mais encore maintenant et surtout pendant le trimestre, étudiants et Fellows résidents peuvent se rendre compte que cette situation est inhabituelle.

Dans notre société hautement individualiste et mobile, il existe peu de mondes semblables. S'ils le sont, c'est habituellement parce que les gens y ont, quelque peu involontairement, été placés : par exemple en internat (qu'on appelle « boarding schools ») où les enfants sont « envoyés », à l'hôpital, l'asile psychiatrique ou la prison. Et les deux autres formes également coupées du monde, mais sur la base d'un choix personnel, sont les institutions monastiques et l'armée. Cambridge fait bien partie de la société ; elle intègre les gens qui se sont portés volontaires sur de courtes périodes : et pourtant elle agit sur eux dans la totalité de leur vie.

Le trait principal de toutes ces institutions à part entière est que les différentes parties de notre vie se passent ici dans un seul espace physique — on dort, on mange, on boit, on fait du sport, on prie et on réfléchit. Les murs, littéralement ou virtuellement, sont là pour former une barrière solide entre le « dehors » et ces mondes intérieurs intensément conjoints.

Quand les Collèges de Cambridge ont été bâtis, ils étaient comme des monastères. Les Fellows y demeuraient à vie, ils n'avaient pas l'autorisation de se marier, ils dormaient, mangeaient, priaient, jouaient et réfléchissaient dans un même espace physique. De nos jours, un Collège possède toujours ces mêmes endroits où manger, boire, et se retrouver ensemble au bar. Et les salles à manger souvent splendides, existent toujours. La plupart des Collèges sont également dotés de chapelles pour les offices de prière, de bibliothèques, de bureaux d'étude, et de terrains de sport.

Quand j'essaie d'expliquer à un professeur en visite, originaire du Népal ou de la Chine, comment Cambridge s'organise, je lui demande d'imaginer que le quadrilatère de mon Collège est comme une cour Newar au Népal, ou un village de clan, avec sa salle ancestrale, dans certaines parties de la Chine traditionnelle ; avec cette différence près que — et c'est là, la source de l'énigme — l'exemple chinois ou népalais est basé sur la famille, alors que Cambridge a fait l'effort de s'opposer à cette forme de sélection. Les Fellows n'étant pas autorisés à se marier, ils ne pouvaient donc pas transmettre leur poste à leurs enfants, bien qu'ils aient pu le faire avec leurs neveux.

C'est plutôt sur ce type d'arrangement, qui n'est pas basé sur la naissance ou même sur un vœu perpétuel d'appartenance (monastique), mais bien plutôt sur le choix et le mérite supposés, qui fait de Cambridge un système hybride si étrange, une institution « totale » basée sur la compétition et la réussite sur admission. C'est sur cette base considérable que Cambridge s'impose comme une communauté de sentiments et d'identité, dont la base repose sur des unités de lieu et le sens d'une identité partagée. Elle possède donc deux des trois critères pour s'affirmer en tant que vraie communauté comme l'ont spécifié Tönnies et d'autres. Mais comment cela se passe-t-il en pratique ?

*

Une manière de penser Cambridge consiste à utiliser les idées développées par l'un des plus célèbres juristes (et Maître de Trinity Hall, Cambridge) Sir Henry Maine qui s'est inspiré du droit romain et de son expérience ici. C'est lui qui est parti de l'idée d'une corporation reposant sur une série de droits à la propriété et de gens *à perpétuité*.

Une corporation en occident est fondée par un acte voulu — par l'intermédiaire de l'État qui finance et délègue ses pouvoirs. Elle est dotée de nombreux attributs, telle une personne fictive. Elle peut posséder des biens immobiliers en commun, à responsabilité limitée et se joindre à des gens ou bien les associer à elle. Elle peut vivre à perpétuité. Ses membres individuels possèdent des objets en commun et ils les partagent d'une façon ou d'une autre. Chaque membre est membre d'un seul corps, comme la tête et les pieds joints ensemble se soutiennent les uns les autres. Se passer d'un maître, d'un économe ou d'un recteur serait comme enlever le cœur, ou couper la tête et les bras d'une personne.

C'était une idée fructueuse puisqu'on a pu l'appliquer non seulement à Cambridge mais dans le monde entier tandis que les anthropologues essayaient de comprendre les différents groupes ethniques intégrés au sein de l'Empire britannique. Des groupes existant selon leurs affinités, ou leur ascendance comme on dit, opèrent de façon similaire aux Collèges de Cambridge. Ils sont propriétaires de biens tangibles et intangibles à perpétuité. Ils se joignent aux membres non seulement par les seuls liens de sang, mais aussi par mariage et la sélection conforme au principe de descendance, par l'intermédiaire de femelles ou de mâles. Grâce au concept de corporation, les anthropologues ont trouvé la solution au problème du maintien de l'ordre social au sein de sociétés qui n'ont pas d'état centralisé.

À l'inverse, on peut voir que les Collèges sont l'équivalent de groupes qui se sont formés sur la descendance, ou sur des clans ayant une unité et une identité sociales. Mais tandis que les anthropologues reconnaissent que les nombreux liens relatifs à des descendants sont factices ou construits, c'est encore plus le cas des Collèges de Cambridge où les gens sont recrutés sur une autre base que familiale.

La possession de biens à perpétuité d'une corporation ou d'un Collège, entre autres, donne aux membres de ces groupes le sentiment d'appartenir à quelque chose de plus grand que soi. Dans les monastères et les couvents, ceci s'exprime, et est renforcé par, l'usage de termes qu'on utilise dans les relations familiales (mère, sœur, frère, père). Pour certaines raisons ce n'est pas le cas à Cambridge. Bien que l'un de mes plus anciens collègues nous faisaient des courriels à tous en nous appelant « les copains », ce qui n'est pas le mot juste, puisque ce terme évoque plutôt des histoires d'aventures qu'on racontait à l'époque édouardienne. Le terme qu'on privilégie est donc celui de « Fellow ».

F.B. L'expérience de cette vie privilégiée de Collège est indissociable de la campagne environnante. Le contraste brutal entre la culture raffinée et la vie à l'air libre étant constamment remis en mémoire par la présence de troupeaux qui paissent seulement à quelques minutes du centre-ville. Pour celles et ceux d'entre nous qui allions à bicyclette d'un Collège à un autre, jour après jour en hiver, cette vie représentait un véritable défi. Le risque de tomber, ou de ne pas arriver à temps au tutoriel ne faisaient qu'augmenter notre énergie et le désir de triompher. Je crois d'ailleurs comprendre que les étudiants qui participaient à l'entraînement des « Blue Boats », en vue de la course aux avirons annuelle sur la Tamise contre Oxford, devaient parfois casser la glace de bon matin, quand ils s'entraînaient jusqu'à Ely, aller-retour. Sans parler du fait qu'il fallait d'abord assurer sa subsistance, payer ses notes de gaz, et ne pas prendre froid. Ainsi la campagne était-elle un précieux article de la vie des Collèges.

Comme les feuilles toutes neuves des saules le long de la rivière signalent enfin l'arrivée du printemps, ainsi des premières ombelles et l'aubépine le long de la route du fameux village de Grantchester. Il était fréquent d'apercevoir aussi des garennes sur le chemin du village de Coton, avant d'obliquer sur la gauche au rond-point, en direction de l'autre village. L'intensité de l'enseignement à Cambridge était telle qu'il se trouvait compensé par ces équipées sauvages en pleine campagne, oubliant tout, juste en dehors de la ville. Empruntant les ponts au-dessus de la voie rapide, on avait l'impression de voir passer le monde moderne en contrebas, alors que nous venions des siècles passés. Comme si les Collèges nous avaient transportés hors du temps.

*

Une "Fellowship" parle d'égalité, d'amitié, de proximité, mais aussi (implicitement) d'identité et de dignité. Car il existe comme nous l'avons dit, différentes sortes de Fellowships, mais tous sont Fellows et doivent se comporter les uns envers les autres non seulement avec respect mais encore, par le fait d'être de la même institution, en amis.

Une Fellowship génère un sentiment d'appartenance à un seul corps, comme dans une famille, mais comme dans une famille également, il ne génère pas non plus forcément d'affection. On n'aime pas nécessairement tous les Fellows, de même qu'on n'aime pas tous les membres de sa famille. Pour de nombreuses raisons, quels que soient ses sentiments personnels, on est respectueux, et on fait confiance. Quand je reconnais un Fellow dans la rue, je le salue.[1] Quand je suis assis à côté de l'un d'eux à table, je sais que nous avons d'emblée quelque chose en commun. Ce qui efface un peu aussi cet isolement et cette séparation : deux traits courants de l'individualisme anglais.

Le secret repose, je suppose, sur le sentiment de partager un même idéal. Nous faisons équipe, mais pas pour chercher à marquer tous les buts, ou à gagner la course à tout prix. On essaie seulement de faire avancer la tâche que nous avons acceptée en nous joignant à cette communauté, au moment de notre serment.

---
[1] Quoique Peter Burke me disait qu'à Emmanuel on ne se salue pas forcément à l'extérieur de son Collège en 1980.

Ensemble, on essaie de promouvoir le Collège comme centre « d'éducation, de religion, et de recherche. »

C'est en ce sens qu'il s'agit d'une tâche partagée, ineffable, et pourtant satisfaisante qui quelquefois va toucher les autres sur une longueur de temps au Collège : concierges, secrétaires, jardiniers. Ce qui contribue à expliquer l'anomalie dont nous avons parlé. Et voilà pourquoi aussi tandis que les obligations des professeurs d'Université ou celles des Fellows ne font pas partie du contrat, nous nous attelons à de nombreuses heures supplémentaires et à des tâches qu'on remplit bien au-delà de « l'appel du devoir » ; par sentiment d'obligation, de dette, ou par désir d'approbation, ou pour rendre la pareille à ceux dont les efforts sont évidents.

Bien entendu il y a toujours quelques « tire-au-flanc ». Et il y a des moments où moi-même je fais plus d'efforts qu'à d'autres. Cependant le sentiment d'être privilégié, et le désir de se montrer digne de son titre de Fellow de l'Université est sans doute une force sous-jacente à cet élan. L'Université et le Collège ont alors ce quelque chose de l'idée protestante de Dieu — constamment là, attentif, qui vous encourage et occasionnellement désapprouve, par quelque signe, les éventuels échecs ou le manque d'effort.

*

La commission des Œuvres caritatives dirige une quantité de divers Trusts, du plus important qui est celui de l'Église Catholique Romaine d'Angleterre et du Pays de Galles, aux plus petits comme certains Collèges de Cambridge de taille moyenne. Ces Trusts font partie d'un système complémentaire de l'idée de corporation, mais complémentaire uniquement. Car si celui-ci était primordial, comme dans les pays de droit romain, il serait pour nous un vrai danger. C'est ce qui a été évoqué par F.W. Maitland, successeur de Henry Maine et professeur de Droit au Downing College à Cambridge. D'ailleurs les théories de F.W.

Maitland nous amènent au cœur du mystère de Cambridge.

La théorie de la confrérie (au sens premier de « Fellowship ») à elle seule n'explique pas le succès spécifique de Cambridge. Les confréries en effet, existent à travers toute l'Europe de l'ouest. Cependant en France, en Allemagne, en Italie et ailleurs, elles n'ont pas amené les Universités à se développer, à s'épanouir et à devenir indépendantes une fois atteint le succès florissant de leurs débuts. La raison en est, comme l'a montré Maitland, que les confréries étaient essentiellement créées par ceux qui gouvernaient. Leur vie indépendante leur était octroyée par le pouvoir royal, par générosité et sous condition. Elle pouvait donc leur être retirée.

Maitland utilise la métaphore d'un souffle de vie donné à la matière. Ainsi une confrérie vient-elle au jour par l'intermédiaire du « baiser » d'une Charte attribuée par le pouvoir royal. Et puisque l'État a la possibilité, de façon péremptoire, c'est-à-dire s'il juge que la corporation est trop puissante, trop indépendante, ou si elle refuse de payer l'impôt dans sa totalité, de lui retirer son masque d'oxygène. Un modèle juridique supplémentaire ou quelqu'autre moyen sont nécessaires pour comprendre ce qui s'est passé en Angleterre.

Un autre problème lié aux confréries est qu'elles ne sont pas faites pour améliorer le bien-être et les sentiments nécessaires à l'accomplissement d'un travail d'équipe. Faire partie d'une large corporation ne signifie pas qu'on doive cultiver une affection particulière, ou un sentiment quelconque d'obligation qui permette d'accomplir le strict minimum.

Qu'est-ce donc qui a créé ce sentiment primordial et pu lutter contre la dépendance à l'État ?

Maitland répond que c'est le Trust. À son origine au Moyen Âge le Trust était un moyen légal d'éviter de payer l'impôt sur les frais d'enterrement et d'héritage. On mettait en place une personne factice, ou un corps de Trustees. Ceux-ci détenaient des droits sur la propriété qu'ils avaient obtenus « en confiance » par les héritiers du défunt. Peu de temps après, cette pratique s'est étendue et a fourni le modèle de base d'institutions aussi variées que les « Inns of Court » c'est-à-dire le Barreau, la Bourse, la Compagnie d'Assurances Lloyd, les Méthodistes, les Public Schools (les Écoles privées), les syndicats et les clubs londoniens. Bien que l'Université se situe quelque part entre une corporation et un Trust, les Collèges, eux, sont toujours indépendants du fait de recevoir des dons de la part de la royauté, et autres commanditaires.

En considération du modèle des Trusts qui existait tout autour d'eux, l'Université et les Collèges étaient traités comme des Trusts et ils opéraient en tant que tels. En termes d'aujourd'hui on dirait qu'ils étaient quasiment autonomes et que c'était des institutions non-gouvernementales. C'est aux Maîtres et aux Fellows que sont confiées la tâche de s'occuper du bon gouvernement et la bonne marche d'un Collège. De ce fait, les Collèges sont des Trusts, les Fellows des Commissaires de Bienfaisance, et l'on dit souvent d'ailleurs officiellement, qu'ils sont les Trustees d'un Collège.

L'une des matières premières de l'existence, et l'une des plus difficiles et des plus rares à acquérir, c'est la confiance, c'est-à-dire la capacité de prendre des risques, de partager et d'échanger des denrées, fussent-elles rares, — l'amour, la richesse, la réputation, le pouvoir — avec les autres. Or là où règne la confiance, règne aussi l'efficacité. Efficacité puisque les gens peuvent travailler ensemble sans ces tensions causées par la surveillance, les mises à l'épreuve, ou la fabrication des petits secrets. Et la confiance généralement, manque. Or puisqu'elle existe ici, comme une exception à la règle, il faut s'en expliquer. Comme l'a montré Maitland, elle confère aux Collèges non seulement un modèle juridique pour une liberté et une indépendance perpétuelle, mais la loyauté et la confiance s'en trouvent justement augmentées.

*

L'un des grands plaisirs que j'ai eu pendant mon temps à Cambridge a été de pouvoir faire confiance à mes collègues, à la fois au sein de la faculté et du Collège. Dans l'ensemble, j'ai toujours présumé que mes idées, mes opinions, et ma réputation étaient sauves avec mes amis et collègues. Si je leur demandais leur opinion, je pense qu'ils essayaient d'être utiles et de dire la vérité. Je présumais aussi qu'ils essayaient de faire passer le bien de l'organisation avant leurs désirs personnels et leurs ambitions, autant que faire se peut. Cette confiance s'étend également à mes étudiants, qui ont presque universellement honoré cette confiance.

Dans la vie académique, ceci est non seulement important pour diriger une organisation, écrire et lire des références, évaluer, et faire des comptes rendus sur les idées ou les gens. Mais aussi, à un niveau plus profond, la confiance est absolument cruciale dans la collaboration pour l'avancement de la science, dans tous les domaines. Le fait de se sentir bien, de pouvoir se donner entièrement et avoir confiance aux autres est une des grandes joies que j'ai connues à Cambridge et, je crois, que c'est l'une des plus importantes clefs de la réussite et de l'éminence intellectuelle ici. Et c'est ce qui attire le plus ceux qui y viennent.

Toutefois, Cambridge n'est tout de même pas une oasis de confiance dans un désert de méfiance. Dans les années 1850, Emerson se demandait si « Est-ce parce que leur pays est petit. Est-ce orgueil ou sentiment de race, ils se sentent tous solidaires, unis par une communauté d'intérêts et une confiance mutuelle ». Il a noté que sur le plan privé, « Les particuliers tiennent leurs promesses, si insignifiantes soient-elles. »[1] À peu près au même moment, Samuel Laing, comparant l'Europe continentale à l'Angleterre, écrivait que « dans toute la pratique du commerce, même pour la majorité, pouvoir compter les uns sur les autres et

---
[1] Emerson, *L'âme anglaise*, tr. Maurice Lebreton, 62, 73.

non se soupçonner mutuellement, est la règle. Les transactions dans les affaires ordinaires de la vie dépendent de la bonne foi, de la parole, et la coutume des partis, bien plus que des actes juridiques et des contrats de réalisation. » Il a également écrit que « la confiance, la confiance morale entre l'homme et l'homme est l'esprit unique et caractéristique de la société anglaise. C'est la religion laïque des Anglais… » Et il ajoute que cette « confiance mutuelle, et cette dépendance mutuelle pour ce qui est juste, bien, et raisonnable entre êtres humains, crée ce sur quoi elle repose… »[1]

J'ai généralement trouvé sur mon chemin à Cambridge que la confiance qui engendre la confiance, est une des caractéristiques de Cambridge. Mais malheureusement elle se trouve aujourd'hui menacée par la culture de la comptabilité et l'ère du soupçon administratif, ainsi que par les efforts du corps enseignant à se justifier et à se promouvoir par des Exercices d'Évaluation de la Recherche (et autres inspections incompréhensibles) qui font perdre du temps et poussent à se sous-estimer. La confiance pourtant continue de régner de façon curieuse et efficace.

*

Le Trust était le modèle d'origine des clubs en Angleterre. Mais pour définir ce qui vaut pour Cambridge, il est pertinent de se demander jusqu'à quel point Cambridge est un club.

Le trait central d'un club repose sur son organisation. Il consiste dans un nom — on parle de l'Athénée ou du « Social Club de Lode ». Celui-ci possède une salle polyvalente qui existe en permanence ou est louée. Elle présente généralement aussi d'autres attraits — une bibliothèque, un terrain de jeux, et tout ce qu'il faut pour atteindre des objectifs. Il y a donc aussi un comité d'organisation et des membres officiants : président,

---

[1] Samuel Laing, *Observations on the Social and Political state of the European People in 1848 and 1849* (1850), 290.

trésorier, secrétaire. Quelquefois aussi un club possède ses propres insignes : drapeau, devise, symbole d'identité, par exemple une cravate, une chemise, ou quelque autre marqueur. S'il est prestigieux comme la Société Royale ou l'Académie britannique, on s'y entretient longtemps pour savoir qui inviter et qui peut devenir membre.

Dans tous ces domaines à la fois, les Collèges et l'Université de Cambridge semblent alors de grands clubs intellectuels dont on fait partie. L'atmosphère de la Salle des Professeurs, par exemple, est tout à fait dans le ton d'un club londonien, de l'Ordre des avocats, ou tout autre. Il est tout à fait légal d'avoir un poste de professeur à l'Université de Cambridge, mais de ne pas appartenir à un Collège. Si l'on ne se joint pas à un Collège en tant que Fellow ou comme Directeur d'Études par exemple, les obligations restent minimales, on peut mieux se concentrer sur sa recherche, avoir un minimum de tâches administratives, et donner des cours à relativement peu d'étudiants. Mais dans une ville où les clubs sont légion, beaucoup se sentent exclus s'ils n'en font pas partie, alors que les autres apprécient sa convivialité, même si cela signifie plus de travail et de responsabilités.

*

Il est possible que Cambridge véhicule ce sentiment de vous donner, une fois que vous êtes membre de l'Université, d'une faculté, d'un Collège ou autre, un lien automatiquement avec d'autres membres de ce club. Mais il existe une grande différence qui fait que l'Université est beaucoup plus qu'un club.

Le trait principal d'un club est d'avoir un objectif habituellement assez spécifique. Il est conçu pour que les gens s'y joignent parce qu'ils veulent jouer aux échecs, au football, au cricket, faire de l'aviron, chanter, courir, voler, débattre ou s'engager dans une quelconque activité. Même les grands clubs londoniens qui attirent des gens de toutes sortes, ont un objectif commun — la conversation, les réunions, les spectacles par exemple.

Il est vrai qu'un Collège a, lui aussi, son objectif — l'éducation — mais l'éducation recouvre un certain nombre de catégories. Bien évidemment leur raison d'être est de dispenser l'enseignement, mais aussi d'encourager la recherche. Le serment stipule également la « religion », mais de nos jours cet aspect est quelque peu en retrait. De plus, les méthodes d'apprentissage vont plus loin que l'instruction formelle. Un étudiant en licence apprend beaucoup plus que le contenu d'un sujet. Il est question aussi d'une façon de penser et, on veut le croire, d'une façon de vivre. L'Université est sensée insuffler une série de valeurs, une moralité, une mentalité, un savoir-vivre, une éthique, une philosophie, un comportement physique, et une certaine attitude face à la vie qu'on appelle *l'Habitus*.

Le Collège n'est pas uniquement un corps, mais un corps ancien et vivant, un « nous » qui existe depuis des siècles, et qui perdurera. Comme Rose et Ziman à nouveau le disent de façon sommaire,

> La Religion en soi s'est largement envolée des Collèges — mais le culte des Collèges s'est enraciné. Il s'agit bien plus que de bâtiments ou de cours, bien plus que de courts de tennis et de courses d'avirons, que de dîners ou de tutoriels. Le Collège existe dans l'histoire ; c'est-à-dire dans tous ses membres, résidents et non-résidents. Un *don* avec une grande sensibilité historique peut faire remarquer que « nous » étions autrefois propriétaires d'un certain domaine — et ne saurait dire s'il parle du XVIe siècle ou du XIXe, ou de celui de son temps.[1]

---

[1] Rose et Ziman, *Camford Observed*, 245-6. Peter Burke s'était surpris un jour à dire à ses invités que « nous avons demandé à Christopher Wren de ne pas détruire la Longue Galerie quand il construirait la chapelle ! »

D'une certaine manière, les Collèges peuvent faire l'objet d'un culte séculaire.

> Le meilleur de leurs valeurs ne dépend pas du temps ni du contexte...L'expérience est mystique ; elle a ses racines dans la poésie de l'existence...La Poésie est un univers magique ; ainsi il n'est pas surprenant que le Collège se trouve au centre d'un culte séculaire. Son existence est plus que la nôtre. Elle réclame de nous plus que des nécessités rationnelles...Les gens âgés...les anciens sont les prêtres de ce sanctuaire, on ne peut pas s'empêcher d'être émus par eux, car ce sont eux qui nous ont initié à ses mystères.[1]

*

Tous ces propos sur la confiance et l'amitié tendent à peindre un tableau très positif de Cambridge. Et en effet, ça a été, en général, le cas pour moi. Mais mes propres réflexions inscrites dans mon journal me rappellent qu'il y a eu aussi des périodes de grand isolement, des moments de frustration, d'épuisement et d'anxiété profonde. Cambridge peut se montrer stressante, on peut s'y sentir vraiment seul. Quelquefois même j'ai voulu quitter Cambridge, ou du moins m'en éloigner pour me reposer. Heureusement l'une des soupapes de sécurité qu'offre l'Université, c'est l'année sabbatique que l'on peut prendre tous les sept trimestres, à raison d'un trimestre rémunéré.

Les étudiants sont souvent désespérément malheureux pour de multiples raisons. Les post-docs en particulier, se sentent souvent seuls avec leur recherche, l'étroitesse de leur sujet, l'anxiété de ne pas aller assez vite, l'ennui, ou les soucis financiers. Les étudiants étrangers sont ceux qui souffrent le plus, car s'y ajoutent le mal du pays, l'étrangeté de la culture britannique, le climat, et l'alimentation. Et parmi eux, ce sont les post-docs mariés qui

---

[1] Rose et Ziman, *Camford Observed*, 247.

connaissent le pire : problèmes associés à leurs épouses qui ne s'habituent pas, ou une vie de famille difficile qui fait pression sur eux.

Et même les *dons*, en dépit de leur environnement idyllique et de leurs relations sympathiques sont souvent malheureux, le travail devenant de plus en plus insatisfaisant.

> On se doute bien qu'on doive élargir sa thèse par un livre — mais arrivé à la cinquième, voire à la sixième année, elle paraît maintenant plutôt futile et hors sujet, on préférerait faire autre chose. On sait que son sujet est trop étroit, et que la veine académique est trop étroite, mais maintenant on doit y rester. [1]

Le déclin de la production intellectuelle a été noté de façon humoristique par D'Arcy Wentworth Thompson quand il décrit les Fellows d'un Collège mythique de Cambridge comme des « boas qui auraient avalé leur chèvre intellectuelle tôt dans leur carrière, et passent ensuite des années dans l'inactivité nécessaire à sa digestion ».[2] Aux affres de la digestion s'ajoute de nos jours l'anxiété causée par l'obligation d'écrire une suite de travaux importants, à peu d'intervalles, afin de satisfaire aux exigences d'évaluation de la recherche desquelles vont dépendre les fonds.

On se ferait une bien fausse idée de l'image de la vie en Collège et en Faculté si on s'imaginait qu'elle est placide. Plus les liens d'une communauté sont forts, et plus amères encore sont les factions et les disputes. J'ai été témoin d'un certain nombre d'altercations brutales et me suis trouvé moi-même plein de rage et d'incompréhension. Ces disputes ont souvent pour objet le pouvoir, les privilèges et la réputation, alors que leur sujet en est en apparence, la disposition des fleurs et bordures dans le Jardin des Fellows, ou l'acquisition d'un nouveau mobilier.

---

[1] Rose et Ziman, *Camford Observed*, 119.
[2] Cité dans Garrett, *Cambridge*, 89.

Il est probable que l'insertion d'un plus grand nombre d'étudiants et de Fellows venant d'ailleurs en diminue l'intensité. Peter Burke commente qu'à Emmanuel College, les doctorants étaient étrangers à partir de 1980, mais la Fellowship était comme les étudiants en licence, entièrement anglophone — nous avons eu deux Australiens et un Néo-Zélandais. Entre 1980 et aujourd'hui, nous avons élu, d'abord comme Fellows chercheurs puis comme Fellows officiels, (sans compter les Britanniques Noirs et les Britanniques Sikhs), des citoyens français, allemands, italiens, serbes, roumains, iraniens, taiwanais, alors que 90% des étudiants en licence sont britanniques. J'ai remarqué la même chose à King's : la bouffée d'oxygène qu'apportent les gens venus du monde entier, a pour résultat que les disputes, mais aussi la chaleur d'une même culture partagée, s'évaporent.

Dans l'ensemble, la recette semble appropriée. Et pourtant, voilà qui est un peu paradoxal : plus elle est appropriée, plus l'on aime et l'on admire Cambridge, et plus grande encore sera la déception de devoir la quitter. Comme l'ont noté Rose et Ziman,

> de nombreux diplômés quittent Oxbridge avec un sentiment d'abandon, de désillusion, et de défaite ». Tout se passe comme si un fossé s'était creusé entre les valeurs héritées de Oxbridge et celles qui existent dans le monde du dehors. Car les étudiants ont souvent développé une passion et un respect pour des valeurs centrées sur le culte des relations personnelles, sur une esthétique du plaisir de vivre, pouvoir être libre face à l'autorité, prendre de la hauteur par rapport à la hiérarchie et les considérations matérielles, avoir une admiration pour la seule valeur intellectuelle, faire une recherche désintéressée de la vérité, avoir une approche spacieuse, spéculative et sans entrave à la vie. Le simple fait d'accepter ces valeurs rend douloureux ensuite, et presque humiliant, d'avoir à admettre qu'il va falloir gagner sa vie à des tâches mondaines mais utiles… La crainte repose sur la croyance d'avoir été éduqué pour le

bien d'une structure sociale qui n'existe plus. [1]

Comme un étudiant en dernière année me disait, plus modérément, un jour « Il est proprement insultant de se voir demandé de partir. »

Cependant, et pour finir sur une note plus positive, beaucoup d'autres, après avoir accusé ce sentiment de rejet, ou simplement peut-être, surmonté leur tristesse, éprouvent le sentiment de pouvoir maintenant se subvenir à eux-mêmes, comme après de merveilleuses vacances ou une lune de miel. C'était bien tant que ça a duré, voilà une expérience qu'on n'oubliera jamais, mais maintenant, il faut gagner sa vie.

*

J'ai passé une grande partie de ma carrière d'historien anthropologue à réfuter le mythe selon lequel la famille nucléaire de petite taille a seulement fait son apparition à partir de groupes de relations plus importants en Angleterre, soi-disant après la révolution industrielle. Or je pense que le système familial que nous connaissons aujourd'hui remonte aussi loin que ses traces écrites existent.

Cambridge est un bon exemple de cette tendance au modèle inhabituellement « anti-familial ». Il a toujours été reconnu que les fondations perpétuelles où il y avait de l'argent, tendaient à devenir une affaire de famille. Il fallait donc que le sens du devoir et les préférences personnelles pour neveux et enfants soient tenus à l'écart, afin d'éviter que le modèle ne se reproduise. La solution évidente a été de ne pas permettre aux gens d'avoir des fils et des filles et si possible, de limiter le nombre de neveux. En somme pendant les trois quarts de son existence, les Fellows de Cambridge perdaient leur Fellowship s'ils se mariaient. Un Collège était comme un monastère, avec son appareil sophistiqué

---

[1] Rose et Ziman, *Camford Observed*, 237.

de serviteurs, cuisines et appartements, il représentait une alternative au soutien de ses proches. On était épaulés, logés, nourris, blanchis, pour le restant de ses jours.

Et pourtant, en pratique, avoir des proches a toujours joué un rôle à Cambridge. La famille d'Isaac Newton n'est jamais venue coloniser l'endroit, mais jusqu'à un certain point d'autres familles l'ont fait. Ce n'était pas, semble-t-il, une simple question de favoritisme, mais plutôt un réseau souple de relations, de cousins au premier et au second degrés. Noël Annan a fait l'étude des liens qui existaient dans ces familles.[1] Ils se présentent également dans les entretiens que j'ai fait passer à de grands scientifiques (Keynes, Huxley, Bateson, Hill). Parmi ces familles il y avait beaucoup de grands noms de Cambridge, avec beaucoup de distinction et de grand mérite. Ils se mariaient aussi avec les Bernal, les Waddington, les Bragg et autres, qui, eux, avaient leurs propres relations dans d'autres branches de l'Université.

Alors même que ces familles ne devinrent jamais des groupes officiels, — et je n'ai pas non plus de preuve que leur succès reposât plus sur du favoritisme familial que sur leurs capacités —, il y a, de toute évidence, une note de ce type par en dessous. En effet, l'âge d'or de Cambridge au XIXe et au début du XXe, est truffé d'anecdotes sur ces grandes maisons, où se tenaient des réunions de famille, avec des repas dans lesquels on s'exhibait en discours, et grâce auxquels les « cousins » se rencontraient, formaient des liens et établissaient des contacts utiles. Un membre de la dynastie des Darwin-Wedgwood, Gwen Raverat, en a tracé de fabuleux portraits dans son autobiographie *Period Piece* [*Morceau d'époque*].

Peter Levy fournit aussi une description de ces cousinades.

> Le clan des Darwin-Wedgwood-Cornford-Raverat organisait de grandes réunions de famille. La présence des Maitland, Huxley, Fisher, Keynes, Vaughan-William,

---

[1] Voir Annan, *The Dons*, Annexe.

> Trevelyan, et Pease leur rappelaient qu'ils faisaient partie de ce monde dont faisaient aussi partie les Tennyson, Macaulay, Hodgkin, Arnold, Penrose, Ward, Fry, Booth, Potter, Strachey, et Stephen.
>
> Ils se savaient ainsi privilégiés, mais fiers d'appartenir à un monde civilisé ».[1]

Comme l'a montré Levy, cela était dû en partie — et s'est renforcé pendant cette période — au fait que Cambridge recrutait des familles de Quakers — les Gurney, Barclay, Cadbury, Rowntree, Fry, Gaskell, Sturge, Hodgkins, Fox, et Hoare, qui se mariaient entre eux. Et en partie aussi grâce à l'arrivée d'un certain nombre de familles de la branche Unitarienne du protestantisme, dont la philosophie était radicale et « dont les principaux représentants étaient les Wedgwood, Darwin, Trevelyan, Martineau, Huxley, et Strachey. » Cela suggère qu'ils « préféraient Cambridge à Oxford peut-être parce que les Tractariens, ou le Mouvement d'Oxford, courant théologique du XIXe siècle dans la lignée des idées de la Haute Église d'Angleterre, faisait peur aux familles des mouvements évangéliques, et certainement aussi parce que Cambridge, depuis la Guerre Civile entretenait des liens plus amicaux avec les familles non-conformistes. »[2]

Ce phénomène singulier qui correspond à la montée d'une certaine partie de la classe aisée de l'époque victorienne, est un des secrets du succès de Cambridge à travers le siècle passé.

> Un environnement où l'on s'attend à un comportement créatif, et on l'encourage, est un grand stimulant, parce qu'il invite à faire preuve d'une belle assurance et d'un esprit téméraire. Une tradition où a été adopté un tel comportement explique en partie pourquoi le groupe a

---

[1] Paul Levy, *G.E Moore and the Cambridge Apostles*, Holt, Rinehart & Winston, 1979, 21. On y trouvera un diagramme de ces relations de famille.

[2] Levy, *G.E Moore and the Cambridge Apostles*, 27.

produit un si grand nombre de femmes et d'hommes de qualité et de distinction. [1]

Les effets qu'ont eu ce large groupe sur Cambridge, sont bien décrits par Levy.

> On attendait *beaucoup de grandes choses* de la part de cet enfant. Être membre, de par sa naissance, conférait une sécurité cruciale pour l'accomplissement de grandes choses intellectuelles…Il est important de noter que cette élite intellectuelle était proprement considérée comme une aristocratie, car on y était (et certains le sont encore) nés à l'intérieur d'elle…C'était un groupe largement ouvert, en cela que les méritocrates pouvaient s'y joindre par le mariage… [2]

Ce réseau par trop informel et plutôt invisible, comme d'autres sociétés et clubs et associations qui sont si importants du point de vue de la vie académique, est un autre facteur qui donne à Cambridge le sentiment que tout y est entremêlé. Il ne s'agit pas d'un très grand clan, mais les gens y sont tous reliés. En lisant le *Rapport Annuel* des Collèges, on entend souvent dire avec approbation que tel ou telle personne a un fils ou une fille, ou une petite-fille, ou la nièce de tel ou tel étudiant qui était anciennement dans ce Collège. Les parents eux-mêmes souhaitaient vivement que leurs enfants aillent « dans leur ancien Collège ».

*

Le snobisme anglais prend alors une certaine saveur. Il repose sur une contradiction centrale. Comme beaucoup l'ont noté, la classe anglaise ne s'est jamais développée en « un système de castes », ou pour mieux dire sur une hiérarchie de valeurs fixes

---
[1] ibid.,26.
[2] ibid.,26.

et rigides reposant sur des couches impénétrables, et les liens de sang. Comme Tocqueville l'a fait remarquer au XIXe siècle, « L'Angleterre était le seul pays où l'on eût, non pas altéré, mais effectivement détruit le système de la caste. »[1] Il n'y a jamais eu de noblesse de sang à proprement parler ou de castes de gentilhommes sur cette base. En ce sens, l'Angleterre a toujours été un système social « ouvert ». « L'histoire de l'Angleterre est une aristocratie aux portes ouvertes. Quiconque fait preuve de courage et de capacités, qu'il entre ! Bien sûr, les conditions d'admission dans ce club-là font qu'il est extrêmement difficile d'y être admis. »[2]

Mais cela se combine avec, et c'est, sans aucun doute, la raison, d'une véritable obsession pour la classe et le statut. « L'Angleterre est le pays le plus obsédé de tous en la matière. C'est le pays du snobisme et des privilèges » comme l'a observé George Orwell.[3] Il existe un lot infini de différences infimes, avec la possibilité, toujours présente de s'élever dans une classe plus haute ou de redescendre d'une case. Ainsi donc les rivalités de classe et les snobismes ont été une préoccupation centrale des Britanniques. Il suffit de penser aux travaux de Thackeray, Austen, Trollope, Madame Gaskell, G.B. Shaw, Oscar Wilde et Nancy Mitford. Comme Stendhal l'a écrit à propos de l'Angleterre, « la société est divisée comme le bambou par ses anneaux. Tout le monde s'affaire à monter dans la classe au-dessus et l'effort tout entier de cette classe-là consiste à l'en empêcher.[4]

Cambridge peut donc se concevoir comme une machine à fabriquer des classes. L'Université « a pour but de produire » la « distinction ». Pourtant les origines sociales de ceux qui sont

---

[1] Alexis de Tocqueville, *L'Ancien Régime et la Révolution*, Michel Lévy frères, 1866 (7e éd.) (Œuvres complètes publiées par Madame de Tocqueville, vol. 4), 125.

[2] Emerson, *L'âme anglaise*, tr. Maurice Lebreton, 134.

[3] Orwell, *Lion*, 52.

[4] Cité dans Wilson (ed.) *Strange Island*, 164.

venus à Cambridge sont variées. Nous tendons à nous retourner vers le XVIIIe et la première moitié du XIXe et à penser qu'on recrutait traditionnellement des membres de l'aristocratie, de la grande bourgeoisie et chez les propriétaires terriens qui servaient aussi de gardiens. Mais pendant ses quatre cents premières années, ce recrutement se fit sur une échelle beaucoup plus large. Par exemple, Elisabeth Leedham-Green commente que du XIIIe au XVe siècle, « la grande majorité des étudiants étaient probablement issus des francs-tenanciers ou leur équivalent urbain. »[1] C'est ce qu'on pourrait appeler en termes modernes, la classe aisée.

C'est entre le XVIIIe et XIXe siècle en particulier que Cambridge forma les gens aux « bonnes manières », donnant des contacts et l'assurance de soi, et conférant la grâce d'un cachet social, du fait qu'ils étaient à Cambridge. Pour le restant de leur vie, ils pouvaient se considérer, et étaient habituellement regardés, comme faisant partie des gens prospères, à l'éducation raffinée et libérale comme celle de la haute société. C'était eux les Professionnels, les gens de la haute société, et les gouvernants.

Quand ils écrivent sur la période victorienne et édouardienne, Rose et Ziman notent que

> les Écoles privées et les Universités Réformées donnaient une éducation en continu aux fils de gentilhommes et autres qui en avaient les moyens. De l'école secondaire de la ville de Rugby aux cérémonies de remise des diplômes à Oxford, les garçons étaient préparés pour prendre leur place comme officiers de commandement dans une société stratifiée.[2]

---

[1] Leedham-Green, *Cambridge*, 25 ; elle note que Roger Ascham au XVIe siècle dans *The Scholemaster*, se lamentait du manque d'intérêt général chez les nobles et les propriétaires terriens pour ce genre d'éducation.

[2] Rose et Ziman, Camford *Observed*, 231–2.

Cela faisait de l'effet partout. « C'est le soleil autour duquel tournent de nombreuses institutions plus ou moins prestigieuses. »

Ces personnages portant perruque qui nous regardent du haut de leur portrait dans les salles à manger, ou dont les noms sont, pour mémoire, gravés sur des plaques ou des pierres se sont vus largement confirmés dans leur statut en passant par Cambridge. D'autres étaient les fils de riches marchands ou de fermiers d'un niveau social plus bas qui ont utilisé Cambridge stratégiquement, du moins en partie, pour s'élever dans la société.

De nos jours, bien entendu, les choses sont plus compliquées, et la situation est redevenue la même que celle qui avait prévalu dans l'histoire des premières années de l'Université, où l'on prenait des gens dans tous les milieux. Bien que Cambridge soit toujours une étape naturelle pour les enfants intelligents dont l'éducation a été faite dans les écoles indépendantes, elle attire de plus en plus d'enfants des milieux sociaux défavorisés.[1] Qui plus est, il y a beaucoup d'étudiants étrangers qui viennent de milieux, de toute évidence, modestement fortunés, mais dont l'identité sociale est vague.

Il n'y a pas et il n'y a jamais eu, de stratégie réfléchie avec des précisions au préalable, ou de programme d'endoctrinement pour l'éveil à une classe sociale ou d'outils de formation permettant de s'élever socialement. On présume simplement que trois années passées dans un environnement où évolue la couche la plus élevée de la société britannique, seront en soi formatives. Les accents de diverses régions ou pays seront émoussés, les manières, l'étiquette et les caractéristiques linguistiques qui sont propres à Cambridge seront apprises. On y dégustera des mets, appréciera les arts, le mobilier, et la culture en général, pour qu'après ses études, tout étudiant puisse vivre une vie confortable au sein de la classe aisée.

Tout ceci reste une affaire informelle. Je ne me souviens pas d'avoir discuté de ce qui se passait, quand j'étais étudiant ou

---

[1] **F.B.** Au seul King's College, l'effectif comprend 87% d'étudiants venus des lycées. (*King's Parade*, Summer '23).

quand j'étais *don* à Cambridge. Alison Richard commente qu'à Yale où elle avait été prévôt, elle avait remarqué que, sans être éduqués pour la cause, les jeunes gens qui étaient arrivés sans la moindre idée de savoir comment serrer la main, tendaient une main molle et maladroite au cours de la cérémonie d'admission. Trois ans plus tard, ils avaient mystérieusement appris l'art de serrer la main par un geste décisif et franc.

Les pressions subtiles qui s'exercent pour pouvoir s'adapter à une série de codes implicites peuvent provoquer du ressentiment ou de la confusion chez certains. C'est spécialement le cas pour les étudiants étrangers qui ne s'aperçoivent pas qu'ils sont maintenant dans un monde où gestes, postures, et mots ont une importance en tant que marqueurs sociaux pour les autochtones.

Bien entendu, le concept de position sociale est aujourd'hui plus enchevêtré et contesté. Dans mon propre domaine à la faculté, par exemple, la majorité des professeurs ne sont plus du tout issus des classes aisées. Pour la moitié ce sont des femmes, et la plupart des chercheurs et professeurs viennent de l'étranger ; on ne peut pas les caser dans une classe sociale anglaise aux critères étroitement établis.

Cambridge ne résonne plus de ses « Hooray Henrys », expression dénotant le comportement des aristocrates sans beaucoup de cervelle qui s'interpellent dans les chasses à courre. Ces « veneurs » vêtus de la « livrée de Trinity », qui arpentent la campagne, sans aucun cheval, mais affublés de la panoplie de chasseur, existent encore aujourd'hui, mais seulement sur quelque enseigne de pub le long de la voie rapide A14. Bien qu'il y ait encore des vestiges et que Cambridge, sans nul doute, exerce une fascination sur les snobs. Il s'agirait alors d'une sorte d'institution intellectuelle du supérieur, fréquentée par des jeunes gens et jeunes filles qui viennent finir leur éducation ici.

Les Associations

Pour ses sept cents premiers, sur les huit cents ans, de son existence, l'entité collective principale de Cambridge était le Collège. Dans la dernière partie du XIXe siècle, les laboratoires des Sciences se développèrent rapidement et représentèrent une alternative qui attira un contingent important de personnel et d'étudiants. Il augmenta en force, et aujourd'hui ces laboratoires se trouvent sur trois zones géographiques de Cambridge. La plus ancienne est entourée de Collèges, de branches scientifiques et de laboratoires, dont certains dans les Sciences sociales. Puis il y a le nouveau site de l'autre côté de la Cam, où d'autres branches de l'Université notamment dans les Arts et les Humanités se sont installées, ainsi que toute une zone à la périphérie de la ville.

Pendant ces dernières centaines d'années, le pôle d'attraction ne s'est pas seulement déplacé vers la Science en laboratoire, mais vers les facultés, les branches des facultés et les centres juxtaposés aux Collèges.[1] Voilà un phénomène relativement récent. Les facultés ont été instituées en unités formelles lors de la révision

---

[1] Quelquefois l'organisation de base est une faculté — comme le Droit, les Sciences économiques, et l'Histoire. Dans d'autres cas, la faculté se subdivise en branches, (comme pour l'Archéologie et l'Anthropologie à laquelle s'est jointe l'Anthropologie biologique.)

des statuts de l'Université en 1925, et entérinés en 1926.[1] Le gros du contingent des étudiants en doctorat, est, lui aussi récent, ce diplôme n'existant à Cambridge que depuis 1919.

Ces entités universitaires organisent maintenant presque tout l'enseignement et la recherche. Pourtant elles n'ont pratiquement jamais fait l'objet d'analyses chez ceux qui se sont penchés sur la structure de l'Université. Tandis que maints comptes rendus existent sur la vie des Collèges de Cambridge, je ne pense pas que quiconque ait vraiment décrit en détails comment opèrent les branches des Facultés, ni comment elles se sont développées. La raison en est, du moins en partie, que la bureaucratie de ces institutions est vague et sans grand intérêt, leur identité ou culture commune, étant limitée. Comme Rose et Ziman le disent, elles restent un peu à l'écart, dans l'ombre, …Elle n'organisent rien, ni bals, ni réunions autour d'une tasse de thé l'après-midi, ni de *conversazioni*. Elles ne figurent pas non plus sur les photographies de la faculté. Et cela vaut pour un certain nombre d'instituts des arts et des sciences sociales, comme par exemple la Faculté d'Histoire ou des Sciences Économiques. En ce moment, d'autres institutions pour l'Éducation plus puissantes, tel que le Conseil des Écoles, font pression sur elles.

Néanmoins, certaines branches de l'Université qui sont plus petites, par exemple comme l'Histoire et la Philosophie des Sciences ou l'Archéologie, ont un passé glorieux, une cohérence intellectuelle et une identité collective. Il en est de même pour certains laboratoires des Sciences, comme par exemple le célèbre Cavendish, dont les propres coutumes et la culture entraînent systématiquement l'adhésion et la loyauté. Car ils vous donnent

---

[1] Cela peut sembler tardif, étant donné qu'un titre comme celui de directeur (Reader), a précédé l'existence même des Facultés, ainsi que les examens de fin d'études en troisième année (qu'on appelle les « Tripos ») D'autres corps, par exemple, le Conseil des Études, était chargé d'organiser ces structures d'enseignement ainsi que les examens.

ce sentiment d'appartenir à une communauté intellectuelle, évidemment pas aussi forte qu'un Collège, pour beaucoup d'étudiants et le personnel (ils sont toujours à cran par rapport aux Collèges). Néanmoins ce sont des lieux où l'enseignement et la recherche sont privilégiés.

Une autre raison de constater l'absence de détails sur l'organisation des facultés et des départements, c'est qu'ils diffèrent beaucoup les uns des autres. Le portrait générique d'un « Collège » pourrait s'appliquer aux autres. Ce qui n'est pas le cas de ces autres institutions. Dans leur morphologie et intellectuellement elles varient énormément.[1]

*

Le rapport entre Collèges, branches et facultés, et la nature particulière de celles-ci, sont difficiles à comprendre. Mais une façon de faire ressortir leurs traits, est de les comparer. En quoi un Collège et un « département » sont-ils différents et en quoi sont-ils complémentaires ?

Les Collèges sont souvent anciens. Et même quand ils sont récents, ils possèdent tous des bâtiments spacieux, des pelouses et des jardins. Ils tendent aussi à rester au même emplacement, quelquefois pendant un demi-millénaire, alors qu'un département est différent sous toutes les coutures.

Prenons l'exemple du département d'Anthropologie Sociale que je connais le mieux : il n'y a pas de cour d'honneur. Devant il donne directement sur le passage piétonnier de Free School Lane, et derrière sur le Site du Nouveau Musée (New Museum Site) qui, lui-même, se partage d'autres espaces avec d'autres départements et les gens de la ville. Il n'y a ni chapelle, ni chambres d'étudiants, ni autres lieux de vie pour les étudiants ou le personnel. Pas de cuisines ou de grandes salles à manger. Pas de terrains de sports

---

[1] Il y a seulement 31 Collèges, mais plus de 300 « autres institutions » qui vont des grandes Facultés aux petits comités et syndicats.

ou jardins privés. Par contre il y a des bureaux, une salle de séminaire et un amphithéâtre, une bibliothèque (dans un autre bâtiment qu'occupent un autre département et une faculté), un musée (utilisé également par le département d'Archéologie), un petit espace pour l'informatique, une salle commune et quelques bureaux attribués aux doctorants.

Ce département est, par comparaison à beaucoup d'autres, assez compact et relativement statique. Il a débuté en tant que tel en 1973 avec quelques salles, rue Downing. Puis il a émigré dans les années 70 temporairement dans un autre bâtiment pour venir s'installer où il se trouve encore actuellement, au fond de l'ancien Laboratoire Cavendish. L'Anthropologie a toujours été dans cet espace confiné et bondé, mais le vieux bâtiment célèbre et solide lui confère une histoire et une identité, qui font défaut aux édifices resplendissants de neuf des facultés et départements installés ailleurs. Tout comme le département d'Anthropologie d'Oxford, il est vétuste, mais distingué, et quelque part aussi confortable, même si l'on y est à l'étroit sur quatre étages.

*

Collèges et départements ont des fonctions différentes quoiqu'elles se recoupent. Les Collèges sont des lieux d'accueil ; on y organise des événements qui n'ont pas leurs pareils ailleurs. La seule chose que mon département organise au début de chaque année universitaire, c'est « le verre de l'amitié » offert aux nouveaux étudiants en Maîtrise ainsi qu'à l'ensemble du département, doctorants et visiteurs inclus.

Pour ce qui concerne l'enseignement, néanmoins, ce chevauchement s'avère complexe. Les Collèges se chargent de tout le travail d'admission des étudiants dans le premier cycle. Les départements ne jouent pas de rôle de ce côté-là, alors même que beaucoup de leurs membres s'occupent aussi des admissions au Collège, et que la faculté elle-même essaie d'encourager et de coordonner avec les Collèges les admissions des étudiants qui sont dans sa discipline. D'un autre côté, ce sont les facultés et les départements qui jouent un rôle primordial pour l'inscription en maîtrise et les cours de doctorat, même si un candidat qui a été accepté, doit par ailleurs aussi être accepté par un Collège. Si un candidat est accepté par le département mais qu'il ne réussit pas à être admis dans un Collège, il sera rejeté d'office par l'Université.

*

En ce qui concerne l'enseignement dans le premier cycle du supérieur, les « supervisions » hebdomadaires qui sont comme un préceptorat, occupent une place primordiale. Leur charge revient au Collège. La plupart de ces cours se font, du moins dans le cas des Humanités et des Sciences sociales, au sein des Collèges. Dans la foulée des « supervisions », il y a également des séminaires sur des thèmes spécifiques, souvent à raison d'un à deux par semaine. Ceux-ci sont organisés par le département et c'est là qu'ils se déroulent. Dans le domaine de l'Anthropologie Sociale, il y a environ vingt-quatre cours magistraux pour chaque matière, donc environ 120 cours pour les étudiants chaque année. Ceux-ci sont organisés par, et souvent donnés dans une salle de cours au département. La structure, le programme et son contenu, et les listes d'ouvrages sont également à la charge du département.

Tous les examens, à tous les niveaux, de la première année jusqu'au doctorat sont entre les mains du département. C'est là que sont nommés ou recommandés les noms des examinateurs, c'est là qu'on rédige et corrige les examens, qu'on classe les candidats par mentions — et qu'on se charge d'envoyer uniquement les résultats aux Collèges.

Finalement, la recherche au plus haut niveau se divise entre Collèges et départements. Les Collèges la soutiennent grâce à des « Fellowships », ce sont eux qui la financent, fournissent des bourses de voyage et autres, qui offrent un bureau, l'accès aux bibliothèques, et encouragent l'échange, en particulier entre disciplines. Dans les Arts, les Humanités et les Sciences Sociales, la recherche se déroule probablement surtout en Collège, les livres pouvant être empruntés dans les différentes bibliothèques, et utilisés « chez soi », dans sa chambre-bureau. Pour ce qui est des sciences, la plupart du temps elle se fait en laboratoire, et donc dans les facultés et les départements.

Ce croisement complexe de vieux Collèges et de départements plus récents peut être une source de désaccords, quand un côté ou l'autre pense avoir été évincé ou qu'on a négligé son rôle. Il y a cent ans, tout était regroupé dans une Université collégiale. Aujourd'hui les tensions sont dues à un changement très rapide des forces d'équilibre ; la prépondérance va aux départements pour les Sciences, du fait que les Arts et Humanités sont réservés aux Collèges.

Les étudiants et surtout le personnel enseignant qui fait partie des deux structures — collégiale et départementale — voient leur loyauté prise entre deux feux. Pourtant, avoir ces deux espaces séparés qui se rejoignent, ces deux formes de soutien, ces deux mondes intellectuels et sociables en parallèle, semble bien être une source de créativité où peuvent se combiner à la fois la discipline à elle seule et son ouverture interdisciplinaire, un aspect fondamental de Cambridge.

*

Un certain nombre de Collèges sont assez grands, donc complexes et modestement riches. Ainsi peuvent-ils avoir des professeurs qui occupent des postes administratifs au sein du Collège, et qui, à leur tour, ont leur propre personnel, plus ou moins, à plein temps. Or la plupart des départements de l'Université sont beaucoup plus petits et leurs fonctions sont limitées. Ils ont un directeur et un secrétaire académique. Ces deux postes sont pourvus à court terme. Depuis ces dernières années ils sont rémunérés, à cause de leur charge administrative de plus en plus lourde. Ces postes sont occupés par des professeurs, en plus de leur enseignement et leur recherche. Il y a également une série de comités plus petits dont font partie, pour un temps, certains professeurs avant de poursuivre leur carrière. Les seuls postes officiels attitrés vont au personnel de soutien : administratif, financier, technique (**F.B.** ...et religieux. Les recteurs de Chapelle, les aumôniers, les tuteurs.)

F.B. Le système de tutorat est ce qui différencie profondément l'enseignement à Cambridge de celui des autres Universités, y compris en France. Chaque étudiant bénéficie d'un tuteur, ou pour mieux dire d'une aide pastorale, à laquelle contribuent certains membres enseignants du Collège qui sont formés en sessions régulières sur des questions pratiques de vie sociale, en psychologie et qui sont rattachés au Conseil Pastoral de l'Université. Il y a environ 60 étudiants par tuteur, qu'on rencontre individuellement une à deux fois par trimestre, et qui sont régulièrement invités par leur tuteur à dîner au Collège, en groupes de cinq ou six.

Dans la structure de l'organisation, la différence entre Collège et département réside dans la nature des réunions hebdomadaires du personnel régulier ; au département celles-ci sont essentiellement d'ordre pratique. Elles ont pour objet l'enseignement et la recherche — mais n'ont pas à voir avec le financement, la santé, la sécurité et autres. Certaines discussions remontent vers le Conseil de la faculté et le comité responsable des diplômes qui représentent les intérêts de chaque département. Les réunions sont habituellement assez courtes, et reposent sur des questions spécifiques ; le directeur en énonce le déroulement et dirige les discussions.

Les réunions en Collège, celles spécifiquement auxquelles assiste toute la « Fellowship » (en tant que corps exécutif) se penchent non seulement sur l'enseignement et la recherche, mais aussi sur de nombreux aspects de la vie des étudiants et des enseignants : leurs repas, logement, loisirs, droits et devoirs. Tout cela fait penser à une réunion de famille. Elles peuvent prendre plus de temps, être serties d'interventions, de désaccords et d'émotions. On parle plus souvent en termes de « nous » et de priorités, de morale et d'éthique.

La manière dont le chef de file est choisi, montre aussi à quel point ces deux organisations diffèrent. Bien qu'il y ait des exceptions, dans l'ensemble celui ou celle qui est à la tête d'un Collège est normalement choisi(e) par les Fellows selon un processus lent et complexe qui se termine par un vote à main levée à la Chapelle. La personne élue peut occuper ce poste pendant dix ans et plus, et elle se trouve *ex-officio* à la tête de presque tous les comités importants.

Les départements, par contre, sont des créations de l'Université et c'est à elle qu'ils doivent rendre des comptes. Ce qui signifie que le chef du département est officiellement nommé par l'Université. Même si cette personne a été choisie de façon informelle par ses membres, ce choix doit être approuvé par l'Université. Il y a peu de rivalités « politiques » internes qui sont de la nature de celles qui caractérisent les élections des présidents de Collège, et il n'y a pas non plus de rites solennels associés à l'arrivée ou au départ de ce poste.

*

L'importance de beaucoup de Collèges tient à l'argent qui leur a permis d'être fondés. Par la suite, grâce à quelques dons reçus sur des centaines d'années, ils ont amassé des richesses. Celles-ci sont réparties entre les bâtiments et propriétés qu'ils gèrent sur l'ensemble du territoire, les services de table en argent, les caves, livres, manuscrits, tableaux et investissements financiers. Ils ont généralement un capital de quelques millions de livres sterling qui leur donne une partie de leur revenu, en plus de ceux qui proviennent des inscriptions, des dîners et conférences. Bien sûr ils ont souvent de grandes dépenses pour l'entretien des bâtiments. Les bâtiments de King's et de sa Chapelle peuvent coûter jusqu'à un million de Livres Sterling par an, en moyenne.

Un département ne possède pas de capital, mis à part quelques fonds sous forme de Trusts créés par certains anciens pour des bourses destinées aux étudiants. Il leur est donc nécessaire d'entretenir de bonnes relations avec deux sortes d'institutions — l'Université qui transfert des fonds pour payer les salaires, les traitements et les charges — les Conseils de la Recherche et les Fondations qui attribuent des bourses à certains de leurs étudiants, et servent à rémunérer le travail de recherche des professeurs. Mais obtenir de l'argent est un combat herculéen, de même qu'équilibrer les comptes et réagir aux fluctuations inattendues de la politique gouvernementale en matière d'allocation de fonds. De moins en moins de personnes souhaitent endosser des responsabilités et il règne de plus en plus de tensions dans la comptabilité.

Un département possède peu de moyens d'augmenter ses revenus, mis à part celui de recevoir occasionnellement des dons pour la création d'un nouveau poste, ou d'un nouveau bâtiment. Contrairement aux Collèges, un département ne peut imposer de paiement, pour que les gens de l'extérieur aient le droit de circuler sur son domaine, qui est d'ailleurs plutôt restreint, ou servir d'hôte à de grandes conférences ; impossible également de s'en remettre à ses anciens élèves pour obtenir de larges sommes d'argent.

*

Les Collèges créent et entretiennent le sentiment d'une identité particulière en utilisant des symboles. Chaque Collège a sa couleur propre — À King's, il s'agit de la pourpre royale. Cette couleur est incorporée tout comme le blason (lorsque cela est approprié) à d'autres symboles divers : drapeau, cravate du Collège, écharpe, papier à entête, décorations murales. Les Collèges ont aussi leur devise (*Sancte et Sapienter*, 'Avec sainteté et sagesse', est celle de King's), des statues et des portraits de leurs illustres ancêtres.

Par contraste, les symboles par lesquels s'affirme l'identité de la communauté sont pratiquement inexistants dans les départements. Aucun blason, aucune couleur particulière, aucun papier à entête, ou cachet emblématique, aucune cravate, écharpe, toge ou drapeau spécifiques au département. Les seules indications sont des panneaux devant et derrière la porte d'entrée, et quelquefois aussi des photographies d'anciens membres.

La plupart des Collèges de Cambridge ont publié des livres d'histoire et les plus grands en ont produit plusieurs. Y sont décrites leur fondation et l'histoire qui suit, les événements qui ont eu lieu, les gens qui les ont rendus célèbres, et on y explique aussi l'architecture. Les livres importants sont souvent aussi résumés dans de petits guides pratiques à l'intention des visiteurs. Ils donnent une description de la bibliothèque, de la Chapelle, et d'autres parties du Collège qui leur sont ouvertes.

Un département habituellement n'a que très peu de mémoire collective. On peut trouver sur internet, ou dans un fascicule destiné à l'étudiant, quelques lignes sur son histoire et ses fonctions, mais rien en détails. On peut trouver sans beaucoup de peine qui a travaillé là, est venu y étudier, y était professeur, qui étaient les bienfaiteurs, et en quoi consistent l'organisation et la culture du lieu, alors que ceux qui s'y joignent n'apprennent pas grand-chose du lieu où ils se trouvent.

Alors que les mythes oraux et les légendes d'un Collège, qui a dit quoi, à qui, qui a eu l'idée de, où scandales et triomphes tendent à se transmettre de génération en génération, sont foison. Au département il existe très peu d'informations qui puisse se faire de bouche à oreille. La plupart du personnel enseignant et les étudiants connaissent quelques noms illustres, provenant généralement de la génération précédente.

*

Parce qu'un Collège a traditionnellement été partie intégrante d'une institution, où souvent l'on est à un âge impressionnable, où l'on vit dans un site magnifique, où l'on va passer trois ans ou plus, cela va laisser une trace indélébile. Les réunions pour des raisons diverses se produisent fréquemment. Les gens amènent leurs enfants et petits-enfants visiter leur ancien Collège. Il se peut aussi qu'ils fassent un don d'argent, ou de meubles, ou qu'ils lèguent un banc pour le Jardin des Fellows.

Même pour le personnel qui aura travaillé au département tout au long d'une vie, il n'y a pas ce même attrait. Pas plus que pour les gens qui y ont fait une licence. Occasionnellement, il est possible que les doctorants lui vouent un attachement particulier parce qu'ils ont eu à faire, plus avec le département pendant plusieurs années qu'avec leur Collège.

En conséquence, peu de départements proposent une lettre d'information sur sa vie et ses activités à ses anciens membres étudiants ou professeurs. Les noms des disparus tendent à s'effacer et pas seulement celui des anciens étudiants en licence et en doctorat mais aussi de ceux qui y ont enseigné pendant de nombreuses années. Je n'ai jamais rencontré de mère ou de père qui soient venus revoir leur département, et le montrer à leurs enfants ou petits-enfants. Les étudiants à qui j'ai enseigné à King's reviennent en visite, mais ils n'ont jamais manifesté le moindre désir de revoir celui-là.

*

Les anthropologues ont eu de longues discussions sur la difficulté de pénétrer sous la couche superficielle d'une société — de percevoir les courants profonds sous les simples ondulations.

Ils ont imaginé un nombre de techniques propres à révéler ce qui est ordinairement caché, y compris par l'approche de ce qu'on appelle le « drame social ». Une bagarre, une dispute, et autres moments de tensions et de discussions importants qui auraient accompagné ou suivi, et qui permettraient de creuser.

Où sont donc alors les drames sociaux qui puissent se montrer révélateurs de ce qui se passe dans les profondeurs de la structure sociale de Cambridge ? Pour ce qui concerne les Collèges, il s'agit de l'élection d'un nouveau prévôt. Mais pour ce qui est des départements, il s'agit de l'élection d'un membre au poste de professeur(e) en chaire. Soirées sans formalité et autres événements sociaux peuvent quelquefois fournir aussi des indices, tout comme le font les discussions (avec les expressions faciales) dans les séminaires, ou les réunions administratives hebdomadaires, et les histoires qu'on raconte entre amis. Cela peut se voir aussi lorsque le temps vient chaque année de décider du cursus universitaire, de faire la liste des cours magistraux, d'organiser les réunions de travail pour l'année suivante. Autrefois, ces réunions étaient l'occasion de jouter pour le pouvoir, de rivaliser pour son territoire à soi, avec force sentiments d'exclusion, et exercices de patronage.

Le cycle annuel principal des examens fournit un « drame social » de façon répétée où certains sédiments des tensions et batailles remontent momentanément à la surface. Aucune autre réunion ne relève autant du drame que celle de ces quatre ou cinq heures passées à préparer des questions d'examens, puis celles ensuite utilisées en petits comités sur les mêmes sujets, et qui culminent avec les réunions où sont décidées les notes et les mentions.

L'émotion y est plus forte que dans tout autre événement du calendrier. S'il y eût jamais de « batailles de coqs à Cambridge » à analyser, c'est bien celle du sang versé métaphoriquement après les examens — ce « sang » qui est en partie celui des collègues blessés dans ces petites rixes intellectuelles. Et en partie aussi celui des étudiants qui, après avoir été traités sur un pied d'égalité, sont soudain mis en pièces par des mentions qui les séparent. Peu de temps après, ceux qui étaient en dernière année sont éjectés d'un lieu qu'ils avaient probablement appris à aimer, dont ils se savaient aussi aimés ; et ils ont reçu ce label 'bien' ou 'passable' qui leur pendra au cou, le reste de leur vie.

Peu étonnant que je ressente toujours à la fois quelque soulagement mais aussi de la culpabilité à la fin la dernière réunion. Comme si j'avais pris part à une course passionnante, et qu'ensuite je me sois trouvé devant des carcasses que j'aurais tuées et vues alignées en face sur un banc.

*

Peut-être que notre brève analyse de certains traits spécifiques aux départements de Cambridge serait-elle à mettre en parallèle avec ceux des laboratoires pour lesquels l'Université s'est rendue célèbre. Au fond de moi, j'en ai toujours eu conscience puisque mon département se situe dans l'un des plus célèbres de tous, l'ancien Laboratoire Cavendish. Ces laboratoires ont souvent été de petits univers vibrant de collaborations et de compétitions qui ont entraîné des découvertes extraordinaires. Donc en souvenir de ce vaste appareil d'institutions, voici une description d'un coin de l'une d'elles que j'ai connue aussi bien que quelques pièces d'un Collège de Cambridge.

En janvier 1975, j'ai pris possession d'un bureau au dernier étage d'un bâtiment dans Free School Lane. À ce moment-là je ne savais rien des Sciences à Cambridge. Il n'y avait pas non plus d'indication que quoique ce soit d'important ait eu lieu ici — C'est venu plus tard. Aujourd'hui je passe devant ces plaques commémoratives tous les jours. Voici ce qui est écrit sur celle qui est à l'entrée :

Photo de l'Ancien Laboratoire Cavendish
Photo de l'entrée de l'ancien Laboratoire vu de Free School Lane, prise au cours du XXe siècle. Au sommet de cette tour a eu lieu la première fission de l'atome, les travaux ayant été réalisés au préalable au sous-sol, qui est aujourd'hui le département d'Anthropologie Sociale. C'est dans cet ancien Laboratoire Cavendish que de nombreux scientifiques ont fait leurs découvertes, y compris Maxwell pour l'électromagnétisme, Thomson (les électrons), Dirac (La matière noire), Chadwick (les neutrons), Crick et Watson (l'ADN), Hewish and Ryle (les Pulsars).

Laboratoire Cavendish 1874-1974

Établissement créé par le duc du Devonshire, puis agrandi par Lord Rayleigh (1908) et Lord Austin (1940), le Laboratoire Cavendish était le Département de Physique, où le Professeur James Clerk Maxwell occupa le premier poste jusqu'à la construction de nouveaux laboratoires à l'ouest de Cambridge.

L'autre plaque note que J.J. Thomson découvrit l'électron dans ce bâtiment, fondement de toute l'électronique et l'informatique au monde ou presque.

Et je me suis souvenu à ce moment-là d'avoir lu, en effet, quelque chose sur ce bâtiment, dans cette oasis culturelle qu'est la Bibliothèque du British Council, à Pokhara au Népal, qui était alors une ville au fin fond du monde. En 1969, j'avais lu une description du journaliste scientifique Nigel Calder. Il avait expliqué comment on avait montré à un riche visiteur américain les salles encombrées où de nombreux scientifiques honorés du Prix Nobel étaient en train de travailler sur des machines qu'ils avaient fabriquées eux-mêmes, et qui nécessitaient une main-d'œuvre considérable. Il proposa d'offrir la somme nécessaire à la construction d'un nouveau bâtiment, mais le guide lui répondit, dans un style purement britannique « Monsieur, merci infiniment. Mais c'est le combat qui nous amène à la réussite ». Plus tard les Scientifiques succombèrent à l'offre, ils déménagèrent sur un nouveau site à l'ouest de Cambridge. Et voilà pourquoi moi j'étais installé installé dans une partie de l'ancien Laboratoire Cavendish en 1975.

D'année en année, j'ai pu recueillir des histoires sur cet édifice. Je tiens beaucoup à celles du Prix Nobel d'Astronomie radio remporté justement dans les salles qui se trouvent le long du corridor au dernier étage de notre département ; Rutherford racontait à un jeune chercheur passionné, que lorsqu'il parlerait de sa découverte à la jeune serveuse du Eagle Pub, et seulement

à ce moment-là, cette découverte aurait-elle de l'importance !
J'ai pu lire aussi les récits de Brian Cathcart dans *The Fly in the Cathedral (La Mouche dans la cathédrale)*, où la description de la phase presque finale des travaux qui conduisirent à la fission de l'atome, se serait déroulée dans notre sous-sol.

Quel n'a pas été mon étonnement quand j'ai entendu dire que la radioactivité causée lors des derniers travaux qui apportèrent la certitude de l'existence des particules atomiques, avait été enlevée seulement quelques cinquante ans *après* les fameuses expérimentations. J'ai moi-même enseigné dans l'amphi de Maxwell, qui apparemment a été laissé en l'état, tout comme l'ascenseur qui montait et descendait dans la tour où tellement de choses se sont passées, et qui y est encore.

S'il existe à Cambridge un seul bâtiment qui puisse donner un exemple de la manière dont le travail peut se rejoindre entre disciplines dans un endroit aussi vétuste, c'est bien celui de l'ancien Laboratoire Cavendish ; étant entendu que l'époque où l'on connectait les ordinateurs avec de la cire et de la ficelle, et où l'on utilisait des instruments étincelants, est révolue. Pourtant, sur quelques dix années, les mathématiques, la physique, la chimie et toute une kyrielle d'autres disciplines ont collaboré dans ce coin où jadis, il y avait eu un monastère bénédictin et un jardin botanique.

Installé fortuitement à proximité de deux pubs, « The Bath » (« Le Bain », les bains publics à l'époque médiévale), et « the Eagle Pub » (le pub de l'Aigle), un petit groupe d'érudits travaillèrent ensemble sur des problèmes fondamentaux dans diverses sciences. L'effort herculéen requis pour perfectionner le système de Newton, puis se lancer dans le monde surréaliste de la mécanique quantique et de la physique a eu lieu ici. Une partie du travail entrepris sur de nombreux secrets de la vie sur terre s'est fait dans ce vieux bâtiment — amalgame ultime de toute la matière : l'atome, l'électron et le neutron, la double hélice de l'ADN. J'en suis tout admiratif.

*

    Cambridge possède maintenant un réseau d'entreprises technologiques qui se sont greffées et étendues, c'est le plus grand d'Europe, et à ce qu'il paraît, le second plus important au monde. Elles se sont développées ces trente dernières années, et puisque j'ai moi-même été indirectement associé à plusieurs de ces jeunes pousses, j'ai compris à nouveau à quel point le travail d'équipe pouvait être prolifique. Un certain nombre de ces entreprises sont directement issues des laboratoires — informatique, biologie, et physique — où l'on recrutait des étudiants et du personnel motivés. Beaucoup de leurs directeurs sont aussi des Fellows, et la nature associative de ces groupes dynamiques est ancrée dans les communautés plus anciennes de Cambridge.

    Elles ont débuté dans les années 70 par la fondation du Parc des Sciences, qui a été financée par Trinity College, suivi plus tard du Parc des Sciences de St John. Elles ont été alimentées par un grand nombre de talents et le soutien de plusieurs corps d'Université. Maintenant elles travaillent en compagnie d'autres structures, comme c'est le cas de la recherche médicale sur le nouveau site de l'hôpital d'Addenbrookes, en particulier le laboratoire MRC de biologie moléculaire, et l'École Supérieure de Commerce et de Management de Cambridge, le « Judge Business Institute », qui se trouve sur l'ancien site de cet hôpital. La transformation des découvertes scientifiques en innovations productives a résulté dans la production massive d'objets ; ce cercle vertueux est fortement encouragé pour des innovations créatives. Et nos vies s'en trouvent transformées. Le fait que de nombreuses entreprises internationales, dont Olivetti et Microsoft et d'autres, ont établi des centres de recherche majeurs à Cambridge, fait partie de ce même phénomène.

*

Le Laboratoire Cavendish et les autres laboratoires ainsi que les départements des Sciences ont émergé, pour la plupart, à partir des musées, comme c'est le cas de ma propre faculté d'Archéologie et d'Anthropologie. Le premier pas a souvent été de créer un musée où les objets seraient préservés et étudiés, tels les spécimens géologiques, zoologiques, et anthropologiques. De ces musées sont nés les départements propices à l'enseignement. Le site sur lesquels ils ont été créés, est connu sous le nom de « New Museum Site », afin de renforcer le lien entre laboratoires et musées. Les musées sont également constitués d'autres corps associatifs, ce qui représente un pont entre Cambridge et la recherche privée pour la protection des grandes collections d'une part, et la création d'une ouverture vers l'extérieur, d'autre part.

L'un des plus fameux est le Musée Fitzwilliam, fondé par Sir Richard Fitzwilliam. Il a été doté d'une merveilleuse collection de livres et manuscrits enluminés, de tableaux et dessins, ainsi que de la coquette somme de 100.000 livres sterlings en 1816, pour qu'un bâtiment puisse les recevoir. Les travaux ont commencé au début de l'ère victorienne en 1837. Ils ont été complétés l'année des révolutions, en 1848. Comme le Musée de Géologie, le Musée de Sedgwick, le Musée d'Archéologie et d'Anthropologie, le Musée des Œuvres Classiques, le Musée de Zoologie et celui de Whipple d'Histoire des Sciences, ce sont d'enrichissantes institutions associées.

Cambridge est aussi très fournie en bibliothèques : celles des Collèges, facultés et quelquefois aussi de certains départements. Au centre se trouve la Bibliothèque Universitaire, l'une des plus importantes au monde. La Bibliothèque a ses racines dans le monde médiéval, mais s'est largement agrandie pendant la deuxième moitié du XVIIe siècle. Puis après avoir reçu de généreux dons de la part de Georges Ier, elle a été déménagée sur un nouveau site en 1730. Le bâtiment s'est vu grandement modifié. Et comme les livres ont continué d'affluer, en 1935 il a bien fallu la déplacer une fois de plus sur le site où elle se trouve actuellement. La Bibliothèque contient à présent plus de sept millions de livres. Du reste parce qu'il s'agit d'une des trois Bibliothèques au Royaume Uni à avoir un statut de bibliothèque de « droits d'auteur », elle reçoit des exemplaires gratuits de chaque livre publié en Grande-Bretagne. Elle est également dans l'obligation de prendre sous son aile les nouvelles formes médiatiques, matériels digitaux inclus. C'est d'ailleurs ici qu'a été créée l'une des premières bibliothèques digitales, « DSpace » ou « Digital Space » (Espace digital).

Dans maintes bibliothèques, presque tous les livres sont rangés sur des étagères fermées à clef. Il faut les réserver à l'Accueil et attendre qu'ils vous soient remis. Ce qui signifie qu'habituellement on doive d'abord savoir qu'un livre existe avant de le trouver. Or l'un des plaisirs particuliers et la source de découvertes inopinées qu'offre la Bibliothèque de Cambridge, (et qui compense le fait qu'elle soit moins belle et moins bien achalandée que la Bibliothèque Bodleian d'Oxford), c'est qu'elle est « en libre accès ». Cela veut dire que lorsqu'on fait de la recherche sur un nouveau sujet, il suffit de trouver un ou deux nouveaux ouvrages dans ce domaine, ce qui vous conduira vers d'autres étagères qui possèdent d'autres livres potentiellement utiles à propos de ces deux ouvrages-là. Or ces autres ouvrages n'auraient pas nécessairement été catalogués par le plus avisé des systèmes informatiques.

Tout autour de la Bibliothèque Universitaire, la 'UL', ('you-L' phonétiquement) comme on l'appelle, sont situés au moins trois anneaux de bibliothèques satellites. Souvent les plus anciennes et magnifiques bibliothèques des Collèges, sont dotées d'archives et de collections rares, en particulier celle de Trinity College. Mais n'importe quelle de ces bibliothèques majeures équivaut à une bibliothèque toute entière d'une université moins aisée.

Un second anneau consiste dans les bibliothèques des

facultés, départements et instituts — dont beaucoup sont anciennes et extrêmement fournies en livres importants. Elles sont habituellement non seulement dotées de livres pour l'enseignement mais aussi pour la recherche, grâce à des ouvrages rares et des collections. Maintenant qu'elles sont cataloguées, informatisées et connectées aux autres bibliothèques et à la UL, elles représentent un ensemble coordonné non négligeable.

Un troisième anneau est constitué par les études de lieux et les collections particulières — africaines, d'Asie du sud et autres, ainsi que par la non moins impressionnante bibliothèque de livres chinois, augmentée du legs de Joseph Needham à l'Institut Needham. Chacune de ces bibliothèques possède sa propre sous-culture, ses traditions, mythes et groupes de travail, qui constituent souvent pour les étudiants comme pour le personnel, un monde à part dans lequel ils peuvent vivre intensément.

Aux livres des bibliothèques de Cambridge s'ajoutent ceux d'autres institutions, notamment la Presse Universitaire de Cambridge connue dans le monde entier. Cette Maison d'édition a débuté dans les années 1520, même peut-être avant. Ensuite une charte royale en 1534 donna à l'Université la liberté de nommer trois imprimeurs qui imprimeraient les ouvrages approuvés. En 1584 l'impression débuta grâce à ce privilège, et elle devint la plus ancienne et la plus grande maison d'édition du monde.

À côté des maisons d'édition, Cambridge est traditionnellement riche en librairies. La plus connue est sans doute *Heffers*, devenue gigantesque (sans avoir pour autant maintenant à sa tête la famille Heffer). Et pendant longtemps il y eut la librairie de seconde-main *David*, qui ouvrit ses portes en 1896 et qui était le lieu où de grands collectionneurs comme John Maynard Keynes, Tim Mumby et d'autres venaient augmenter leurs collections. J'étais à Cambridge justement à l'époque où j'ai pu rencontrer certains de ces collectionneurs, et entendre parler d'extraordinaires trouvailles faites sur les stands du marché, et où la famille David, par exemple, avait acheté les produits des enchères de Londres. Il y a d'autres librairies bien connues comme *Waterstone*.

De nouveaux médias de différentes sortes peuvent aussi augmenter les collections, mais il est peu probable que le vaste éventail des bibliothèques et des librairies cesse d'être d'importantes micro-institutions associées. (**F.B.** Sans compter que la plupart des magasins de vêtements de seconde-main, *Oxfam*, *l'Hospice Arthur Rank*, et *Amnesty International*, entre autres, proposent aussi toutes sortes de livres. Un tiers de ma bibliothèque de littérature vient des boutiques de seconde-main. Sans elles, je n'aurais probablement jamais eu mon premier poste à Cambridge.)

*

Des associations moins formelles et souvent éphémères font légion, tels que les clubs d'aviron et autres clubs sportifs, chorales, sociétés de débats et clubs de théâtre. Tout un livre pourrait être écrit à ce sujet, mais je m'en tiendrai à quelques exemples.

Cambridge est le lieu où beaucoup de monde commence à trouver sa niche, à laisser vivre ses aptitudes et ses enthousiasmes, grâce évidemment à des études universitaires, mais aussi à une myriade d'activités qui prennent autant de temps.

De nombreux clubs et sociétés procurent des entrées et des chemins vers de nouveaux espaces qui peuvent canaliser les émotions et les pensées durant toute une vie. Cambridge est l'endroit où quelqu'un peut découvrir, de façon sérieuse, ses centres d'intérêt, et former ses premiers contacts extérieurs importants avec un monde adulte encourageant. La plupart de ces engagements tiennent d'une vocation et exigent donc à la fois aptitude et enthousiasme. Et c'est bien l'Université qui vous aide à découvrir si vous les avez.

Il n'est pas facile de parler exactement de la diversité et la richesse des clubs et sociétés. La liste officielle de l'Université en comprend plus de trois cents, mais il doit y en avoir en réalité plusieurs centaines d'autres, comme par exemple le Club de la

Dégustation des vins dans les Collèges. Et donc pour les quelques douze mille étudiants et plus, il existe plus de cinq cents clubs auxquels se joindre, à n'importe quel moment de ses études.

Pour donner une idée de la diversité, laissez-moi faire la liste de ceux qui apparaissent seulement à la lettre « S » sur le site de l'Université :

> Sakhya (les Amis de l'Inde à Cambridge), Scandinave, Science Fiction, Productions scientifiques, Scientifique, Scouts et Guides, Sedgwick, Auto-défense, le Théâtre amateur féminin de Selwyn, Jazz à Selwyn College, Etudiants Libre-Entrepreneurs, les Sikhs, le Parachutisme en chute libre, Pays slaves et d'Europe de l'est, Slovaque, Anthropologie sociale, Société du film documentaire, Entrepreneurs sociaux, Bénévoles de l'Asie du Sud-est, Fonds pour l'éducation en Afrique du Sud, Afrique du Sud, Vol Spatial, SPEAK (Parlez), l'Esprit de la Cam, Ceylan (Sri Lanka), Société de musique de St Catherine College, Société de pêche de Strathpey, Société des Femmes fortes et humoristiques, Action étudiante pour les Réfugiés (Student Action), l'Alliance Étudiante, Communauté d'Action Étudiante, Société des Verts, Revue de juridiction Étudiante, Société des Étudiants Libéraux démocrates, Société d'observation des animaux, Société étudiante d'informatique, Société des étudiants engagée contre le trafic d'armes, Société des Étudiants pour la semaine des sciences, Comité de soutien à l'enfance dans la rue, Société de Surfing, Société du Swing, Société de l'Orchestre symphonique.

Et si aucun de ceux-là ne vous tentent, il y en a d'autres encore, comme le Club des Sciences amorales, celui des habitantes de la Biélorussie, de la dentelle à la bobine, de la Marguerite du Gog Magog, de Harry Potter (ou le Club 9 et 3/4), le Club de jouvence et de longue vie, le Théâtre de la folie, le Club des Rôles, celui du Petit clin d'œil, ou de l'Ultime Frisbee.

Les Clubs naissent et disparaissent, reflet des changements de centres d'intérêt, mais beaucoup d'entre eux ont leurs propres caractéristiques : heures et lieux de rendez-vous, coutumes locales. Par exemple, dans mon Collège à King's, il y en avait un qui avait été créé par Lytton Strachey, Leonard Woolf et d'autres qui s'appelait « La Société de Minuit ». Les réunions avaient lieu escalier K, les samedis à minuit dans l'appartement de Clive Bell, précurseur du groupe littéraire Bloomsbury. Un autre s'appelait le Club de l'Économie politique, qui avait été créé par Maynard Keynes et que professeurs, étudiants en Doctorat et certains étudiants en Licence fréquentaient. À ne pas confondre avec le Club de la Politique qui se tenait, lorsque je l'ai découvert, dans la grande salle de l'appartement où j'avais mon bureau en G2 (escalier G) dans le bâtiment de Gibbs. C'était essentiellement une société d'Histoire dont le projet était unique en ce que sa méthode obligeait de poser des questions dans n'importe quel ordre, après avoir tiré un numéro d'un chapeau.

Une autre, particulièrement singulière était la « Société des Apôtres de Cambridge », soi-disant parce qu'elle n'était formée — à n'importe quel moment de son histoire — que de 12 membres. Mais elle était importante parce qu'elle représentait l'apogée du système de Cambridge. Les autres clubs et sociétés s'orientaient vers le monde extérieur, tandis que les Apôtres étaient choisis parmi les étudiants les plus prometteurs qui avaient le potentiel de devenir de brillants orateurs, penseurs, écrivains, ou artistes, et dont certains resteraient à Cambridge. Tout ce processus était mené dans le secret et drapé de rituels. Il était interdit, par exemple, de parler de son appartenance à ce groupe, ou du déroulement des réunions à quiconque. C'était un peu comme une loge maçonnique. À partir du moment où l'on devenait membre, on avait envers elle des obligations de soutien et d'amitié.

C'est une association qui débuta par une *conversazione* ou société des débats il y a près de deux cents ans. Pendant des siècles elle eut une influence considérable non seulement sur ses membres, mais sur la société britannique grâce à certains membres comme Lord Tennyson, Henry Maine, F.W. Maitland, G.M. Trevelyan, Bertrand Russell, A.N. Whithead, J.M.Keynes, E.M Forster, Ludwig Wittgenstein, G.H. Hardy, Leonard Woolf, G.E. Moore, Rupert Brooke, et d'autres. Plus récemment des gens comme Peter Shore, homme politique anglais, Jonathan Miller, esprit universel, et l'historien Quentin Skinner en faisaient partie. Et l'on croit comprendre que cette association existe encore (femmes incluses).

*

Quelque part à l'intersection de ces clubs et institutions se trouvent diverses compagnies théâtrales et musicales. Il y a une salle de concert aussi bien que des chapelles célèbres, plusieurs théâtres, dont le plus ancien, l'ADC, qui ouvrit ses portes en 1855, et le théâtre des Arts, créé au début du XXe siècle sous le patronage de Maynard Keynes. De nombreux jeunes acteurs y ont joué leurs premiers rôles semi-professionnels.

Chacun de ces clubs et sociétés présente des attraits en rapport avec leurs activités. Ils ont leurs propres échelons, coutumes et règlements, mais ne se rejoignent entre eux qu'en partie. Ainsi forment-ils ce qu'on appelle une « société civile », c'est-à-dire un corps associatif qui donne un sens à nos vies, sans avoir été pour autant officiellement créé par l'Université.

Ces nombreuses associations ont eu beaucoup d'impact. Notamment par le fait qu'il devient impossible de généraliser « l'expérience de Cambridge ». Toute personne y suit un parcours unique, pas seulement à cause des différences entre les sujets académiques, les professeurs, la vie en Collège et les amis, mais parce qu'on se dépense beaucoup en réflexions et en émotions à partir d'autres activités. Ce qui rend l'écriture de ce livre à la fois plus intéressante et, en fin de compte aussi, plus frustrante, puisque chaque personne connaîtra un Cambridge différent de celui que nous décrivons.

    Cambridge est un lieu grouillant d'activités. Quand j'ai demandé à une étudiante de troisième année en anthropologie quel était pour elle le trait le plus frappant, elle m'a répondu que le temps était tellement précieux ici, qu'il ne fallait pas le gaspiller. Il y avait tant à faire, en si peu de temps, elle avait toujours le sentiment que tout allait si vite, qu'il ne fallait pas se tromper. On n'avait pas le temps même, de tomber malade. Elle était furieuse d'ailleurs si les gens n'arrivaient pas, ou s'ils étaient en retard, ou s'ils gaspillaient « ses précieuses heures ». Voilà un contraste frappant avec la vie « du dehors » où soudain le temps est vécu au ralenti. On avait trop à faire, et trop peu de temps pour le faire : maintenant c'est souvent le contraire.

*

    C'est la prolifération de ces nombreux corps d'activités où l'allégeance, les efforts personnels et l'engagement sont primordiaux, mais sans vous faire perdre pied, de sorte qu'on ne puisse plus faire preuve de loyauté sans la moindre distanciation. Voilà aussi ce qui constitue l'arrière-plan d'une certaine forme de pensée. À l'époque où un système plus ancien, Collégial et communal, était mis au défi par ces nouvelles associations, (après 1850), un nombre important de penseurs de Cambridge se sont mis à réfléchir sur la nature de la relation entre communauté et association, et aux problèmes liés aux systèmes pluralistes. Il n'est peut-être pas exagéré de suggérer que leur expérience quotidienne de négocier ces grands changements leur ont donné de l'expérience, et les ont aidés à participer à une transformation de ce que beaucoup pensent être une caractéristique centrale du monde moderne.

    Très brièvement, cet arrière-plan a nourri les idées de l'un des penseurs principaux sur la question, Sir Henry Maine, (Professeur à Cambridge et président de Trinity Hall College), qui, à partir des années 1850 et plus tard, a écrit de façon exhaustive sur le « Mouvement des sociétés progressistes du statut au contrat », selon son expression aujourd'hui consacrée. En d'autres termes, un mouvement allant des liens établis par la naissance, le sang, et la communauté, à ceux fondés sur le choix, le contrat et l'association. Les idées de Maine conviennent exactement pour décrire la différence entre un Collège et d'autres institutions.

Sa vision a été approfondie et précisée par son successeur, F.W. Maitland. Celui-ci a vu que les sociétés modernes étaient envahies de statuts et de contrats. Or les idées sur lesquelles Maitland avait notamment insisté, à savoir l'importance des Trusts et de la confiance, du pluralisme, des allégeances qui donnent à la fois la liberté individuelle et celle de collaborer, a été développée dans la première moitié et un peu plus, du XXe siècle, par le théoricien politique F.N. Figgis. En effet, Figgis a argué, par exemple, que « la véritable question de la liberté de notre temps repose non pas sur les droits individuels, mais « sur la liberté des plus petits groupes à vivre à l'intérieur d'un tout. »[1] En parallèle, le théoricien politique Michael Oakeshott a centré son travail sur des thèmes similaires ; il prend pour idéal un monde associatif qui pourrait passer pour une description directe des associations multiples de Cambridge.[2]

De ce fait, il semblerait donc que Cambridge, depuis le milieu du siècle dernier, soit en train de vivre l'expérience de savoir comment soutenir et réglementer une société civile, qui consiste dans l'équilibre du pouvoir qu'on délègue et qui vous rend libre, lorsqu'il est associé à des responsabilités. C'est dans ce type de société que les gens peuvent effectivement équilibrer ce que Adam Smith appelle « l'amour de soi » et « l'amour social », autrement dit l'impulsion de gagner et de triompher, et le désir d'être apprécié et de faire un travail en commun.

---

[1] Goldie dans Mason (ed.), *Cambridge Minds*, 187.
[2] Mason (ed.), *Cambridge Minds*, 234.

L'épanouissement extraordinaire qu'a connu Cambridge au XXe siècle doit sûrement d'être rapproché de cette structure sociale extrêmement complexe et hétérogène. Les dangers d'une communauté trop introvertie, telle qu'elle a émergé dans les Collèges au début du XIXe siècle, ont été contrés par la prolifération des associations, de sorte qu'elle n'est pas devenue aride et ultra-compétitive précisément grâce à son système collégial.

LES IDÉES

*Photographies des pubs « The Bath House » (Les Bains publics) et
« The Eagle » (L'Aigle).*
« Le Bain » fait référence aux bains d'un monastère de Saint-Augustin situés à cet endroit-là pendant plusieurs siècles. Comme les autres pubs et cafés du centre-ville il a été le lieu de conversations spéculatives animées et décontractées, qui sont propices à encourager les gens à voir le monde d'une façon nouvelle.
[Photographie, avec la gracieuse permission de Zhiguang Yin].

Le Pub de l'Aigle, la nuit.
Ce pub est bien connu pour avoir été l'une des grandes auberges des coches, et le lieu où, en février 1951, Francis Crick annonça à ses amis assis au fond d'une salle, qu'ils avaient réussi à expliquer la structure en hélice de l'ADN, « le secret de la vie ». [Photographie avec la gracieuse permission de Zhiguang Yin]

L'Éducation

À la lumière de ce qui précède, l'objectif principal de Cambridge pourrait facilement passer inaperçu : il est bien question cependant d'un lieu d'apprentissage et d'une institution intellectuelle, telle qu'elle se présente dans « servir la religion, l'éducation et la recherche » du serment que tous les Fellows prêtent au moment de leur admission dans un Collège. Cambridge est un lieu où les idées se génèrent, où elles sont contestées et disséminées, où les outils de la création et de la découverte sont fabriqués et transmis. Et jusqu'à preuve du contraire ils sont efficaces, à la fois pour les étudiants et ceux qui font de la recherche.

Pourtant il est particulièrement difficile de décrire cette activité centrale. Si l'on accepte qu'éduquer signifie quelque chose de plus que transmettre de l'information, alors on en fait l'expérience par un combat qui sert à l'assimiler, à lui donner une autre forme ; en somme, transmettre des idées ne saurait se réduire au B-A-BA d'un manuel. En outre, chaque professeur possède sa propre expérience et ses méthodes, différente de celles des autres. Néanmoins sans cette dimension d'apprentissage qui de façon surprenante, n'est pas expliquée dans les ouvrages sur Cambridge, le reste n'a pas de sens.

Je vais donc essayer de tracer, à l'aide de ma propre expérience en quelques traits, ce monde où l'on apprend. Cela pourra peut-être rendre les choses plus concrètes même si elles sont moins applicables en général.

*

Cambridge est une vieille Université dans un monde moderne comme d'autres Universités européennes, ce qui lui confère un certain cachet. Or pendant le premier quart du millénaire après sa fondation, l'imprimerie n'existait pas encore, et donc tout devait se transmettre oralement ou sur parchemin. Presque tout l'enseignement se faisait du Maître à l'Élève — C'est par l'intermédiaire de cet apprentissage personnel, qu'on devenait Maître des Arts. Cela se faisait de deux manières : en cours magistral et en « supervisions ».

Officiellement j'étais tenu de donner un certain nombre de cours magistraux par an ; pour un professeur dans les Humanités et Sciences sociales, la norme est de n'en donner pas moins de quarante environ, par an. De ce fait, dans toutes mes années à Cambridge, j'ai fait plus de mille cours magistraux d'une heure, nécessitant pour chacun une préparation considérable.

La diversité à laquelle on peut s'attendre se voit à ce petit échantillon. Pour les étudiants de première année : les Liens familiaux et le mariage, une Introduction à l'Anthropologie, l'Anthropologie politique et économique, la Guerre, la Famine et les maladies, et les Transformations des civilisations à long terme. En seconde et troisième année, les Théories classiques des Sciences sociales, les Théories d'État, la Technologie, la Propriété, l'Anthropologie visuelle, le Féodalisme et le capitalisme, l'Anthropologie juridique, la Violence et la guerre, l'Anthropologie urbaine, l'Inégalité, la Population, l'Histoire de la famille, le Comportement sexuel, les Cosmologies du capitalisme, les Méthodes de recherche.

Dans la foulée, on était aussi chargé de diriger des séminaires pour dix à vingt étudiants qui, à tour de rôle, présentaient leurs travaux ; ceci pour tous les cours. L'art étant d'encourager, d'amener au jour la connaissance, d'arbitrer sans intervenir trop fréquemment. Un bon séminaire est un événement passionnant

Être engagé constamment dans ce processus plutôt étrange de rendre clairement ses idées verbalement, et de le faire de façon intéressante, a plusieurs effets. D'abord cela vous contraint à travailler ce que vous pensez vraiment. Par ailleurs, il est stimulant de rendre son champ d'étude d'ordre plus général que si vous écriviez vos cours uniquement à partir de vos recherches personnelles. Comme tous les professeurs, je trouve les cours stressants et quelquefois décevants. Les étudiants en Licence ne sont pas obligés de les suivre, ils y viennent seulement si ces cours magistraux leur sont utiles. Et s'ils y viennent, c'est que beaucoup d'entre eux apprennent encore par le biais de cette voie qui est essentiellement médiévale. C'est aussi une indication que les cours magistraux sont encore, après tant de siècles, une manière utile de découvrir ce qui se passe dans divers mondes intellectuels.

*

Le système actuel des « supervisions » (ou tutoriels) qui a lieu dans les Collèges, remonte à la fin du XIXe siècle, et s'est développé à partir d'un système de préceptorat datant du XVIIIe.[1] « En 1902 le *Manuel des étudiants* a annoncé qu'il n'était pas nécessaire que la plupart des étudiants cherchent des cours particuliers, car le Collège, l'enseignement inter-collégial et professoral suffisaient. »[2] Les meilleurs professeurs, puisant dans le lot des meilleurs tuteurs, raviva le système des « Questions et Réponses » qui datait de l'époque médiévale.

Ces « cours spéciaux » ou « consultations » en Collège ont lieu une fois par semaine pendant le trimestre. Habituellement,

---

[1] Les changements ont été bien décrits dans *The Revolution of the Dons* de Sheldon Rothblatt, CUP, 1968, 207ff.
[2] ibid.,234.

chaque étudiant, seul ou en groupe de deux, (généralement trois étudiants par groupe maximum), reçoit six à huit cours de ce type pour chaque sujet. L'étudiant prépare un travail, c'est-à-dire un essai ou l'équivalent. Le professeur (qu'on appelle un « supervisor ») propose le sujet, il posera des questions, et fera des commentaires. C'est un procédé vraiment enrichissant, ou au contraire cela peut aussi ne pas être très utile du tout, et même causer de l'embarras.

Beaucoup de mes meilleures idées, je les ai découvertes et formulées avec des étudiants. Néanmoins les supervisions elles-mêmes et souvent la lecture des essais, avant et après, demandent beaucoup d'efforts. Comme Rose et Ziman le notent,

> pour qu'une « supervision » soit efficace, il faut un engagement de personnalité de la part du professeur qui soit absolument abouti, ou pour mieux dire constant et profondément maîtrisé. Ce qui demande une très grande dépense d'énergie… [1]

L'enseignement doit être à la fois critique et encourageant, et destiné à augmenter la confiance. Arthur Benson a noté aussi qu'il avait

> compris…qu'il n'y avait pas de meilleur moyen de remporter des victoires que celui d'encourager de façon généreuse et simple, de vive voix, avec admiration et franchise, et non pas en étant sévère et coercif. J'ai commencé à voir que manifester de l'intérêt et me montrer enthousiaste étaient contagieux… [2]

Le musicien Raymond Leppard en a décrit les conséquences à propos de son tuteur :

---

[1] Rose et Ziman, *Camford Observed*, 153.
[2] Benson, *College Window*, 132.

> En tant que professeur, il avait le plus grand don de vous faire croire que vous étiez meilleur que vous ne l'aviez pensé ; et comme on l'aimait bien, on ne pouvait pas le décevoir en ne l'étant pas.[1]

Pendant mon temps à Cambridge, j'ai supervisé plus de deux cents étudiants en licence. Et j'ai enseigné presque tout dans le domaine de l'anthropologie sociale : de la politique à la religion, de la théorie à la méthode, de la première à la troisième année. Il est difficile d'expliquer exactement ce qui se passe tant ces sessions sont intenses.

Rose et Ziman décrivent une variété de modèles.

> Comment les tutoriels se passent-ils ? Il est presqu'impossible de le dire. Ils tiennent leurs différences à ceux qui les enseignent et ceux qui les suivent. Certains s'étendent sur des heures, la conversation se poursuivant par interjections alors que le *don* est en train de s'habiller, ou de se faire une omelette, ou qu'il chante des morceaux d'opéra, ou époussette les bibelots sur la cheminée. D'autres supervisions, au contraire, s'arrêtent pile à l'heure et font figure de banquets de la pensée, silencieux et marmoréens. D'autres encore ont lieu dans des salles aux boiseries splendides, toutes ornées de dorures. On s'installe dans des fauteuils confortables, on déguste du porto, on regarde des objets d'art inestimables. Tandis que d'autres encore ont lieu dans des bureaux sans pratiquement aucun mobilier, et dont les cabinets de rangement en métal gris semblent figés dans les coins.[2]

Quant aux essais, on nous dit que « certains aiment les recevoir au début du tutoriel. Ils sont lus en silence, en émettant une petite toux terrifiante, tandis que l'étudiant essaie de voir sur le visage comment se passe la lecture. À la fin des trois quarts

---
[1] Hayman (ed.) *My Cambridge*, 106.
[2] Rose et Ziman, *Camford Observed*, 69.

d'heure, le *don* rend la copie, peut-être avec un bref murmure « Presque ça », ou « un peu trop riche », ou « Oui, je pense la même chose ». Certains *dons* font lire à l'étudiant son essai à haute voix. L'étudiant déclame la première phrase. Alors le professeur l'interrompt avec force admiration et remontrances. Après quoi, lui-même se lance dans des diatribes, des harangues, des exhortations. À la fin du tutoriel, l'essai est complètement tombé dans l'oubli car le *don* est en train d'argumenter avec lui-même... »

Généralement les tutoriels sont bien appréciés parce que les gens aiment les débats et les preuves passées au tamis.[1]

Ils apprennent à discuter de sujets intellectuels en toute liberté, d'une façon juste et pénétrante. Un contact hebdomadaire avec une personne plus âgée qui leur est familière, et pourtant pas trop familière, les encourage à aborder les problèmes et les perturbations du monde adulte. » D'autres trouvent ces supervisions inutiles et même absurdes.

L'écrivain Christopher Isherwood se souvient d'avoir lu à haute voix son premier essai à « l'épouvantable M. Gorse. »

> Le sujet de l'essai était : 'Mieux vaut une Angleterre libre qu'une Angleterre sobre'. Je l'avais terminé avec fierté ; car il convenait exactement à l'idée que je m'étais faite de ce M. Gorse — hargneux, épigrammatique, un peu osé du point de vue de la langue, empreint à des traits d'esprit qu'il avait pris (sans aucune indication de la source), chez M. Holmes [son prédécesseur]. Seulement à présent, pour une raison inconnue, tous les effets que j'avais escomptés semblaient aller de travers : les feux d'artifice verbaux étaient humides ; les épigrammes n'en étaient point : c'était des platitudes pompeuses, sourdement naïves, ineptes et bégueules.

---

[1] **F.B.** J'ai été moi-même introduite à la pratique des supervisions à King's College par Hal Dixon, un chimiste. De nos jours l'Université organise des séminaires pour les nouveaux professeurs.

Ce fut torture de les énoncer à haute voix. Je me confondis en excuses, me mis à tousser, et à faire des contrepèteries.

Comme Isherwood lisait le dernier paragraphe,

Gorse commença à dribler des doigts sur le manteau de cheminée. « Oui, oui… », il n'arrêtait pas de marmonner : « Oui …Oui » comme si son impatience grandissait à chaque mot. « Bien », me dit-il quand j'ai eu, enfin, fini : « Je dirai ceci en votre faveur — il ne s'agit pas là d'un travail fait par un imbécile à l'esprit totalement grossier. » Il fit une pause, je souriai désespérément, tout en le regardant comme aurait fait un caniche qu'on allait botter. « Bon, écoutez, Isherwood », me lança-t-il brusquement, « N'êtes-vous pas d'accord pour dire que tout ceci est foutaise ?… »[1]

Bien sûr, c'est le côté « excentrique » extrême. Presque tout ce dont j'ai fait l'expérience en tant qu'étudiant était plus sobre — et en ce qui me concerne, plus utile. Il règne souvent une atmosphère expérimentale ; on essaie des idées, on s'aperçoit que la manière de dire les choses importe tout autant que ce qu'on dit, et que, comme me l'a dit un de mes profs « une erreur fertile vaut un millier de vérités rassises ».

*

Une grande partie du système essaie d'évaluer la qualité par le biais des examens. La méthode a été inventée à Cambridge. On nous dit par exemple que l'idée de donner des notes a été développée par un tuteur qui s'appelait William Farish à Cambridge en 1792.[2] Puis en 1858, l'Université mit en place son

---

[1] Christopher Isherwood, *Le lion et son ombre*, ,, .
[2] D'après *Wikipedia*, University of Cambridge.

propre Syndicat des examens locaux. Ce syndicat, *l'Évaluation de Cambridge*, est non seulement aujourd'hui le plus grand d'Europe, mais le Conseil des Examens de Cambridge et Oxford fixe le niveau des examens dans pratiquement le monde entier.

Les examens médiévaux se faisaient sur la base de débats « dans lesquels les candidats avançaient une série de questions ou thèses à des opposants qui étaient à peine plus âgés qu'eux, puis finalement aux maîtres qui les avaient enseignés. »[1] À partir du XVIIIe siècle ceux qui avaient complété la première phase de leurs examens étaient classés par ordre de mérite. Au moment de la cérémonie de remise du diplôma un Licencié plus âgé, assis comme le fou du roi sur un trépied, lisait des vers de circonstance amusants pendant la cérémonie, de sorte que ces vers étaient connus sous le nom des « Tripos ».[2] Plus spécifiquement, on en vint à parler des « Tripos » en particulier pour les mathématiques, qui en 1800, étaient un examen écrit.

Le système de Cambridge est resté particulièrement strict. Dans mon domaine, aucun élément du cours pendant l'année — c'est-à-dire les essais ou les projets — ne compte pour les examens de fin d'année. C'est seulement en troisième année que la dissertation (qui est optionnelle, et pour laquelle habituellement seulement les deux tiers de la cohorte s'exécutent) compte pour un cinquième des notes. Un tel système place donc en première ligne, la mémoire, l'énergie, et la rapidité de pensée, l'ingénuité et la qualité de l'écrit. Ce qui présente beaucoup d'avantages. Il est moins susceptible d'abus que le contrôle continu. C'est un meilleur test de véritable compréhension, et, à mon avis, supérieur à celui des questions et autres méthodes utilisées dans d'autres Universités. Assez souvent il y a des essais brillants qui nous laissent bouche bée. Mais c'est, en fait, un système aussi stressant pour les étudiants que pour les correcteurs.

L'ensemble du processus est anonyme, les candidats sont

---

[1] Voir l'Histoire de l'Université sur le site de l'Université.
[2] **F.B.** Le terme « Tripos" se prononce [traille-post].

classés sans être nommés. Les noms sont révélés seulement plus tard — aux acclamations des uns, aux accents de déception des autres. Le système de Cambridge est impersonnel. Du début à la fin, tout ce qu'on juge, c'est l'intellect, sur une session de trois heures. Rien d'autre ne compte. Le système de Cambridge rend justice à tous les candidats, dans toutes les promotions. Le favoritisme, le hasard et les connaissances spéciales ne sont d'aucune aide.

*

Jusqu'à ces deux dernières générations, presque tout l'enseignement à Cambridge, s'adressait des étudiants en Licence. Mais de plus en plus, ce qui se passe, concerne aussi les gens en Master et les doctorants, environ donc un tiers des étudiants de Cambridge. De même l'organisation et le déroulement des études peuvent varier énormément entre disciplines et individus.

J'ai dirigé plus de trente doctorats pendant ma carrière à Cambridge, en moyenne entre cinq et dix, simultanément. Presque tous les étudiants travaillaient sur des sujets inimaginables, dans presque toutes les parties du monde. En voici quelques exemples : « le Haut débit informatique en Chine, le Blanchissement du visage au Japon, les Structures familiales à Singapour, la Religion à Sarawak, les Transformations sociales au Vietnam, l'Identité en Malaisie, le Shamanisme au Népal, les Chasseurs-cueilleurs en Inde, le Développement en Amérique du sud, le Tourisme en Grèce, la Politique en Espagne, le Nationalisme en Allemagne, la Manufacture en France, les Liens et relations en Angleterre, et l'Agriculture en Irlande.

L'approche que j'adoptais dans cette relation intense avec un autre être humain qui allait se poursuivre sur un certain nombre d'années, était d'essayer de rester intéressé par son travail au plus haut niveau, de proposer rapidement des solutions aux problèmes théoriques et pratiques qui pouvaient se poser, de donner des conseils généraux sur l'écriture, et des suggestions sur la bibliographie et autres sources, et par-dessus tout d'apporter un encouragement constant pendant la phase d'écriture qui est si solitaire. Il s'agit à la fois d'un privilège et d'une responsabilité. Alors que quelque chose comme un quart de mon énergie intellectuelle a été consacrée aux supervisions et aux examens de doctorat à Cambridge, je dois dire qu'il s'agit d'un processus gratifiant aussi pour le « supervisor » (le directeur de recherche). J'ai beaucoup appris de mes étudiants. Beaucoup d'entre eux ont fait ensuite de belles carrières dans leur domaine, et sont restés amis.

*

Le côté officiel de l'éducation à Cambridge est, de nos jours, très prenant, pour les étudiants comme pour les professeurs. Étant donnée la pression qui s'exerce sur le cursus universitaire pour les aspects formels de l'enseignement, il est bon de se souvenir de l'éducation qui existe en dehors de l'amphithéâtre, de façon « invisible » où idées et approches sont transmises de génération en génération.

> Un parent donne la vie, mais en tant que parent, c'est tout ce qu'il donne. Un assassin prend la vie, mais là s'arrête son méfait. Un enseignant a un impact pour l'éternité ; on ne peut jamais dire où s'arrête son influence…Il fait de ses élèves ou des prêtres ou des athées, des ploutocrates ou des socialistes, des juges ou des anarchistes, presqu'en dépit de lui-même. [1]

John Raven dans les années 30 l'a dit autrement. Si l'on supprimait la pipe, et les hommes étaient transformés en hommes ou en femmes, la scène se situant dans différents endroits, il en

---

[1] Henry Adams, *Democracy, Esther*, Library of America 1983, 994.

resterait un de représentatif : celui qui est près de la cheminée ».
La description continue d'être pertinente aujourd'hui.

> On suppose communément que les garçons vont à Cambridge pour être pétris de l'enseignement des *dons*, ou des laboratoires, pour y pratiquer l'aviron ou faire de la course à pied...Le secret de leur travail ne se trouve pas dans l'auditorium ou sur les terrains de sport ou au Syndicat des étudiants ou même encore au club de la gastronomie. Deux hommes, deux fauteuils, deux pipes et une cheminée — voilà leur symbole ; et ces nuits des dieux où nous discutions de tout sur tout, dans le ciel et sur la terre... Il est de notre ressort de vouloir nous élargir l'esprit, d'aller au bout de la connaissance, de découvrir les secrets de l'univers, et le but de la vie. C'est ce que l'Université est supposée éveiller en nous. [1]

L'essentiel est de combiner beaucoup de techniques formelles et à demi-formelles, d'aider les gens à se trouver eux-mêmes. C'est risqué, et souvent on échoue, obsédé comme on peut l'être par l'aspect officiel. Cela nécessite une attention constante. Pourtant, quand on lit les récits de nombreuses personnes qui sont passées par Cambridge, et que je repense à ma propre carrière d'étudiant en licence et en doctorat à Oxford, je reconnais l'exactitude des propos de Raymond Leppard.

> On avait à peine le temps de reprendre son souffle, et pourtant, quelque part dans le tourbillon frénétique du trimestre, il y avait l'essentiel du paradoxe qui fait la force du système d'Oxbridge. Alors que nous nous poussions jusqu'à nos dernières limites, il nous restait encore du temps pour nous découvrir nous-mêmes : notre esprit, nos capacités et nos échecs — pas tout évidemment, mais assez au moins pour que nous prenions un bon départ. [2]

---

[1] Lindsay, *Scrapbook*, 72, qui cite C.E. Raven, *A Wanderer's Way*, 1928.
[2] Leppard dans Hayman (ed.), *My Cambridge*, 111.

L'éducation est un système complet pour la tête, le cœur, l'esprit, et le corps (pour utiliser de vieux mots). C'est pourquoi en décrivant Cambridge, j'ai passé beaucoup de temps à essayer de capter quelque chose des coutumes, de l'architecture, des rythmes qui y sont tout aussi importants que l'enseignement formel.

*

Il est difficile d'évaluer les effets de Cambridge ou ce en quoi elle a pu contribuer à notre succès ensuite. Beaucoup de ceux qui pourraient être considérés comme des produits de « Cambridge » y ont passé seulement quelques années. Beaucoup ont réagi contre quand ils y étaient, tandis que d'autres l'ont désavouée pour de multiples raisons. Il y en a beaucoup dont les travaux importants ont eu lieu, qu'ils soient scientifiques, humanistes ou artistes, après qu'ils ont eu quitté l'Université.

On peut seulement en déduire que son influence a été indirectement bénéfique. Beaucoup de ceux que j'ai interviewés ont insisté sur le fait que l'atmosphère intellectuelle et émotionnelle de Cambridge a eu un impact profond, même indirectement sur eux, durant toute leur vie. Il en est ainsi pour moi, de mon expérience d'Oxford. Je soupçonne que si je m'étais orienté vers un travail autre qu'universitaire, j'aurais continué d'être conscient du fait que, comme mes toutes premières années en milieu familial, j'ai été marqué par cette expérience.

L'une des manières par lesquelles son influence se produit, est d'ailleurs nébuleuse ; elle consiste dans le sentiment que l'on marche dans les pas de ses prédécesseurs qui, eux, ont atteint les sommets de la créativité. Wordsworth et Tennyson écrivirent tous deux des poèmes après avoir vu le mûrier de Milton à Christ's College, et Wordsworth dans le *Prélude* a parlé du plaisir de se trouver où Chaucer, Spenser et Milton avaient composé certains de leurs poèmes.

Rose et Ziman ont bien raconté la chose.

Même sans être titulaire d'une Fellowship, Oxford ou Cambridge sont les endroits où il fait bon être. Ce ne sont pas simplement de grandes et célèbres Universités. Ce sont *les deux Universités*. Ce sont des éléments considérables dans l'héritage anglo-saxon, de hauts lieux magiques, comme Stonehenge ou Glastonbury. Pour tout esprit sensible, il s'agit bien d'un privilège et d'une responsabilité : marcher où a marché Newton, enseigner où a enseigné Érasme, prêcher où ont prêché Cranmer et Newman, y être maître où l'ont été Jowett ou Bentley. Le génie des lieux (*genius lociorum*) est indéniable. [1]

Passant ensuite à son impact sur le caractère et l'intelligence, ils pensent qu'il

> vient, peut-être, du sentiment qu'on a, en débutant, de pénétrer dans un patrimoine de traditions, d'harmonie et de paix, qui est fait d'indépendance, de tolérance, et de respect de l'intelligence humaine...auquel on se doit de donner sa vie en retour. Cela tient, par-dessus tout, à l'idée d'être invité à être soi-même, d'explorer le monde à sa façon, à l'aide de ses amis, et d'être aiguillé de temps en temps par un petit brin de moquerie, mais gentille, de la part de ses supérieurs, quand on fait des erreurs qui auraient pu être évitées. [2]

Pendant toutes mes années à l'Université, il y a eu des marques passionnantes et les échos de grandes réussites. Je n'en ai sans doute pas fait l'expérience de façon aussi intense que C.P Snow mais je les ai ressentis. Snow, écrivait en 1932 qu'on

> ne pouvait pas s'empêcher d'être interpellé par le charisme humain et intellectuel qui est dans l'air. James Chadwick, pâle après des nuits passées pratiquement sans dormir, et qui disait au Club Kapitsa...comment il

---

[1] Rose et Ziman, *Camford Observed*, 131.
[2] ibid.,246.

avait fait la découverte du neutron ; P.M.S Blackett ... montrant des plaquettes qui attestaient l'existence du positron ; John Cockcroft, qui habituellement, laissait libre cours à ses émotions aussi souvent que le Duc de Wellington, se mit à sautiller dans King's Parade en disant à ceux qu'il connaissait : « On a divisé l'atome ! On a divisé l'atome ! » [1]

Il est tout aussi difficile de capter des émotions intenses comme souvent celles des premières amours ou d'une amitié, alors que ce sont des moments qui peuvent durer toute une vie. Par exemple, lorsque Vladimir Nabokov est venu faire ses études à Trinity en 1919 après avoir fui, avec sa famille, la Révolution russe. Il écrivit qu'il

> se souvenait des plates et des canoés glissant lentement sur la rivière Cam, la plainte hawaïenne des gramophones qu'on entendait en passant de l'ombre au soleil ; et la main de cette jeune fille qui faisait tourner doucement dans un sens, puis dans l'autre, le manche de son ombrelle aux éclatantes couleurs de paon ; tandis qu'elle était à demi-étendue sur les coussins de la plate que je conduisais, comme en rêve. Les marronniers aux cônes roses formaient des masses surplombantes, ils évinçaient le ciel au-dessus de la rivière, et la disposition particulière de leurs fleurs et de leurs feuilles produisait le genre d'effet dit en escalier ; ornementation angulaire d'une splendide [2]

*

Les sentiments de la plupart des gens à Cambridge, les miens y compris, sont mitigés. Pourtant, presque toujours, il est reconnu que d'une certaine façon, Cambridge a changé nos vies. Si l'on

---

[1] C.P. Snow, *Variety of Men*, Penguin, 1969, 11.
[2] Nabokov, *Autres rivages*, Gallimard, 1989, 279–280.

s'en tient à quatre parmi tant d'autres qui, plus tard, ont excellé dans différents domaines et ont relaté leurs expériences après la seconde guerre mondiale, on peut entrevoir que Cambridge leur a laissé des émotions intenses.

Le critique littéraire et écrivain socialiste Raymond Williams a écrit :

> Lorsque je regarde cette étrange cité qui s'étend au-delà des prés, il est à la fois difficile et facile de me rappeler tout ce qui m'est arrivé ici, et l'importance qu'elle a eue à différentes époques de ma vie. Cela se comprend parce que je travaille encore ici ; il y a donc une continuité de traces, de nombreux endroits me rappellent le passé et le présent. Mais cela m'est difficile parce que toutes ces années ne correspondent qu'à des intersections ; jamais à l'idée de posséder ou d'être possédé par... [1]

L'économiste John Vaisey a écrit que

> Cambridge ne m'a pas fabriqué. Les habitudes de névrosé que j'avais adoptées quand je suis arrivé ici n'ont pas changé. J'ai ramené aussi de l'hôpital l'habitude de travailler. Mais Cambridge m'a formé. Elle m'a donné la détermination de devenir *don* afin de ne pas perdre de vue le chemin de la vie. Et ce chemin a été mon introduction à la vie adulte. »[2] Il écrit aussi qu'il « m'est impossible, de ce fait, de repenser à Cambridge sans ressentir que j'ai été à la fois limité et profondément libéré par cette expérience. [3]

---

[1] Hayman (ed.), *My Cambridge*, 70.
[2] ibid., 124–5.
[3] ibid., 130.

J'ai pour elle des sentiments multiples et contradictoires.

> Nostalgie, réminiscences, trous de mémoire, désespoir — ce sont des sentiments qui naissent en vous, et qui, comme dans un tour de passe-passe, aboutissent à l'impression que cette expérience n'a pas vraiment eu lieu.[1]

Le poète Thom Gunn a écrit sur la magie de jouer la pièce *The Taming of the Shrew [La Mégère apprivoisée]* dans les jardins d'un Collège :

> Pendant la dernière scène, à la nuit tombée, les domestiques tenaient des torches. C'était Cambridge dans sa plus grande douceur — Shakespeare, une nuit d'été sous la pleine lune, dans des jardins privés, tels des parcs, dans les Collèges les plus riches, avec mes amis dont j'espérais qu'ils le seraient toujours — toutes sortes de bonheurs rassemblés en un seul.

C'est un lieu de fantaisie.

> Pourtant il n'y avait pas de Cambridge fixe ; plutôt un certain nombre de bâtiments anciens bien conservés où il y avait un corps enseignant et domestique. C'était l'arrière-plan sur lequel beaucoup de jeunes gens intelligents improvisaient leurs fantaisies sur ce que « Cambridge » pouvait être.[2]

Il conclut :

> J'ai de la gratitude envers Cambridge pour beaucoup de choses. Elle a enrichi énormément ma vie, m'a donné une sécurité et des avantages que tout le monde devrait

---

[1] ibid., 132.
[2] ibid., 144.

avoir, mais elle m'a aussi fait grandir à l'idée que tôt ou tard la vraie vie était complètement ailleurs. [1]

L'actrice Eleanor Bron a montré quelque chose que j'ai également connue : à savoir que l'influence de Cambridge a commencé longtemps avant d'arriver à l'Université.

> À l'école, Cambridge et Oxford étaient des absolus, presque des valeurs tangibles. Chaque nom semblait relever d'une expérience continue et complexe, presqu'aussi importante que ces grands mots débilitants de Mariage, Souffrance ou Mort... En fait, tel que je vois les choses maintenant, ce que mes professeurs avaient mis devant moi, étaient les sphères dorées de l'opportunité. [2]

Ensuite à Cambridge, à la fois l'esthétique et le social eurent un profond effet :

> La beauté du lieu, les bâtiments historiques tout en élégance et en grâce, la rivière, les prés saturés de jonquilles au printemps, tout ceci à proximité, ne pouvait pas ne pas contribuer au puissant impact que ce lieu a sur ceux et celles qui l'habitent. Et pour beaucoup, inévitablement, c'était un moment de leur vie où ils étaient particulièrement ouverts à tout , étant venus ici pour un temps seulement, comme des passagers en transit dans un salon plutôt bien fréquenté. [3]

L'intensité, et un peu de l'esprit dont il est question à Cambridge, est bien repris par ce commentaire qu'une étudiante de première année m'a envoyé après avoir passé trois mois ici. Elle écrit qu'on devrait avertir les étudiants qui ont choisi comme

---

[1] ibid., 148.
[2] Hayman (ed.), *My Cambridge*, 171–2.
[3] Ibid., 186.

sujet l'anthropologie, que leurs certitudes seront mises au défi et qu'on leur apprendra à cultiver le doute.

> Je suis venue à Cambridge et j'avais des valeurs, des croyances et des convictions assez bien enracinées — pas seulement dans les domaines de la politique et de la religion, mais aussi dans les sphères de la vie sociale et publique du monde dans lequel je vivais. Grâce à l'éducation de Cambridge, au contraire un effort considérable est fait pour démanteler et déconstruire complètement toute la connaissance et les façons de penser qu'on avait auparavant. Tout est mis en question, rien n'est certain, et en fin de compte, je me trouve dans cette pièce confortable, pensant que je ne savais pas grand-chose, et à quel point mes jugements étaient mal informés ; mais néanmoins j'étais heureuse. Toutes les antennes cognitives qui cherchent à ordonner le monde environnant, et qui tentent de vous maintenir dans la certitude, sont dépassées par un flot d'informations qui vous rendent plus sage qu'auparavant, mais aussi beaucoup moins sûr de soi... C'est le moment le plus intéressant de ma vie. Chaque jour je m'éveille à des pensées nouvelles, à des connaissances nouvelles. J'ai appris qu'il n'existe pas de réponses toutes faites : une croyance en une connaissance qu'on considérerait comme fondée et sûre est souvent simpliste. Il n'existe pas de solutions faciles. La vie et le monde où elle se manifeste sont incroyablement complexes. [1]

C'est à cause de cette intensité et de sa nature souvent transitoire que de nombreuses personnes se sentent mal à l'aise à l'idée de revisiter un endroit où se trouvent tant de fantômes d'eux-mêmes datant d'avant.

---

[1] J'exprime ici ma gratitude à Jan-Jonathan Bock qui m'a autorisé à citer ce commentaire fait en 2008.

Ici les spectres sont légion et la situation devient claire. Voici des rues et des coins pour toujours hantés : une rencontre inattendue dans le brouillard, les surveillants à mes trousses...

En retournant à la bibliothèque de Newnham, Bron a observé qu'elle

n'arrivait pas à croire que j'étais assise ici à lire des livres, à essayer de penser. C'était comme si j'avais eu des souvenirs surnuméraires, une sensation étrange et pas très plaisante : *non pas* de voir un fantôme, mais *d'être* ce fantôme. »[1] Elle prétend que cela ne lui a pas appris à penser, mais l'a « éclairée dans d'autres voies et, directement ou indirectement, aidé à rencontrer les personnes que j'aime le plus au monde. [2]

Peut-être que parmi ceux pour qui la chance a été de leur côté dans cette expérience, E.M. Forster a sans doute le mieux coordonné ces éléments contraires :

Alors que Cambridge commençait à se remplir d'amis, elle s'enveloppait d'un voile magique. Corps et esprit, cœur et raison, travaux et jeux, architectures et paysages, rires et sérieux, vie et arts — ces pairs qui existent aussi ailleurs, mais seulement en parallèle, ici au contraire, fusionnent. Les gens et les livres se renforcent l'un l'autre, l'intelligence donne la main à l'affection, la spéculation devient passion, et la discussion s'approfondit par l'amour. [3]

Souvent c'est seulement à de rares occasions qu'une personne exprime sa dette de gratitude envers Cambridge. L'un des plus

---

[1] Hayman, *My Cambridge*, 172.
[2] ibid., 190.
[3] E.M. Forster, *Goldsworthy Lowes Dickinson*, Arnold, 1934, 35.

émouvants témoignages fut celui du théologien et martyre protestant Nicholas Ridley quand il fit ses adieux par écrit en 1555, juste avant d'être emmené au bûcher pour avoir refusé de se convertir au Catholicisme.

> Adieu donc, chère Cambridge, Mère aimante et douce infirmière…Toi qui m'as conféré tous tes diplômes, tous les devoirs habituels d'un poste, ceux de l'aumônerie de l'Université, puis ceux de responsable de la discipline, et Maître de conférence, ainsi que les multiples avantages immobiliers et honoraires des Collèges. En quoi ne m'as-tu pas donné de prendre part !…Adieu Pembroke Hall… Dans ton verger, (si seulement les murs, les salles, les arbres pouvaient témoigner pour moi) j'ai appris presque sans aucun livre toutes les Épîtres de Saint Paul, oui, et je suis d'accord sur toutes les épîtres canoniques…Le Seigneur fasse que ce zèle et cet amour pour cette partie du Verbe de Dieu, clef et réel commentaire sur toutes les Saintes Écritures, puisse demeurer dans ce Collège tant que le monde existera. [1]

---

[1] Cité dans Leedham-Green, *University of Cambridge*, 53.

La Créativité

Voici qu'il pourrait passer inaperçu, ce petit soleil jaune situé au fin fond d'un coin perdu de la partie la plus reculée de la Spirale occidentale de la Galaxie. Dans son orbite à une distance de quelques 148 millions de kilomètres, se situe une toute petite planète vert-bleu, pratiquement insignifiante, dont les formes de vie qui descendent du singe, sont si primitives qu'une montre digitale semble encore une drôle d'idée.

Or l'une de ces formes de vie primitive était un certain Douglas Adams, ancien étudiant de St John's College, et l'auteur du célèbre *Le Guide du voyageur galactique* cité ci-dessus.

Adams aurait pu poursuivre ainsi. « Pendant presque toute la durée de l'histoire de l'humanité, personne sur cette planète éloignée et insignifiante, n'avait prêté attention à cet îlot aux lourdes pluies, situé juste à l'ouest du continent eurasien. Petit à petit il s'est peuplé de tribus qui, sur une période d'à peu près mille ans, sont devenues les Anglais. Et dans l'une des contrées les plus impénétrables et les plus pauvres du pays, toute aussi éloignée et insignifiante que l'Angleterre, se trouvaient les marais ou « Fens » du Cambridgeshire. Et c'est donc là que, fortuitement, un groupe de gens ressemblant à des moines, sont venus s'installer pour fonder un centre éducatif ».

Ce qui est insolite, c'est que sur une période de huit cents ans cet infime point sur cette infime planète est devenu sans doute le seul et plus important centre de découvertes intellectuelles de l'histoire. Ses scientifiques ont mis au jour beaucoup des lois du monde physique et naturel. Comment l'expérience d'essayer de répondre à la question « quel est le sens de la vie, de l'univers, et de tout » a-t-elle relativement bien réussi ? Quelles sont les sources de la créativité, pas uniquement dans les sciences, dans les arts également, les humanités et les sciences sociales ?

*

Tous les êtres humains au départ sont dotés d'un potentiel de créativité, c'est-à-dire d'un mélange de curiosité, d'étonnement, de désir d'expérimenter, résoudre des énigmes, essayer de nouvelles choses, explorer leur monde et inventer de nouvelles solutions pour améliorer la vie. Néanmoins dans la majorité des sociétés, une telle créativité est souvent réfrénée. Habituellement l'État, la religion et la famille font pression sur l'individu et une grande partie de cette créativité est étouffée. En effet, à une toute petite échelle elle est tolérée, elle peut être même encouragée, mais sous une forme plus dense, plus sourde qui tente de transformer le monde, elle est presque toujours considérée comme une menace.

Le système éducatif à l'école comme à l'Université est un obstacle à la pensée créative. Comme Einstein l'a dit lui-même, « La seule chose qui fasse obstacle à vraiment apprendre, c'est mon éducation. » Les enseignants très souvent font reposer leur méthode sur du par cœur, le respect des opinions reçues et la sagesse ancestrale. Il règne donc une grande hostilité envers toute déviation de la norme.

Bien qu'il y ait des moments de créativité partout, quand je pense à mon expérience à Cambridge, j'y détecte cependant quelque chose d'inhabituel. Il s'agit d'une série de « révolutions conceptuelles » qui correspondent à des découvertes immenses qui ont changé radicalement la façon de voir le monde ; de Bacon et Newton à Maxwell, Crick et Watson. Il semblerait que souvent la recherche des plus grands mystères de l'humanité et du monde naturel, se fasse de façon terrifiante, dans la solitude et l'isolement, face à l'impossible, et que ce soit justement à Cambridge que cela se passe avec succès ; par de longs combats pour trouver des réponses aux mystères de la science et des arts, à un niveau avancé de la recherche. C'est ce qui encourage les étudiants. Quelles qu'aient été les inhibitions de la créativité plus tôt, celle des « grosses têtes » et des bosseurs à l'école, à Cambridge tous les aspects du potentiel créatif de la personne sont protégés et encouragés. Quel que soit le domaine des passions : les jeux, la musique, le théâtre, la poésie, les sciences.

Pendant mes six années d'études dans le supérieur à Oxford, puis les quarante ans, ou presque, à Cambridge, j'ai apprécié ce soutien et cette atmosphère encourageante. Il faut se souvenir que d'autres sont soumis à des conversations destructives et des obstacles au profit d'intérêts personnels.

Pas plus que je n'ai jamais ressenti que mes collègues désapprouvaient mes tentatives les plus insolites et les plus inattendues d'aborder de nouveaux problèmes. En tant qu'historien dans un département d'anthropologie, quelqu'un que les technologies (des ordinateurs et des vidéos) fascinent dans un domaine où justement la technologie n'a pas sa place, je n'ai pas eu besoin de justifier ou de me battre pour faire accepter mes excentricités.

C'est une grande incitation et un plaisir que d'être estimé dans tout ce qu'on entreprend, étant entendu que malgré leur absurdité aujourd'hui, ces idées peuvent conduire à quelque chose d'original, qui vaut la peine. Cet encouragement à produire de la pensée innovante est quelque chose que j'essaie d'enseigner à mes étudiants. S'ils apportent des idées passionnantes, même peu plausibles, j'essaie de leur laisser la place et de les soutenir afin qu'ils les développent. Mieux vaut essayer et apprendre de ses propres erreurs que de passer son temps à être mis en garde contre les difficultés !

L'originalité est parmi les qualités académiques les plus estimées. Elle a été pendant longtemps *le* critère principal de l'attribution d'un doctorat. Trouver quelque chose de nouveau, créer un objet qui n'a jamais existé, trouver un chemin neuf qui contourne une difficulté, qui ouvre une voie nouvelle à la connaissance, voilà les objectifs les plus nobles. Dans sa totalité, l'Université est une machine intellectuelle dédiée à la créativité. Mais ce qui est paradoxal c'est qu'elle le peut, parce que ses institutions sont traditionnelles et sécurisantes.

F.B. C'est en ce sens justement qu'un poste de Tuteur-aumônier à Cambridge a été créé en 2011 à Homerton College, pour répondre aux besoins d'une communauté de Fellows et étudiants chez qui la spiritualité existe, au sens large, comme mystère de l'insondable, sans qu'il y ait nécessairement d'affiliation à une église.[1]

La relative égalité qui existe au sein de la hiérarchie de l'Université, l'absence de différence très marquée entre recherche et enseignement, le fait d'estimer les autres plutôt que leur position, tout encourage la créativité. La pire des réputations c'est de passer pour un(e) ennuyeux/se. Les conversations gaies et enjouées, pleines de curiosité mais sans destructivité sont encouragées.

La vie académique peut vite dégénérer en un jeu de somme zéro, en un « bien limité », en « grenouilles dans le puits » toutes grattant pour se raccrocher et faire tomber les autres. Le succès d'un collègue peut être ressenti comme une amère défaite, devenir source de médisance et de bavardages ; on tente de salir une réputation, on crée des cliques et des rivalités.

Il est possible que je sois naïf, mais j'ai remarqué que cet état

---

[1] **F.B.** C'est ce poste que j'ai occupé pendant cinq ans, tout en continuant d'être affiliée à la Faculté d'anglais et à enseigner les littératures française et anglaise au Collège.

d'esprit est relativement rare à Cambridge ; le succès personnel étant considéré comme un bien dont le monde peut profiter. La gloire est à la mesure du succès de ses collègues et dépasse le sentiment personnel que l'on peut avoir de son manque de succès à soi. C'est comme dans un bon contexte familial : les parents sont contents du succès de leurs enfants (et vice versa) au lieu de se sentir menacés par lui.

Cambridge n'a pas cédé à la contrainte que d'autres universités subissent de devoir diviser leur personnel en « enseignants » d'un côté, et en « chercheurs » de l'autre. En effet, la difficulté la plus grande à laquelle beaucoup d'Universités doivent faire face, c'est de mettre dos à dos enseignement et recherche, l'un pour assurer sa subsistance, l'autre pour obtenir une promotion et jouir de prestige. Ceci est largement absent à Cambridge. Les bons professeurs sont valorisés et encouragés à être aussi de bons chercheurs.[1]

Le système laisse donc de la place à l'excentricité et au génie. Pendant des années j'ai ressenti, à l'occasion, comme un fardeau, de soutenir un collègue qui a toujours été considéré comme un « parasite », quelqu'un que les comités ennuyaient, qui refusait de s'atteler aux routines de l'enseignement, sur qui il était impossible de compter. Pourtant lui et d'autres sont des gens brillants, originaux et spéciaux. Et ce sont eux qui font la gloire de ce lieu. Car il est reconnu que parvenir à faire quelque chose d'extraordinaire, comme un Newton, un J.J. Thomson, un Paul Dirac et un Fred Sanger ne correspond pas très bien aux simples normes de la vie académique. Cela peut se traduire par une timidité extrême, une capacité médiocre à donner des cours magistraux, une innocence quasi infantile, et un surcroît d'égoïsme et d'obsession de soi.

---

[1] **F.B.** La place qu'a occupée la recherche dans mon domaine littéraire s'est petit à petit concentrée sur la traduction de la poésie de René Char. Voir *Homersphere* (2021) ; *Modern Poetry in Translation* (2012).

Pour être créatif on a besoin essentiellement d'espace mental et social. Cela nécessite aussi d'avoir confiance en soi, de pouvoir rester profondément et longuement attentif à des indices, ne pas craindre l'autorité, et pouvoir mettre en question le paradigme existant. Or cette institution qui, de façon considérable, fournit ce contexte à des entreprises aussi inhabituelles en leur genre, et ceci, depuis huit cents ans, peut paraître incroyable. En effet, voilà qui surprend : avoir trouvé un lieu où il est possible d'éviter le traintrain et la pression à se conformer qui, si facilement, envahissent l'institution.

C'est à la fois un endroit qui enchante par sa structure sociale inhabituelle et qui fait qu'ici il est possible de rêver ses rêves créatifs, de penser des choses impossibles, de fantasmer, de jouer avec les idées. J'ai décoché des milliers de flèches intellectuelles et bien que presqu'aucune n'ait atteint son objectif, personne ne m'a dit d'arrêter ce qui aurait été pris ailleurs, pour des idées folles. Cambridge fait preuve d'un degré de tolérance immense pour toutes les erreurs commises et les pertes de temps.

Cette atmosphère est encourageante pour la créativité. La structure des carrières est plutôt linéaire depuis plusieurs siècles. Bien que cela ait changé radicalement ces vingt dernières années, l'Université s'étant dotée de nombreux postes de maîtres de conférence et de chaires, la différence entre les salaires n'est pas aussi grande que dans la plupart des institutions. Une fois que quelqu'un a atteint le grade de Fellow dans un Collège, il ne reste pas vraiment d'autres échelon à grimper, sauf, peut-être, celui de président de Collège. De ce fait, presque toute l'énergie est consacrée à un enseignement de qualité et à la compréhension de sujets difficiles plutôt qu'à une promotion de carrière.

*

La créativité à Cambridge provient aussi de l'absence de barrières érigées entre disciplines et spécialisation. Les innovations et découvertes les plus grandes se font lorsque des domaines jusqu'ici éloignés se rencontrent. Normalement la difficulté est due à la spécialisation académique : pénétrer plus avant dans un problème exige des années de préparation. Pourtant technique et travail acharné à eux seuls ne suffiront pas à apporter une nouvelle solution. Les résultats obtenus dans d'autres disciplines avec lesquelles on en est encore qu'à ses balbutiements, peuvent être nécessaires pour résoudre de plus amples problèmes.

Ce que j'ai remarqué dans les entretiens que j'ai fait passer à des scientifiques de pointe, c'est la façon dont ils passent presque sans efforts d'une discipline à une autre, à un très haut niveau de compétence. Un astrophysicien aurait assez de connaissances en chimie, biologie, physique et mathématiques pour répondre dans son domaine à des questions de spécialiste venant d'un autre domaine. Un anthropologue d'envergure que je connais bien, s'exprime brillamment non seulement sur les grands traits d'un certain nombre de cultures, mais aussi sur l'histoire, la linguistique, la littérature et l'archéologie.

C'est précisément ce système collégial qui amène à s'intéresser à la pluridisciplinarité. Dans de nombreuses Universités où j'étais invité, on tendait à rencontrer seulement les spécialistes du même domaine que soi, ou qui s'en approchaient. Or à Cambridge, lorsque on est étudiant en Licence, nos amis étudient dans d'autres disciplines. Le soir lorsqu'on dîne ensemble, on a l'habitude de prendre place à côté des scientifiques, des philosophes, des classicistes et autres, en dehors de son propre domaine. Très vite alors on se rend compte de ce qui nous rapproche, mais aussi de ce qui nous sépare. C'est pourquoi on est sensé pouvoir expliquer de façon claire et simple les problèmes qu'on est en train de résoudre à des non-spécialistes intelligents ; cela nous oblige à clarifier nos idées. La vie en Collège peut devenir un séminaire collectif interdisciplinaire sur plusieurs années. Vous avez déjà une certaine compréhension des travaux les plus récents, dans un grand nombre de domaines, auxquels vous avez eu accès sur pied d'égalité grâce à l'une de vos connaissances, grâce à l'amitié et aux responsabilités partagées.

Je ne crois pas qu'il y ait de façon plus créative d'être encouragé à sauter les obstacles, à avoir la possibilité de connaître un domaine en l'observant à partir d'un autre, pourtant assez éloigné. Les très grands problèmes, comme le secret de la vie, les modèles de l'histoire, ou les universels culturels chez l'Homme peuvent seulement s'appréhender à partir d'une sagesse acquise et d'intuitions nées de milliers d'années de la pensée humaine. Cette banque d'idées se trouve physiquement dans les bibliothèques, les laboratoires et les ordinateurs, mais aussi dans ceux des esprits intéressants.

*

L'économiste et philosophe Adam Smith croyait d'ailleurs que l'instinct de découverte chez l'humain venait de la curiosité, de « l'étonnement et de la surprise ». Une personne est confrontée à une énigme. Comment se fait-il que deux phénomènes qui n'ont apparemment rien en commun, soient reliés à un niveau si profond ? Qu'est-ce qui fait tomber les objets ? Quel est l'élément le plus petit au monde ? Qu'est-ce qui rend l'être humain aussi agressif ? L'esprit est intrigué et se demande, il essaie de trouver une solution. L'esprit fondamental d'une Université est clairement la curiosité, puisque presque toute la vie académique se passe à essayer de résoudre des problèmes et à éclaircir des mystères. Une fois un problème majeur résolu, un autre se présente.

Le système éducatif de Cambridge repose sur deux lignes directrices. L'une est la pensée grecque, inhabituelle en ceci qu'elle encourageait les gens à questionner et chercher de nouvelles réponses à de vieux problèmes. L'autre relève d'une tradition médiévale juridique (anglaise) qui encourageait l'argumentation et la confrontation, pour répondre à des questions difficiles. Ces deux aspects sont complémentaires, et ont fait naître la recherche qui est à la base de la Renaissance et la Révolution Scientifique.

L'homme qui a tracé la carte de cette *Nouvelle Atlantis*, et le moyen de l'atteindre, était Francis Bacon, autre figure de Cambridge. Sa méthode était de tester les théories par rapport aux faits, et d'observer les phénomènes naturels pour pouvoir aller jusqu'à des lois cachées mais universelles sous la surface des choses. Il dessina alors un nouveau monde et livra quelques-uns des outils propres à son exploration.

Les méthodes de Bacon sont seulement une partie des technologies nécessaires à la pensée. Être inspiré, deviner, émettre des hypothèses sont tout aussi importants. Néanmoins toute l'entreprise de Bacon, et de milliers d'autres penseurs en occident, de Léonard de Vinci à Einstein, s'est faite à partir d'une curiosité de base, concernant la manière dont le monde opère. Comme un enfant pose des questions simples, un penseur est curieux et les réponses superficielles ne le rebutent pas.

La tendance normale dans les institutions de la pensée est de considérer la curiosité comme une obsession infantile, sans rapport avec la question du savoir. Il existe aussi de nombreuses forces dans le monde académique qui la critiquent : une puissante élite intellectuelle au sein de l'institution écrase les idées de la génération suivante parce qu'elle se sent menacée dans ses propres idées. Je n'en ai pas fait l'expérience de façon sérieuse à Cambridge où l'équilibre complexe entre Collèges et Université protège et donne la liberté de mettre en question les idées reçues.

La curiosité est supprimée aussi par la routine, l'enseignement et la recherche sur les mêmes sujets d'année en année. Il y a quelque chose de cela à Cambridge. Mais il est vrai, et c'est certainement le cas dans ma discipline, qu'il y a toujours des demandes de cours magistraux sur de nouveaux sujets, à cause des nouveaux doctorats traitant de nouveaux thèmes. C'est ce qui nous tient en haleine même si cela peut entraîner des dangers inverses : la stimulation à outrance et l'éparpillement intellectuels.

Le cynisme et le sentiment que tout est déjà connu ou au

contraire qu'il est impossible de tout connaître, constituent un autre obstacle. Mais la merveilleuse expérience du travail au sein d'une Université où ont germé, à travers l'histoire, des découvertes importantes, de nouvelles disciplines, des récits sur la formation de notre monde par des découvertes inattendues, tendent à faire diminuer ce cynisme et cette lassitude mondaine.

J'ai trouvé que la plupart du temps, Cambridge est un lieu où l'on se renouvelle et l'on peut être ambitieux. Les gens savent qu'il est impossible d'être dans la certitude absolue de quoi que ce soit. Philosophes et scientifiques avaient anticipé depuis des siècles le doute que le scepticisme post-moderne est en train de propager. Pourtant beaucoup de ceux que je rencontre, ont conservé cette fraîcheur que l'on trouvait à la Renaissance intellectuelle du Moyen-Âge. Celle-ci relève de la croyance dans un monde rempli de clés à propos de mystères encore non résolus, et que nous avons la chance, nous, dans notre vie, de contribuer à découvrir. Ils connaissent entre eux l'optimisme des enfants, ou celui d'un Newton qui se comparait à un enfant debout devant l'océan du savoir, à lui jeter des galets.

La curiosité peut être aussi mise à l'épreuve par la frustration, ou le sentiment qu'on n'a pas assez de temps, ou de données, ou de reconnaissance de ses pairs, ou assez de motivations pour prendre la peine de l'entreprendre. Là encore Cambridge a été merveilleuse. J'ai lancé, par curiosité, une douzaine (ou plus) de projets, pendant ma carrière ; en voici quelques-uns : Quelles sont les origines et la nature de l'individualisme en Angleterre ? Quelle est la culture du capitalisme ? D'où vient la liberté ? Quelle est la nature de l'amour ? Comment opère le Japon ? Pourquoi le thé a-t-il conquis le monde ? Quels ont été les conséquences du verre ?

Mais pour progresser et sentir que la curiosité ne mènera pas à une voie de garage, j'ai eu besoin de temps. Bien qu'étant extrêmement sollicité dans mon travail, vacances et congés sabbatiques me l'ont donné. Le temps se génère aussi en apprenant les ficelles de la concentration : on apprend, en effet, à en faire usage par petits morceaux, à le diviser selon la taille des tâches à accomplir.

Et pourtant le temps serait moins bien utilisé si la stimulation qu'on puise dans d'autres domaines n'existait pas, notamment grâce à la discussion et la collaboration, particulièrement avec ceux qui nous paraissent loin de nos préoccupations, comme je l'ai mentionné plus haut. Elle se trouve également dans la structure de l'enseignement. D'aucuns considèrent que l'enseignement et la recherche sont à l'opposé l'un de l'autre, comme le pensait le Cardinal Newman dans son *Idée d'une université*. En effet, être surchargé de tutoriels peut faire obstacle à la créativité. Dans l'ensemble, néanmoins, j'ai trouvé que la nécessité d'apprendre de nouvelles choses, de les expliquer simplement, d'apprendre ce qui intéresse les jeunes, est stimulant. J'ai remarqué aussi que ceux qui occupent uniquement des postes de recherche, ou qui se situent en dehors de la vie strictement universitaire, croyant qu'ils feront bien plus de choses, en font moins. « Oser s'écorcher les doigts à la gangue pour, enfin, caresser le diamant ».

Une autre source encore repose sur les données enregistrées dans les sources et archives. Cambridge comporte de nombreux lieux d'inspiration. Il y a celui, évidemment de la Bibliothèque. J'ai souvent pu transformer une intuition en idée élaborée parce que j'avais pu trouver facilement des ouvrages sur mon sujet. J'ai également compris à quel point ce qu'on apprend en cherchant dans une bibliothèque est une question de chance.

Par exemple, lorsque j'étudiais l'impact du verre, j'ai découvert qu'il y avait un nombre spécifique, mais toutefois limité, de spécimens, tous accessibles dans les différentes bibliothèques et musées. Le verre scientifique, artistique, récréatif était exposé et analysé, et même à la bibliothèque de l'Université. Néanmoins en passant par une demi-douzaine de bibliothèques et de musées, j'ai pu trouver tout ce que je cherchais.

Cambridge est un vaste cabinet de curiosités, (comme on

appelle les musées ici), ce sont des endroits qui servent à générer et fournir des indices propres à résoudre leurs énigmes. Pour un scientifique, il ne fait pas de doute que la situation est similaire. Les laboratoires attenants, ce qui se passe à un autre étage ou dans un autre bâtiment, ou alors une conversation fortuite au cours d'un dîner peuvent être le début d'une longue et fructueuse collaboration, celle-ci charriant une montagne d'émotions et d'intellect concentrés, mais bien répartis, et qui sont « bien pour penser avec ».

Il existe suffisamment de limites et de protections — lourdes portes, clubs exclusifs, moments et lieux spécifiques, bibliothèques et laboratoires, congés sabbatiques et périodes de recherche — pour permettre à ces moments d'intense travail créatif d'exister sans toutefois trop les limiter. Les changements constants de population, de visiteurs ou d'étudiants, et aujourd'hui l'usage de l'internet signifient que Cambridge présente aussi des « brèches ». Cambridge fait partie d'un vaste réseau international et son prestige la met en rapport avec les meilleurs départements et Universités du monde. Elle est simultanément une petite cité provinciale où de grandes questions sont posées, et où la curiosité s'étend à toutes les parties du monde.

*

Je sais que c'est vrai, par exemple, lorsque je fais partie d'une équipe qui cherche à écrire ou résoudre un problème difficile. Il m'arrive alors d'être particulièrement distrait. Ce trait particulier chez les *dons* est un stéréotype bien connu. On raconte, par exemple, que l'épouse du grand scientifique J.J. Thomson qui découvrit l'électron, remarqua un jour que son mari était parti en laissant ses vêtements. Elle sortit donc de bonne heure dans les rues de Cambridge, à la recherche du Maître de Trinity College ; il était sans doute en pyjama.

En réfléchissant sur les grandes choses, on finit par en oublier les moins grandes. Adam Smith qui, comme certaines personnes que je connais à Cambridge, avait l'habitude de se promener en se causant à lui-même, était connu pour mettre au fond de sa théière, non pas du thé, mais du pain qu'il émiettait, à la grande consternation de ses invités. Lui aussi se promenait en pyjama le long de la côte de Fife, en essayant de trouver les causes de *La Richesse des nations*.

Newton dit que pour résoudre « l'énigme de l'univers » il fallait y penser sans discontinuer, et la concentration n'est pas chose facile. Pour autant, cette capacité à se concentrer intensément sur un sujet semble bien être un trait distinctif de beaucoup de grands esprits. Une longue et intense concentration — on perd 99 % de sa transpiration pour une découverte majeure — est quelque chose à laquelle les Anglais excellent. Dans une lettre à Madame Grote, Tocqueville a noté que « ce que vous dites à propos du simple caractère anglais est vrai. Leur perception est juste, quelque peu étroite, mais claire : ils voient seulement ce qu'ils regardent et font bien, seulement une chose à la fois. »[1]

Un exemple particulièrement saillant d'une recherche sans interruption, avec ses solutions extrêmement complexes a été celle de Fred Sanger, qui non seulement une, mais deux fois, a entrepris de séquencer, manuellement, l'insuline d'abord, puis un phage. James Frazer, anthropologue, dont on dit qu'il travaillait 12 heures par jour, 364 jours par an (sauf le jour de Noël), pendant plus de 20 ans, a écrit ainsi les douze volumes de son œuvre *The Golden Bough (l'Arc doré)*.

*

Cette prodigieuse capacité à se concentrer correspond à deux traits du caractère anglais qui frappent particulièrement les observateurs étrangers. L'un repose sur l'individualisme : le thème de ma vie professionnelle depuis mon livre sur *Les*

---

[1] Tocqueville, *Memoir*, II, 365.

Origines de l'individualisme anglais. J'ai été frappé qu'avant même la fondation de Cambridge et jusqu'aux temps présents, ce trait extraordinaire fait que les Anglais se comportent comme si les sociétés étaient composées d'individus, et non de groupes. On pense que chaque personne, un peu comme Robinson Crusoé sur son île, est un microcosme de la société anglaise, parfaitement constitué, indépendant, doté d'une âme à la naissance, ainsi que de droits et de devoirs, et d'une personnalité stable et fixe.

En les observant à partir du Népal, du Japon et de la Chine, j'ai été absolument étonné de voir qu'ils étaient mêlés et confrontés les uns aux autres comme des boules dans un jeu de billard. Presque toutes les civilisations et sociétés, en effet, mettent au premier plan le groupe. Ce sont les relations qui prédominent et non l'individu. Pourtant, dans le droit anglais, au moins à partir du XIIIe siècle, aussi bien que dans la langue anglaise, la religion et autres aspects de la vie, la personnalité anglaise se présente à part, elle va contre ce modèle habituel.

Bien qu'il s'agisse d'un mythe (nous sommes tous indépendants) tous les penseurs de Cambridge que j'ai rencontrés sont, de toute évidence, dans des réseaux de savants — ce qui importe c'est qu'ils se sentent largement libres, indépendants et capables de poursuivre leurs travaux sans contrainte excessive venant de groupes plus larges.

*

L'autre est le positivisme. Le positivisme est la croyance à l'existence de « faits » stables et de « valeurs » dans le monde « réel ». Il est de rigueur dans le droit anglais de faire serment de « dire la vérité, toute la vérité, rien que le vérité ». Ceci en vertu de la croyance positiviste qu'il existe une seule et unique « vérité » à découvrir. Une telle croyance est à la base de toute la tradition scientifique en Angleterre, bien avant que Francis Bacon n'ait élaboré son plan de base sur lequel devait reposer toute recherche scientifique. Ce plan a d'ailleurs été adopté par la Royal Society (La Société Royale), et il est clairement présenté comme un article de foi dans l'esprit de la plupart de ceux, scientifiques des sciences sociales et scientifiques tout court, avec qui j'ai beaucoup discuté.

Comme George Orwell l'a fait remarquer, « en Angleterre des concepts comme la justice, la liberté et la vérité objective existent encore. Ce sont peut-être des illusions, mais des illusions puissantes. »[1] Les Anglais semblent croire que « vérité » et « faits » existent indépendamment des observateurs. Et ils ont, bien entendu, pris conscience que les gens mentent, et que, jusqu'à un certain point, c'est nous qui construisons notre monde. Ainsi que l'a noté l'évêque Berkeley en rapport avec son arbre. Mais plus profondément, il y a une foi qu'on ne peut pas prouver mais qui est absolument importante pour la science (« Dieu ne joue pas aux dés » disait Einstein) c'est qu'il existe de véritables vérités à découvrir. Sans cette foi, qui voudrait dépenser une énergie énorme, et passer sa vie entière au service de la science au sens le plus large du terme ?

Si l'on souffre de ce que le philosophe de l'anthropologie Ernest Gellner a appelé « la peste épistémologique » c'est-à-dire un constructivisme et relativisme démesurés, alors nos efforts auront été vains. Si les laboratoires, par exemple, sont simplement des lieux de société sans grande différence, en essence, avec une boutique ou un club de football, à quoi bon s'atteler ? Si, au bout du compte, le monde est perçu par tout un chacun comme si tout se valait, tout était futile, alors pourquoi continuer ?

Le courage de naviguer sur des mers inconnues exige le soutien d'une foi et l'intuition qu'un pays lointain existe réellement, qu'on doit le découvrir, et que le trouver enrichira le monde.

Beaucoup de ce que fait un(e) Universitaire paraît assez futile. La plupart du temps, il s'agit de tâches mesquines, qui traînent en longueur et sont sans grand intérêt ; on répète le passé autrement.

---

[1] Orwell, *The Lion and the Unicorn*, 45.

Les récompenses, s'il y en a, sont à vingt ans de là. On s'éternise sur un livre, une expérimentation, un article ; le chef grisonne, toute cette vie professionnelle gâchée prête même certains de vos amis à sourire. Alors il est facile de perdre espoir et de devenir cynique ; mieux vaut se ranger dans une autre activité, administrative par exemple, qui, à court terme, produit du fruit.

Néanmoins s'acharner à vie sur un trait de la connaissance, comme le font beaucoup de très grands scientifiques, est quelque chose qu'Emerson a noté, comme étant typique des Anglais.

> Car ils ont avant tout l'œil sur le fait et leur logique se borne à veiller à ce que la soupe ait son sel, le clou son marteau, la barque son aviron : logique de cuisiniers, de charpentiers et de chimistes qui suit fidèlement l'ordre de la nature et n'a cure des mots. [1]

Seuls une profonde admiration, un étonnement aveugle, une curiosité imparable sauront balayer le doute. Seul le sentiment que le monde *n'est pas* plein d'illusions ou de *maya* comme l'indiquent les philosophies hindoues et bouddhistes, peut-il justifier que la lutte continue sans relâche pour la quête de la connaissance, pour revenir aux fondements de la discipline et engendrer quelque chose de nouveau.

Cambridge est parvenue à rester jeune malgré son grand âge, (et elle continue de vieillir) et à donner un sentiment de réalité au milieu de ses fantaisies et de sa magie. Elle continue à ravir, amuser, irriter et stimuler ceux qui entrent en contact avec elle, et on l'espère, qui continueront de le faire dans les générations futures.

---

[1] Emerson, *L'âme anglaise*, tr. Maurice Lebreton, 51.

LES DÉCOUVERTES

Le soir du 28 février 1953, quelques personnes s'étaient réunies dans une salle au fond du « pub de l'Aigle », quand quelqu'un, fort animé en arrivant, s'écria : « Messieurs, nous venons de découvrir le secret de la vie ! »

Que l'annonce de la découverte de la structure à double hélice de l'ADN ait eu lieu dans un pub paraît un peu étrange. Mais ce qui l'est encore plus, c'est que Francis Crick avait raison. Bien que très peu de scientifiques en comprirent tout de suite les conséquences, la célèbre découverte a en effet pénétré au cœur de la création et de la reproduction de la vie. Il faut se souvenir, cependant, qu'il s'agissait du point culminant de nombreuses recherches et découvertes faites dans les domaines de la science et des mathématiques, sur une période de cinq cents ans.

L'histoire de l'ADN en est une, parmi tant d'autres associées aux gens qui sont passés par cette Université ou qui y ont travaillé pendant des années. Dans la liste des grands scientifiques on peut citer : William Gilbert, Francis Bacon, William Harvey, Isaac Newton, Charles Darwin, James Clerk Maxwell, J.J. Thomson, Ernest Rutherford et Paul Dirac. Cambridge a remporté plus de quatre-vingt prix Nobel au cours du XXe siècle.

Photo de Francis Crick et James Watson
Francis Crick et James Watson aux côtés de leur modèle de l'ADN à double hélice découvert par eux en 1953. Ils figurent parmi les quatre-vingt prix Nobel décernés à des scientifiques associés à Cambridge, continuant ainsi la tradition inaugurée par-dessus tout par Isaac Newton au XVIIe siècle.

Pourquoi une telle concentration d'énergie intellectuelle dans cette petite cité se met-elle, de temps en temps, à investir de nombreux domaines, par des explorations qui vont bien au-delà du champ académique ?

Aussi difficile qu'on puisse dire comment l'éducation, au sens le plus large du terme, opère à Cambridge, quand il s'agit de décrire les conditions qui ont fait naître cet effort intellectuel soutenu, voilà que cela l'est encore plus, s'il s'agit de donner l'arrière-plan et les événements fortuits qui l'ont rendu possible. En interviewant les quelques quatre-vingt personnages de Cambridge, dans presque tous les domaines, (arts, humanités, sciences et sciences sociales) j'ai pu découvrir ce qui se passe en tenant compte de leur vie et leurs travaux. Les mots et expressions de ceux à qui j'ai parlé transmettent quelque chose de l'exubérance et du stress, de l'interaction entre lieu et traditions, et rencontres inopinées, derrière lesquels se trouvent les vraies découvertes. Mais quand les mots de ces entretiens sont retranscrits, ils deviennent comme des galets hors de l'eau, ils perdent leur magie. Alors laissez-moi aborder la question des conditions de la créativité intellectuelle en me référant à mes propres observations et expériences personnelles.

*

Cambridge m'a toujours frappé en ce sens que le rôle de la chance est particulièrement évident. Bien sûr la chance joue toujours un rôle dans nos vies, mais parce que cette ville universitaire est une sorte de scène théâtrale, quoique moins compliquée, les réunions et rencontres inattendues qui entraînent les gens dans des directions nouvelles, tendent à rester et être localisées dans l'espace et dans le temps. Cela se voit au cours de mes nombreux entretiens avec de grands penseurs ; ils peuvent raconter ce moment d'exaltation ressentie lors d'une rencontre fortuite, et je me souviens également aussi des miennes.

Le sentiment que progresser à Cambridge est une question de chance, s'accentue du fait du souvenir qui reste de cette rencontre et de ce lieu, mais aussi parce que dans notre vie nous sommes toujours à la recherche de solutions à des problèmes intellectuels. Dans ce contexte, ce sont les rencontres complètement imprévues qui importent — comme ce chevalier au moyen-âge, qui, au milieu de la forêt, à minuit, tombe justement sur un indice auquel il ne s'attendait pas.

Dans beaucoup d'autres métiers il est peu probable d'avoir cette chance. Les gens vivent dans une bulle invisible avec ceux qui sont comme eux, et l'opportunité de rencontrer et collaborer à un haut niveau avec quelqu'un qui est très loin, est mince. Sauf peut-être en allant soi-même à l'étranger, en ayant des relations de travail très fortes et des amis au Népal, au Japon, et en Chine, comme cela a été mon cas. Mais en Angleterre même, la sécurité, l'égalité, la confiance et la curiosité dont on a besoin pour forger des liens, en dépit des énormes différences entre nous, sont absentes.

J'ai trouvé que Cambridge n'est pas uniquement un lieu riche de personnes distinguées, mais c'est surtout, entre les membres d'un groupe, le fait d'une appartenance, le « club », qui rend plus facile la communication. En ce qui me concerne, j'ai trouvé facile de travailler dans les domaines de l'histoire, l'anthropologie, la sociologie, l'informatique, les films, les musées et la démographie. En ce sens, le fossé qui aurait pu se creuser entre l'académicien, l'homme d'affaires, et celui qui travaille dans les médias a été relativement peu profond.

Et si l'on se pense en termes d'atomes porteurs d'une charge positive et négative, l'effet le plus important est celui-ci : il se produit quand on attire et qu'on est attiré par des gens ou des idées fort éloignées. On peut faire des découvertes utiles et contribuer à la connaissance, en travaillant sur un seul paradigme, dans une discipline, et pourtant ce qui est remarquable, c'est qu'à Cambridge on a engendré de nouveaux paradigmes — en poésie, philosophie, biologie, physique, économie, anthropologie, et dans de nombreux autres champs de la connaissance. Le nombre de « pères fondateurs » (et de quelques « mères fondatrices » maintenant) est étonnant.

Ce qui est merveilleux aussi c'est qu'on a la chance de rencontrer des esprits érudits à Cambridge, mais aussi ailleurs, à cause du prestige de l'Université et de ses liens. C'est une mer qui foisonne de petits, moyens et gros poissons, riche en nutriments. Les lieux de travail sont excellents, le moral en général l'est aussi ; c'est cela qui peut changer en une sorte de dessein ce qui n'était au prime abord, qu'un hasard.

La théorie de Darwin a été reformulée en « variations au hasard et rétention sélective ». Cambridge abonde en variations dues au hasard. Le mouvement rapide des idées et l'énergie d'excellents étudiants, les nombreux invités et chercheurs, les projets sont une constante stimulation. Mais c'est ce qui lui donne aussi la stabilité et la sécurité de pouvoir transformer ces « variations dues au hasard » en « rétention sélective ». Par hasard j'ai rencontré Ken Moody en 1973 et commencé à travailler à l'interface entre informatique, histoire et anthropologie. Une fois le processus engagé, il n'a pas été trop difficile de maintenir notre partenariat avec trois générations d'étudiants en informatique sur une période de trente ans.

On a souvent dit que « la chance sourit à ceux dont l'esprit est préparé. » La préparation de l'esprit est une chose — mais les chances de voir germer une riche semence dans un tel esprit sont également particulièrement fortes à Cambridge. Une raison évidente étant que la qualité est là. C'est un peu comme dans un jeu passionnant avec d'excellents joueurs — qui sont vos étudiants.

Tous nous avons fait l'expérience de rencontres banales, ennuyeuses, et conformistes, enrichies à l'occasion de quelque chose d'inhabituel. Même dans les comités et réunions les plus routinières, j'ai toujours l'impression qu'à Cambridge les gens qui y prennent part, sont plus intelligents que moi, qu'ils ont un rapport fascinant à des mondes que je connais à peine, et qu'ils pourraient converser et apporter des points de vue passionnants si nous faisions un long voyage ensemble.

*

Einstein a fait remarquer « qu'à moins de commencer par une idée absurde, cette idée n'avait aucun avenir ». Cela me rappelle avec plaisir ce côté moins bien connu de la vie académique, que Francis Crick lui-même a résumé dans le titre de son autobiographie *What Mad Pursuit (Quelle idée folle.)*

Comme beaucoup, moi aussi j'ai grandi avec l'idée que les plus grandes découvertes dans les sciences et les arts se faisaient grâce à la patiente et logique accumulation des « faits » ou des « données ». Dès les tous débuts de ma recherche, je pensais que le chercheur était une sorte d'archéologue ; qu'il ou elle partait à la recherche de fragments d'informations, de morceaux du passé à partir de documents, de fragments de textes perdus pour la critique littéraire, de figures de comportements et attitudes pour l'anthropologie ou, comme je l'imaginais avec les sciences, de données basées sur l'observation. Dans son *Essai sur la méthode*, René Descartes a décrit comment on va du connu à l'inconnu, en passant logiquement de l'un à l'autre, en séparant un problème en ses différentes parties, puis en rassemblant l'ensemble du puzzle à la fin.

Bien entendu, ces choses sont nécessaires. Encore maintenant je crois que les « faits » existent. On se doit absolument d'explorer, de rassembler, de synthétiser, d'arranger, et de tester. C'est le modèle qu'ont donné par leur immense travail de logique et de tests 'un F.W. Maitland, un James Frazer ou un Joseph Needham en synthétisant d'énormes quantités de « faits ».

Mais au final, pour trouver quelque chose de nouveau et d'important, qui ouvrira une trappe jusqu'ici fermée, qu'on n'avait pas entrevue, pour changer un paradigme, ou voir un phénomène dont personne n'avait eu conscience jusqu'à ce moment-là, il faut quelque chose de plus. Il y a différents mots : on a une intuition, on devine, on est empreint à un vague sentiment, on a recours à une analogie. C'est la différence entre la marche patiente de la science « normale » et un nouveau modèle de pensée qui change la face du monde.

Ce que j'aime le plus dans toute l'histoire de Cambridge, c'est qu'il y a des dizaines de cas de gens qui sont passés au-delà de ce qui est sûr et raisonnable, pour l'amour de ce qui est dangereux, absurde, fou, et qui réside dans les régions de l'impossible. Ce sont les Christophe Colomb et les Capitaines Cook de la pensée. Non seulement je marche au milieu de leurs fantômes, mais j'ai moi-même rencontré certains d'entre eux en chair et en os.

Il y a de nombreuses raisons à ce que peu de gens tentent de poursuivre l'absurde. D'abord avoir confiance en soi leur fait défaut ; ensuite ils n'ont pas le temps ou les encouragements nécessaires pour transformer de simples intuitions en preuves tangibles (comme a dû le faire Newton en couchant ses solutions intuitives sur des bases mathématiques reconnaissables). Il leur manque aussi un groupe de collègues tout aussi fous qu'eux qui puissent arguer, discuter et éliminer les non-sens, et enfin, les aider à faire le pas inattendu ; passer au travers et briser les barrières et les œillères, laisser tomber ces vérités longuement entretenues qui font obstacle aux changements de direction majeure. Voilà qui est dangereux et difficile.

Il est bien plus sécurisant, et souvent bien plus confortable, bien plus plaisant pour soi-même, sa famille et ses amis, de suivre une voie balisée, qui donnera satisfaction et fera l'admiration de ses égaux, plutôt que de se faire une réputation d'illuminé à l'œil vif, qui parle en langues… Cambridge, elle, tolère les prophètes du désert, les excentriques espiègles, les penseurs de mille choses impossibles avant le petit-déjeuner.

*

J'ai trouvé que c'était vrai d'après mon expérience à l'Université. J'ai pu laisser libre cours à mes intuitions et poursuivre les idées qui m'intéressaient. Je n'ai pas été dissuadé de suivre ce qui, à première vue, semblait des idées folles, ou à ce que je sache, qu'on ait fait pression sur moi pour produire, me forcer à me conformer, ou faire partie d'un ordre établi dans un groupe fermé. On présumait que la curiosité avait le champ libre. J'en avais d'ailleurs fait l'expérience avec mon premier patron, Jack Goody, qui était à la tête du département d'Anthropologie de Cambridge ; c'était un modèle de pensée latérale, quelque peu excentrique qui s'était orienté vers des sujets très différents les uns des autres. Il a aussi bien écrit sur l'amour, les liens, la propriété, les fleurs, l'art culinaire, la technologie, que sur l'Islam.

Ce que Jack Goody avait découvert, et que j'ai trouvé aussi dans les expériences de la pensée, c'est que le meilleur travail de l'esprit se fait en prospectant large, suivant la suggestion « qu'il est beaucoup mieux d'avoir à peu près raison que d'avoir, en un seul point, tort. » L'esprit travaille comme un agriculteur qui taille et brûle, passant à quelques années de distance, à un nouveau projet, sans rapport avec le précédent. Ce qui est passionnant dans la vraie recherche et les intuitions qui en découlent en profondeur, c'est qu'on cherche à comprendre quelque chose qui se trouve juste hors de portée. Rester sur le même sujet, d'année en année, serait comme faire pousser les mêmes plantes sur un même terrain : on devient aride et on ne produit plus.

Bien entendu, les absurdités doivent être tempérées. On démarre avec des milliers d'idées et solutions en tête, la plupart ne menant nulle part. Quelques-unes, cependant, résistent aux commentaires hautement critiques et honnêtes de vos amis et conseillers. Et parce qu'elles ont commencé comme improbables, elles intriguent et peuvent mettre au jour des connections jusqu'ici insoupçonnées. Dans mon cas : La Confiance et la modernité, le Thé et la Révolution industrielle, le Verre et la Renaissance.

Il s'agit en effet « d'idées folles », mais sans un grain de folie, et un peu de méthode, une compréhension exhaustive du monde serait impossible. À quoi servirait d'entretenir un groupe de chercheurs si leur seul but était de penser à nouveau la même chose que leurs aînés. Donc nous encourageons nos étudiants à essayer de nouvelles idées dans leurs essais, leurs discussions, leur art, leur théâtre et leurs sports. Ils finiront, espérons-le, dans un monde où ils pourront continuer de sortir des sentiers battus et ressentir cet immense plaisir d'avoir grimpé là où personne ne s'est risqué, « sur un pic du Darien. »

En effet, les activités intellectuelles ne se conçoivent pas sans risques ; le risque d'avoir tort, de passer pour un idiot, d'avoir perdu des années à suivre de fausses pistes, d'avoir perdu le temps des autres et leur argent. Il y a évidemment aussi des dangers physiques : accidents en laboratoire, litiges de droits d'auteur, et mésaventures « sur le terrain ».

Ce que j'ai apprécié pendant toutes ces années, c'est que l'Université cherche un équilibre entre des précautions excessives et un relâchement total. Les risques intellectuels ne sont pas découragés. Toutefois, il convient de prendre ses propres risques et d'en accepter les conséquences, (bien que l'Université fournisse un mode d'emploi et un soutien à plus long terme). Néanmoins, à la fois pour ce qui concerne les risques intellectuels et pratiques, la montée d'une culture qui répugnerait au risque, ou serait dominée par un souci de santé et de sécurité, reste modérée.

*

Un proverbe dit qu'un « scientifique est un moyen de transformer le café en théorème ». D'ailleurs à Cambridge on insiste beaucoup sur les stimulants liquides — café, thé, bière, sherry, vin, porto. Leur rôle dans la sociabilité et la créativité d'une institution sont dignes d'être mentionnés.

Dans de nombreuses cultures, l'une ou plusieurs de ces substances revigorantes et modérément enivrantes sont bannies, par exemple l'alcool dans l'Islam et certaines dénominations chrétiennes. Il se peut également que certains ne boivent jamais d'alcool, mais il n'y a pas d'interdiction absolue non plus. En effet, ceux qui s'abstiennent de boire, formant l'exception qui confirme la règle, doivent s'en expliquer.

Le café est un puissant stimulant ; il peut aider l'étudiant et le chercheur à lutter contre la fatigue, lorsqu'il suffit d'un dernier effort. Après tout, les idées n'attendent pas l'heure d'ouverture et la fermeture des bureaux. Souvent il est très tard le soir quand l'essai doit être écrit, ou que le cours magistral doit être préparé, ou que l'ordinateur est libre. Alors le café sert d'éperons. Boisson également sociable, Cambridge jouit d'un éventail de cafés (avec terrasses) où les touristes peuvent se retrouver et où l'on peut amener ses invités. Je n'ai jamais oublié ce sentiment de liberté, d'avoir invité quelques amis autour d'un café et des gâteaux secs, lorsque je quittai mon école préparatoire pour Oxford. De même que le café et les fameuses *After Eight Mints* vous remettent aussitôt d'aplomb, après de longues discussions dans un dîner bien arrosé au Collège.

Le thé est différent. Il fait corps avec l'idée de « l'Angleterre », il est l'objet de plus de rituels dans la préparation, pour le servir et le boire. Une invitation à prendre le thé avec ses collègues et étudiants est souvent plus formelle. On l'associe souvent à certaines nourritures comme le sandwich, le « miel » du poème de Rupert Brooke, le pain ou les « scones » qu'on fait roussir au coin du feu pendant les longs mois d'hiver. C'est une boisson à la fois consolante, reposante, revigorante, et réparatrice.

Après s'être démené une après-midi sur la rivière ou un terrain de rugby, dans un cours particulièrement fatigant ou après plusieurs heures de cours d'affilés, on apprécie, à l'Université comme ailleurs, « cette bonne vielle tasse de thé ». Dans le temps où les conduites d'eau de Cambridge étaient polluées, l'eau bouillie et le phénol que contient le thé, ont aidé des générations de *dons* et d'étudiants à éviter la dysenterie, la typhoïde et autres maladies liées à l'eau. Sans le thé, Cambridge et l'Angleterre auraient bien eu du mal à s'épanouir. Le thé procure un sentiment de paix et de confiance. Il a été prouvé que l'absorption de cette boisson augmente jusqu'à 20% les facultés d'assimilation et de mémoire, et qu'il a donc pu contribuer considérablement aux efforts intellectuels de ce pays.

*

Comme dans beaucoup de régions d'Angleterre, le paysage rural du Cambridgeshire il y a cent ans, était jonché d'endroits où l'on pouvait consommer de la bière. Ceux-ci différaient des petites tavernes qui desservaient quelques maisons de quartier, dont certaines se trouvaient dans ma paroisse des Fens, jusqu'aux grandes auberges des cochers qu'on peut encore voir sur les grands axes, ou dans les grands pubs comme l'*Aigle*, *Les Bains* ou *Le Sanglier Sauvage* en centre-ville. Chaque Collège, du reste, jouait le rôle d'une auberge et servait tout un éventail de bières brunes et blondes. Ils avaient leur propre licence de débit de boissons (délivrée par les magistrats). Comme de nos jours tous les Collèges ont un bar : c'est là où la vie sociale et intellectuelle sont des plus intenses.

L'esprit est élastique. Il s'étire au maximum de sa capacité grâce au travail intellectuel, la lecture, l'écriture, l'enseignement, et les expérimentations. Mais il a tout aussi besoin de se reposer de temps en temps. Les pubs, les bars pour étudiants sont des lieux de prédilection, ainsi que les jeux et les arts. Après une longue journée passée dans les laboratoires d'informatique ou dans ceux de l'Ancien Cavendish, les Intellectuels vont se ragaillardir à *l'Aigle* ou dans *les Bains*. Après un intense séminaire, les anthropologues se retrouvent au bar de King's, comme cela se fait depuis trente-cinq ans que je suis associé au département d'Anthropologie.

Le charme d'un bar fréquenté par beaucoup de monde, celui d'une bonne bière blonde, se rapprochent, pour beaucoup de gens de ce que Durkheim a décrit comme l'un des ressorts principaux de la religion : l'effervescence. Les difficultés, les blocages, les énigmes semblent s'y résoudre d'eux-mêmes. L'imagination se libère pour jouer plus intuitivement avec les hypothèses. Il est possible d'aller plus directement dans ses intuitions et ses impressions personnelles. L'amitié, les véritables échanges et l'émotion s'y expriment ; comme au Japon, autre culture de gens coincés, lorsqu'ils vont dans un bar sushi et boivent du saké. Nombreuses sont les nouvelles graines qui ont pu germer — depuis les derniers 800 ans que Cambridge consomme des bières anglaises — et qui, grâce à cette cruche de cervoise à moitié vide à vos côtés, laissent voir enfin une solution à un problème.

Fort heureusement la bière est traditionnellement peu alcoolisée. Certains de mes amis qui sont plus expérimentés que moi en la matière, peuvent boire trois à quatre pintes par soirée, sans perdre l'équilibre. La bière se boit tiède, lentement, en méditant, pour mieux imaginer la richesse des paysages à houblons, et les vertus médicinales et nutritives de la plante. Que l'Angleterre ait pu consacrer approximativement la moitié de sa production en grains à la fabrication des boissons, est quelque chose qu'aucun autre pays jusqu'à présent n'avait rêvé de faire, et c'est la clef d'un vrai plaisir.

*

Ensuite il y a le vin. L'Angleterre médiévale n'était pas seulement un pays à bière, elle avait aussi des liens avec la France pour le vin. La laine anglaise était exportée par bateau sur la Cam et la Ouse, et en retour, ce pays recevait des vins, plus particulièrement ceux de Bordeaux. Les caves des Collèges sont dotées de grands crus, et elles sont célèbres. Il y a vingt ans, j'ai participé à un projet de film sur la vie d'un Collège ; nous étions autorisés à pénétrer dans la Chapelle, la bibliothèque, les cuisines, enfin partout, sauf dans les caves qui, disait-on, étaient dans un état bien trop fragile…

Noël se caractérise par des offres tentantes de vins et spiritueux, et de banquets assortis de vins vertigineux. Je me souviens très bien, il y a quarante ans de cela, qu'après une réunion de comité à King's d'avoir goûté à un vin blanc si exquis que j'en éprouvai une sorte de choc de n'en avoir jamais consommé de tel de ma vie.

L'ancien proverbe *In vino veritas*, « dans le vin — la vérité », j'ai toujours été intrigué par les différentes interprétations que l'on pouvait en faire. Un bon repas accompagné de bons vins dans un dîner avec les Fellows d'un Collège, donne en effet l'impression qu'on peut être vrai, honnête et remplir le fossé que creusent ordinairement et constamment la bienséance et les véritables sentiments. La vérité peut se dire plus facilement et l'on peut apprendre celles qui restent normalement cachées.

Ce qui est peu surprenant puisque les synapses du cerveau qui facilitent la pensée, sont modifiées chimiquement par les stimulants que contiennent les boissons dont j'ai parlé. On connaît les nombreuses substances telles que la mescaline, le LSD, et ainsi de suite jusqu'à l'opium qui stimula Coleridge et De Quincey. De même le poète A.E Houseman, professeur à Cambridge (Trinity College) dit qu'il faisait toujours un déjeuner copieux, arrosé de plusieurs bières, puis il allait se promener, l'esprit quelque peu embué ; et c'est dans cet état que des strophes entières de son poème 'The Shropshire Lad' (Le garçon du Shropshire) lui venaient à l'esprit telles quelles. Le vin et la bière apportent à la fois toxicité et détente, il s'agit d'une alternative qui vous fait passer à une autre vitesse. C'est une alternative à la marche, à la baignoire, au jardinage, au sport et à d'autres moyens qui aident à modifier son point de vue sur le monde.

Qui plus est, ces boissons sociales sont un mode d'expression. Beaucoup de la vie à Cambridge a trait à la distance et à la proximité, avec pour idée de garder sa liberté, d'être indépendant, et de communiquer avec les gens qui deviennent vos amis. Le vin exprime justement ceci, tout comme le vin de communionexprime notre proximité et notre vie intégrée à celle du Christ. Faire passer la bouteille de porto après le dîner autour de la table, inviter ses visiteurs et étudiants à prendre un sherry, ou « le verre de l'amitié » à la fin d'un séminaire, ou à l'occasion d'un vernissage, ou d'un nouveau livre, expriment et créent aussi cette proximité. Comme dans toute chose anglo-saxonne, le niveau social s'exprime ainsi aussi. Pour le sherry, par exemple, plus le vin est sec, et plus on s'élève dans la société.

*

L'un des principaux architectes de l'idée d'un univers fonctionnant comme une horloge, Isaac Newton, nous a aussi donné notre profonde compréhension de la lumière. Pour faire ses expérimentations, il broya méticuleusement ses lunettes. Dans mes entretiens avec des scientifiques de pointe, j'ai été impressionné par leur continuelle participation « physique » à la fabrication, l'utilisation, et l'adaptation de leurs propres instruments.

La tendance chez les prêtres, les nobles et les intellectuels normalement est de se retirer dans un monde abstrait, aussi loin que possible du monde réel. Un Brahmine n'a pas le droit de faire un travail manuel, beaucoup de Bouddhistes laissent de côté également les tâches pratiques, et la noblesse du continent européen a été l'un des premiers exemples de cette « classe des loisirs » que Thorstein Veblen a brillamment satirisée. Plus les mathématiques, la philosophie ou la poésie sont « pures », moins elles sont appliquées et plus le statut social est élevé.

Les observateurs ont noté que les Anglais, y compris

les intellectuels et la classe bourgeoise dont ils sont issus, semblaient, au contraire curieusement enclins à rester pratiques. Ils expérimentaient à la ferme avec les récoltes, et c'est ce qui engendra la révolution agricole. Ils bricolaient dans leurs appentis et leurs laboratoires avec leurs gadgets, et c'est ce qui donna la révolution industrielle.

> Ce qui entraîne cette nation, c'est la passion de l'utile. Les Anglais aiment le levier, l'écrou, la poulie, le cheval de trait flamand, la chute d'eau, les moulins à vent ou à marée, la mer et le vent qui emportent leurs cargos. ...Car les Anglais ont une juste perception des choses.

Et Emerson d'élaborer sur ce thème :

> Ils aiment la hache, (la cognée), la bêche, la rame, le fusil, le tuyau à vapeur ; et ils ont construit eux-mêmes le moteur qu'ils utilisent.[1]

Cela s'est produit partout en Grande-Bretagne, par exemple parmi les membres de la Société Lunaire au XVIIIe siècle qui comprenaient James Watt, Matthew Boulton, et d'autres. En dépit de son intellectualisme, de son snobisme, Cambridge faisait également preuve de cet intérêt plus grand, où sont associés intellect et activités pratiques. En ingénierie, en chimie, dans les maths appliquées et les études de conception, on « s'amusait à faire bouger les atomes ». Charles Babbage, Darwin, et beaucoup d'autres n'étaient pas seulement des penseurs abstraits ; ils construisaient, rassemblaient, et mettaient « la main à la pâte » d'une façon qui aurait choqué, et même dégoûté beaucoup d'élites équivalentes dans d'autres civilisations.

J'ai toujours trouvé que cette tradition d'associer l'abstrait et le théorique à la pratique, « les mains dans le cambouis », c'est-à-dire par l'usage de gadgets, l'aspect de la construction est tout

---

[1] Emerson, *L'âme anglaise*, tr. Maurice Lebreton, 67, 177.

particulièrement fructueux à Cambridge. Bien que mes collègues, une ou deux fois, se soient amusés de voir dans mon bureau des fils de fer, des ordinateurs, des scanners, et appareils photos, leur attitude a toujours été tolérante. En termes pratiques, le Collège et l'Université ont toujours soutenu même ce qui était onéreux, afin d'observer et analyser un monde changeant.

Récemment en interviewant l'Astronome Royal, Sir Martin Rees, j'ai trouvé frappant de voir à quel point celui-ci insistait sur les développements qui ont eu lieu dans son domaine, grâce aux nouvelles technologies, à la puissance des télescopes et des ordinateurs. C'est tout aussi vrai quoique de façon sensiblement différente, dans la recherche de pointe en chimie, physique, biologie moléculaire, en médecine et même dans les mathématiques traditionnelles. Ce qui est bien moins connu, c'est la façon dont elle a profondément touché les arts et les sciences sociales comme j'en ai fait l'expérience en Anthropologie et en Histoire.

Afin de rester à la pointe du progrès, il suffisait sans doute d'attendre que d'autres chercheurs imaginent et développent des technologies pour la recherche et la communication. Si je l'avais cru, beaucoup de mes travaux sur la reconstitution des archives d'un village historique, ou même l'enregistrement et l'analyse d'autres civilisations n'auraient jamais pu se faire. Non seulement la technologie serait arrivée trop tard, mais sans l'avoir comprise de l'intérieur, je n'en aurais pas saisi le potentiel avant qu'elle ne devienne accessible à tous. Il a fallu que j'apprenne comment monter des systèmes de reprise d'informations, filmer, éditer, créer des sites internet, me familiariser avec Youtube et Facebook, publier électroniquement et développer bon nombre d'autres compétences, en partie théoriques et pratiques.

La tradition monastique chrétienne a toujours valorisé de combiner le pratique et le spirituel. Le respect du travail manuel, l'intérêt qu'on porte aux moyens qui facilitent les tâches et éclairent la connaissance, — qui se trouvaient au centre de la vie de Saint Benoît — , ont donc fait partie de Cambridge depuis les tous débuts. Toutefois, comme nous l'avons vu, bien que ç'en ait été nécessairement l'origine, dans de nombreuses parties de l'Europe cette pratique a disparu, alors qu'elle a été préservée à Cambridge.

*

Cambridge est un musée, mais pas un musée passif où sont préservés des objets dans les vitrines. Elle est plutôt comme un ordinateur dont on aurait follement rêvé et qu'on a fabriqué à Cambridge : elle pense, s'adapte, et change avec le monde. Pour autant, les programmes de base qui lui permettent de fonctionner, datent souvent de centaines d'années. Leur fonction était la même au début, mais d'ordre général, dotés qu'ils sont d'une grande flexibilité pour pouvoir assimiler les énormes transformations qui eurent lieu en 800 ans d'existence.

Cambridge s'est vue constamment rafistolée, comme le navire des Argonautes au cours d'un long voyage, on lui enlevait et on ajoutait des morceaux, en vue d'autres voyages. Mais la structure, la forme, — le fait qu'il s'agissait d'un certain type de vaisseau —, ont fait qu'elle est remarquablement restée la même. Elle se reconnaît facilement à la façon d'un vénérable chêne de huit cents ans qui continue de grandir, mais porte encore la toute petite greffe de sa jeunesse. Ce qu'elle représente, ses objectifs ne sont pas, pour la plupart, spécifiés. Ils ne peuvent pas non plus être énoncés dans une « déclaration de mission » ou ses coutumes adéquatement décrites. Ce vaisseau repose seulement sur un ensemble de pratiques et de présuppositions de tout temps restées inchangées.

Cambridge représente la curiosité, l'ouverture, la fraternité, l'étonnement, l'humour, l'enjouement, l'admiration, le plaisir, l'argument, la compétitivité, la modestie, la subversion, le cérémonial, la douceur, la tolérance, la beauté, l'utile, la liberté, la conformité, et encore beaucoup d'autres valeurs paradoxales. Les personnes qui naviguent dans ses eaux calmes et ses rapides sont attirées par ces traits particuliers à différents moments, et à des degrés différents de leur vie.

Grâce à son charme et cette magie venue d'ailleurs, il est rare qu'elle ne produise pas une vive impression sur la personne, même quand on l'a oubliée ou rejetée. Comme un parent dont l'autorité nous a touchés, qu'on le veuille ou non, pour le reste de notre vie. Elle éveille des émotions profondes.

Mais par-dessus tout, Cambridge me donne, comme à beaucoup, de l'espoir. Voilà un lieu où sont préservés des idéaux dans un écrin depuis plus des trois quarts de notre millénaire. La plus grande partie du trésor qu'elle a accumulée ne se trouve d'ailleurs pas dans ses bâtiments réels, mais dans ce que les Japonais appellent « ses trésors nationaux vivants ». Les poètes, scientifiques, philosophes et autres — disparus ou vivants : ce sont eux son plus grand trésor, ainsi que le large contingent d'étudiants qui y ont fait leurs études et poursuivi différentes carrières.

À côté de cela, se trouvent des trésors culturels, des façons de se comporter, des attitudes, que celui ou celle qui vient de temps en temps, ne peuvent pas remarquer. Dans une visite guidée aux musées ou dans des Collèges, on leur montre des plaques dédiées aux grands penseurs ; ou bien une promenade le long des jardins suffit-elle, peut-être, à donner le sentiment que beaucoup de ce qui se passe ici, reste invisible. Il y a en effet ici une culture cachée. L'histoire de cette petite ville et son Université ont formé un pont avec notre XXIe siècle.

ÉPILOGUE

Quand j'ai commencé d'écrire *Réflexions sur Cambridge* en 2008, je ne savais pas à quel point cette Université était extraordinaire. Pas plus que je n'avais idée du nombre de visiteurs qui y viendraient, grâce en partie à l'expansion de l'économie chinoise, et à la plaque érigée en 2008 à la mémoire du célèbre poète chinois Xu Zhimo, ancien étudiant à King's College.

J'avais cru qu'Oxford et Cambridge étaient seulement un peu différentes des autres bonnes universités du pays, ou même de celles d'autres pays comme la France et l'Allemagne, et que presque tout ce que ce que l'on pouvait dire de Cambridge était également vrai de celles-là, et certainement d'Oxford.

À la réflexion, après avoir travaillé une dizaine d'années en Chine, j'ai compris que j'avais sous-estimé la nature spéciale de Cambridge même en comparaison d'Oxford. Ce qui y est unique se résume en trois points :

Premièrement, la beauté remarquable des Collèges. « Allez à Oxford si vous avez une semaine mais venez à Cambridge si vous n'avez qu'un jour », voilà le conseil que je donne à mes invités. Il est vrai qu'il y a plus d'architecture ancienne qui se dérobe au regard à Oxford. Pourtant, après douze ans dans l'une, et plus de quarante-cinq ans dans l'autre, je n'ai aucune hésitation à dire que Cambridge est la plus belle des deux. En particulier son espace ouvert à l'arrière des Collèges le long de la rivière Cam.

Rien au monde ne surpasse cette vue, tout comme la glorieuse « Chapelle » de King's College, qui fait 88 mètres de long, et 29 de large.[1] Donc la question est de savoir comment ce paysage unique a survécu et s'est développé pendant plus de huit cents ans.

Ensuite il y a les institutions, le cadre de l'enseignement, la recherche et la créativité. L'équilibre du pouvoir est spécial entre Collèges et Université. Les accidents historiques ont pu donner une structure institutionnelle plus sûre, plus protégée, et plus encourageante à Cambridge, même en comparaison d'Oxford qui, elle aussi, bénéficie d'une structure quelque peu différente et plus traditionnelle.

Troisièmement, il y a les gens et les idées, qui sont la vivante incarnation de l'esprit de Cambridge. Je n'en mentionnerai que quelques-uns qui ont eu un impact international par leur vie et leurs travaux. Desiderius Erasmus (Erasme), spécialiste de l'éducation à la Renaissance y résida à plusieurs reprises entre 1510 et 1515. Thomas Cranmer, archevêque et martyr, l'un des architectes de la Réforme en Angleterre, ainsi que les autres Pères de la Réforme y firent leurs études et y ont prêché. Il y a eu également Sir John Harrington, étudiant, et inventeur des WC, William Gilbert pour avoir fait d'importantes découvertes sur l'électricité. Et parmi les poètes, Edmund Spenser et Christopher Marlowe.

Passons ensuite au XVIIe siècle, où l'on trouvera Francis Bacon, le philosophe qui posa les bases d'une nouvelle méthode scientifique et créa la science en laboratoire. Il y a eu aussi William Harvey qui fit la découverte de la circulation du sang. Puis Isaac Newton dont les travaux sur la gravité et l'optique ont changé notre monde et mis Cambridge sur une voie plus scientifique. Edward Coke, étudiant à Cambridge, fut le grand expert du droit civil. C'est lui qui fit opposition au despotisme et écrivit la grande

---

[1] **F.B.** Un jour d'ailleurs un touriste qui se trouvait à côté d'elle, m'a demandé où elle était...

histoire du droit anglais. Ensuite pour ce qui est des poètes, John Milton, John Donne, Andrew Marvell, George Herbert et plus tard John Dryden.

Au XVIIIe, il y eut le tout premier Premier Ministre de Grande-Bretagne (et celui qui y resta le plus longtemps), Robert Walpole et son beau-frère, Charles Townsend, dit Lord « Turnip », une des figures centrales de la révolution agricole en Grande-Bretagne, ainsi que le Premier Ministre qui prit sa suite, Pitt le Jeune. Plus tard dans le même siècle, Thomas Malthus a été le second des grands économistes de l'époque classique, et le fondateur des études sur la population moderne. Parmi les figures littéraires, on trouve des poètes, notamment Thomas Gray, Samuel Taylor Coleridge et William Wordsworth.

Le XIXe siècle connut un second essor dans les sciences. Il y a eu ce génie universel et inventeur de l'ordinateur mécanique, Charles Babbage, professeur en chaire de mathématiques, (Lucasian Professor). Plus tard Charles Darwin fit ses études à Cambridge et son maître, Adam Sedgwick posa les fondements de la géologie. Le Laboratoire Cavendish commença de se développer, James Clerk Maxwell fit la découverte de l'électro-magnétisme et J.J. Thomson, de la première particule subatomique qui est l'électron, sur laquelle tous les futurs travaux en informatique reposent.

La grande tradition poétique a continué avec, entre autres Lord Byron et Lord Tennyson. En histoire, ça a été le siècle de Lord Acton et F.W. Maitland, en anthropologie Sir Henry Maine et Sir James Frazer, auteur de *L'Arc doré (the Golden Bow)*. En sciences économiques, Alfred Marshall a poursuivi les travaux de Malthus et formé un pont pour les sciences économiques du XXe siècle à Cambridge.

La première partie du XXe a été l'une des plus riches pour les sciences avec Paul Dirac, Ernest Rutherford et maints autres. Alan Turing posa les fondations de l'informatique électronique et de l'Intelligence Artificielle. Ça a été aussi une grande période pour la philosophie avec Bertrand Russell, A.N. Whitehead, G.E. Moore et Ludwig Wittgenstein. En histoire, G.M. Trevelyan and Sir John Clapham ont continué la tradition. En poésie, A.E. Houseman et Rupert Brooke. Dans un autre genre M.R. James (écrivain d'histoires de fantômes), E.M Forster (romans) et A.A Milne (*Christopher Robin*). Cambridge a été la résidence secondaire du groupe Bloomsbury dont l'un des membres était l'économiste et érudit John Maynard Keynes, ainsi que celle du peintre et historien d'Art, Roger Fry.

Dans la deuxième moitié du XXe il y a eu tant de figures intéressantes que je m'en tiendrai uniquement à quelques-unes. Joseph Needham (expert sur la Chine), Stephen Hawking (en astronomie), Thomas Crick et James Watson (pour l'ADN), Fred Sanger (deux fois lauréat du Prix Nobel), Herman Hauser (fondateur du Parc des Sciences de Cambridge). Il y a aussi toute une flopée de prix Nobel, à savoir 121 à Cambridge (contre 72 à Oxford) à ce jour.

Puis les femmes ont commencé à être reconnues. Au XIXe siècle, la grande militante des droits des femmes, Millicent Fawcett fut la co-fondatrice de Newnham College en 1875. À Newnham, l'une des importantes anthropologues et classicistes des débuts, Jane Ellen Harrison. Dans la deuxième moitié du siècle, les femmes ont beaucoup apporté ; en poésie Sylvia Plath, dans les sciences Rosalind Franklin et Jocelyn Bell, en primatologie Jane Goodall et Diane Fossey, en musique Judith Weir, en histoire et littérature, Lisa Jardine et Zadie Smith.

Un grand nombre d'anciens étudiants venus d'Asie peuvent aussi être cités : en Inde, Sri Aurobindo (mystique et activiste), Srinavasa Ramanujan (mathématicien), et le Premier Ministre Jawarlal Nehru. En Chine, il y a eu les grands écrivains et traducteurs, Xu Zhimo, Yeh Chun Chan et Xiao Chan.

*

Si j'ai raison de dire que Cambridge est spéciale, alors la

question est de savoir pourquoi. En fait, les causes sont difficiles à saisir du fait de toute une série de forces interactives, dont aucune en soi n'est déterminante, mais si l'on se penche sur la longue histoire des interactions mutuelles, alors on découvre ce qui s'est passé.

L'une de ces forces provient du caractère religieux de Cambridge. Cette Université a été fondée en 1208 par un petit groupe d'érudits d'Oxford venus s'installer dans la cité de Cambridge qui possédait un marché. Ils ont pu être attirés par le nombre de petites institutions à but en partie éducatif qui étaient des maisons religieuses et qui possédaient beaucoup de terres.

Ces propriétés se voient d'ailleurs sur le plan à la page 19 de ce récit, environ dix ans avant la création de l'Université. Parmi les ordres représentés avant 1300 il y avait les Augustins, Dominicains, Franciscains, Carmélites, Gilbertins, Bénédictins, et les Frères du Sack et de la Croix. Les propriétés considérables qu'ils avaient, furent petit à petit assimilées à l'Université et aux Collèges et elles contribuèrent à lui donner cette atmosphère monacale sous-jacente. Les Dominicains de Blackfriars, ordre fondé en 1237 devint bientôt le site d'Emmanuel College. Les Franciscains de Greyfriars, le site de Sidney Sussex College, les Frères de Sack, fondés en 1258 s'établirent à Peterhouse et se trouvent aujourd'hui sous le Musée Fitzwiliam ; le couvent bénédictin de Sainte Radégonde devint Jesus College, tandis que les Carmélites se trouvent sous les Collèges de King's et St Catherine.

Quand l'Université médiévale et les Collèges commencèrent à se développer, ils furent fortement influencés par ces modèles de vie cloîtrée. Et tous deux furent en somme la continuation de cet enseignement monastique médiéval instauré plus tôt.

*

Cette structure précoce qui fut aussi à la base de trois aspects importants de l'enthousiasme religieux à Cambridge, souligne sa différence avec Oxford. Au début du XVIe siècle les penseurs qui écrivaient, traduisaient et prêchaient le nouveau savoir Luthérien issu du Continent, furent à la base du Protestantisme anglais et initièrent la rupture avec Rome. Ils étaient à Cambridge. Symboliquement, quand la réaction de l'Église Catholique romaine se déclencha sous le règne de Mary, reine d'Ecosse, plusieurs des fondateurs de Cambridge, Thomas Cranmer, Hugh Latimer et Nicholas Ridley furent emmenés à Oxford et brûlés vifs pour hérésie.

Au XVIIe siècle, l'opposition entre l'Église traditionnelle, dite « High Church » et l'Église populaire « Low Church » s'intensifia. Les Puritains étaient représentés à Cambridge par Oliver Cromwell, William Dell, William Perkins et d'autres. L'Église « High Church » par l'archevêque Laud à Oxford. Puis, au XIXe siècle, la tradition évangélique fut plus forte à Cambridge, avec, entre autres, Thomas Clarkson, ami de Wilberforce, abolitionniste de l'esclavage, et Charles Simeon, Père de l'Église des Missions, et célèbre prêcheur évangélique. À Oxford, par contre, se trouvait l'Église traditionnelle, de laquelle naquit le fameux « Mouvement d'Oxford », dont le Cardinal Newman, converti au Catholicisme, fut le symbole.

La différence d'arrière-plan religieux et géographique eurent beaucoup d'influence sur la culture des deux Universités. Ce qui aide à expliquer pourquoi Cambridge attire plus ceux qui se trouvent à la périphérie de *l'Establishment* sur les plans politique, social, et religieux ; les Quakers, les Unitariens, les Déistes, les propriétaires fermiers, les commerçants, et la petite bourgeoisie. Cette tendance s'est accentuée à cause de la géographie et de l'écologie.

Oxford, par comparaison, est au cœur de l'Angleterre — située presqu'autant qu'il est possible, loin de la mer au sud, comme à l'ouest et à l'est. Elle est entourée de très grandes propriétés qui sont habitées par la très haute bourgeoisie et sont symboliques de l'identité anglaise. Au départ Oxford était un important fief normand, comprenant château et ville, qui continuèrent d'être habités jusque vers les hauts de la Tamise.

Au contraire, Cambridge est située dans une zone périphérique. À première vue, c'est une ville quelconque, plantée au milieu des marais de l'East Anglia, « pays de l'arc et des flèches », comme disait le conducteur de car en me déposant dans mon village des Fens. Et pourtant, imaginons que nous sommes dans les six-cents ans avant la fondation de l'Université et jusqu'à l'arrivée du chemin de fer, donc de 1208 aux années 1840, quand les rivières étaient le plus important moyen de communication.

Pour les trois quarts de son histoire, Cambridge était tout aussi proche d'Amsterdam et Anvers, qu'elle l'était d'Oxford et Nottingham. Le transport par bateau sur la rivière Ouse, puis sur la rivière Cam, voulait dire que Cambridge et ses villages satellites étaient eux-mêmes des ports de moindre taille, comme celui que j'habite au bout d'un canal ou *Lodum*, (canal en latin), et donc appelé comme il se doit Lode — était de la même manière une extension du Nord-Ouest de l'Europe, y compris de la Scandinavie. De nombreuses maisons dans cette contrée sont d'ailleurs construites dans le style hollandais, notamment les toits aux tuiles provenant de Hollande. Les Fens étaient bien comme les Pays-Bas, habités par les Angles du Danemark et du nord de l'Allemagne. Les paysages de rivières, de saules et le pays plat étaient comme une extension de la Hollande, et donc naturellement ces terres furent drainées par des ingénieurs hollandais au XVIIe siècle.

Dans le haut de la Ouse arrivaient des denrées de toute l'Europe à Stourbridge Common en bordure de la ville. La foire commença son activité en 1211, seulement trois ans après la fondation de l'Université, et elle devint la plus importante d'Europe au XVIIe siècle. Peut-être même qu'elle finit par être comme Daniel Defoe (auteur de *Robinson Crusoé*) l'a écrit, la plus importante du monde.

Cela veut dire que Cambridge avait formé très tôt des liens avec les côtes françaises et l'Italie pour ce qui était du commerce des vins et des étoffes qui était lucratif et allait permettre de financer les grandes cathédrales de l'époque médiévale de l'East Anglia et les abbayes. Et elle faisait partie du monde intellectuel international. Comme ces bastions de la liberté de penser, les grands ports d'Europe — Venise, Lisbonne, Bordeaux, Amsterdam, Glasgow — Cambridge est en effet depuis les temps médiévaux un port où l'information et les marchandises affluaient de toutes parts. Donc en dépit de son apparente ruralité, Cambridge était une cité inhabituellement cosmopolite et internationale.

Son influence sur Érasme, qui passa un certain nombre d'années à l'Université, en est le symbole[1]. Au cours du XVIIe siècle, presque tous les intellectuels qui établirent des Universités en Nouvelle Angleterre étaient issus de Cambridge, dont John Harvard et Thomas Sheppard, pour la fondation de l'Université de Harvard. Plus tard, à nouveau symboliquement, c'est à Stourbridge que Isaac Newton acheta un exemplaire des *Éléments d'Euclide* pour trouver la réponse à certains problèmes mathématiques, ainsi que le verre pour mener ses expériences sur le *Livre des Couleurs* de Descartes.

Cambridge a été un parfait exemple de la condition centrale de la créativité que mon ami et collègue Gerry Martin a qualifiée de « compacte mais ouverte ». Sa vie derrière de solides murs était riche et abondante. Mais elle était aussi ouverte, pas seulement aux grands ciels, mais aux idées et aux denrées qui venaient de tous les coins du monde.

*

Les dangers auxquels une jeune institution intellectuelle s'expose, sont multiples. Le fondateur de King's College, Henry

---

[1] Voir aussi Michael Black, *Cambridge University Press 1584-1984*, CUP, 1984, sur l'importance de l'imprimerie de l'Université.

VI, le savait bien quand, en 1441, il prit soin de faire signer de la main du pape des documents afin d'obtenir sa protection. Ceux-ci exemptaient le Collège ainsi que le vice-chancelier de l'Université, d'être placés sous la juridiction de l'Evêque de Ely. Le fait est que cette petite ville agraire, relativement petite par rapport à Oxford, a pu donner plus de liberté à l'Université dans ses luttes incessantes contre la Ville. Encore aujourd'hui on parle des relations un peu tendues entre « the Town and Gown » (La Ville et la Toge). Le fait est qu'à la fondation de son Collège, le roi Henry VI avait mis à la tête de King's un Prévôt assez puissant pour être reconnu comme Prévôt de Cambridge.

Les conséquences de cette tradition qui était différente à plusieurs points de vue, notamment religieux et géographique, et de ces aires de captage dans les deux Universités, peuvent se voir dans tout le réseau des Collèges et l'Université. Un seul exemple suffira.

Cambridge attira plus de penseurs en marge de *l'Establishment* à cause de son passé. Au cours de la dernière moitié du XIXe siècle des familles constituèrent un noyau qui encouragea les sciences. Et la science se développa bien plus vite ici, à partir de ce qu'avait légué Newton.

Le développement du laboratoire scientifique a eu beaucoup d'effets, notamment celui de créer un équilibre différent entre les Collèges et l'Université, tandis qu'aujourd'hui, à Oxford les Collèges conservent leur suprématie. Tout enseignant à l'Université doit trouver une place dans un Collège. Mais à Cambridge le développement rapide des laboratoires et des musées, en particulier celui de l'Ancien Cavendish, s'imposa comme un autre pôle d'attraction. C'est plutôt à l'Université que les scientifiques, qui travaillent en marge, ont trouvé un sanctuaire. Voilà pourquoi aujourd'hui beaucoup d'entre eux n'ont pas de Collège.

Pour bien d'autres raisons encore, Cambridge semble plus ouverte, plus libérale, elle attire les classes intellectuelles aisées, scientifiques et moins hiérarchisées. Elle a excellé aussi dans les humanités et les arts — la musique, le théâtre, la fiction, le film et la télévision. Oxford reste plus proche du pouvoir central et de *l'establishment,* elle forme la plupart des Premiers Ministres britanniques depuis le XIXe siècle. Elle a remporté également plus de prix Nobel de la Paix que Cambridge et engendré plus d'écrivains de livres pour enfants.

Pour autant, Cambridge nous échappe encore, c'est un lieu de créativité et de mystères. Les gigantesques découvertes qui ont eu lieu ici, ont changé le monde. Ses poètes illuminent la langue anglaise. On peut dire que depuis plus de la dernière moitié du millénaire, c'est bien ici que se trouve l'un des centres les plus créatifs de l'activité intellectuelle humaine.

Printed in Great Britain
by Amazon